西南大学应用经济学一级学科博士点建设系列丛书（第一辑）

西南大学学科建设专项经费、重庆市社会科学规划项目（2017QNJJ12）、教育部人文社会科学项目（16YJC790124，16YJC790146）、重庆人文社会科学重点研究基地“西南大学农业教育发展研究中心”重点项目（16SKB043）资助

新型国际贸易统计体系下中国对外贸易利益研究

葛 明◎著

中国财经出版传媒集团
中国财政经济出版社

图书在版编目（CIP）数据

新型国际贸易统计体系下中国对外贸易利益研究/葛明著. —北京：中国财政经济出版社，2018. 3
（西南大学应用经济学一级学科博士点建设系列丛书. 第一辑）
ISBN 978-7-5095-8028-8

Ⅰ. ①新… Ⅱ. ①葛… Ⅲ. ①对外贸易-研究-中国 Ⅳ. ①F752

中国版本图书馆 CIP 数据核字（2018）第 013716 号

责任编辑：孙 琛　　　　责任校对：张 凡

中国财政经济出版社 出版

URL：http：//ckfz. cfeph. cn
E-mail：cfeph@ cfeph. cn

社址：北京市海淀区阜成路甲 28 号　邮政编码：100142
营销中心电话：010-88191537
天猫网店：中国财政经济出版社旗舰店
网址：https：//zgczjjcbs. tmall. com
北京财经印刷厂印刷　各地新华书店经销
880×1230 毫米　32 开　7. 625 印张　180 000 字
2018 年 6 月第 1 版　2018 年 6 月北京第 1 次印刷
定价：42. 00 元
ISBN 978-7-5095-8028-8
（图书出现印装问题，本社负责调换）
本社质量投诉电话：010-88190744
打击盗版举报热线：010-88191661　QQ：2242791300

前言

经济全球化背景下，资本、原材料和中间产品等生产要素在国家间自由流动，规模和比重越来越大，这对传统贸易理论和贸易利益统计都构成了巨大的挑战。首先，传统贸易理论普遍假设“生产要素国家间不流动”，这与现实情况的背离程度越来越高，也限制了其对现实问题的解释力。其次，国际分工的深入细化和中间产品贸易的发达，导致贸易转移、贸易折返、国际产业循环等现象广泛存在，如果此时仍然应用“总值口径”的海关统计额来反映一国的贸易利益，则一方面会因为贸易折返问题导致单边贸易规模虚大，另一方面会因为贸易转移问题导致双边贸易失衡度失真，即出现贸易额与贸易利益的错配问题。最后，外商资本的属权性质也使得对外贸易的国别利益更加难以辨析。

上述问题在中国表现得更为突出，因为中国作为“世界工厂”，加工贸易比重较高，中间产品贸易发达，又是FDI流入大国和遭受贸易摩擦最多的国家之一。因而，通过构建新型国际贸易统计体系，识别外商投资与中国对外贸易的关系，基于“增加值”口径剔除国外中间要素的利得，将有助于更为准确、客观地理解中国对外贸易利益规模及其价值构成。在此基础上，探讨贸易规模增长的驱动因素与影响制造业出口增加值率提升的因素，为中国对外贸易更好更快发展提供政策建议，具体研究内容包括六部分共8章。

第一部分（包含第1、2、3章）：阐释本书研究背景和意义，揭示经济全球化背景下，中间产品贸易盛行、资本要素全球配置等特点对传统贸易理论的巨大挑战，探讨当代贸易利益的来源、分配主体和衡量指标，介绍中国对外贸易出现的新现象、新特征及贸易利益识别可能出现的问题。

第二部分（第4章）：基于属权原则统计中国对外贸易利益。同时考虑FDI和OFDI对一国单边和双边贸易统计的影响，充分考虑股份制企业所有权结构以及数据可获得性，通过构建属权统计视角下的两国单边贸易统计模型和三国双边贸易统计模型，分别测度1998～2011年中国对世界以及中美两国的贸易进、出口规模和净额。主要结论表明：在华外商投资企业的贸易替代效应十分显著，是中国巨额贸易顺差的重要推手，贡献了近一半的中美贸易顺差额，中国“被顺差”现象十分严重。

第三部分（第5章）：基于贸易增加值视角探讨中国对外贸易利益。在世界投入产出框架下，通过构建贸易增加值单边和双边统计模型，从总量、产业、国别三个层面解构进、出口额的价值构成，实证分析中间产品贸易对中国贸易规模以及中美贸易失衡的真实影响。结果表明，中国出口总额的近1/4是由国外要素贡献的，集中于美国、日本、韩国、中国台湾等国家和地区，劳动密集型制造业国内增加值率远高于技术密集型制造业；而进口价值几乎全部来自国外，在此口径下的中国对外贸易失衡结构发生重大调整。中美贸易的价值构成与此相似，只是多数服务业部门处于逆差状态。

第四部分（第6章）：基于增加值贸易视角测度中国对外贸易利益。增加值贸易统计方法包括生产法和消费法两个视角，生产法是针对一国进、出口总规模的价值链分解，局限于单边增加值贸易测度。而消费法则是基于一国全部最终消费品价值来源的视角来审视进、出口贸易状况，在双边增加值贸易核算方面优势明显，借鉴 Robert Stehrer（2012）的方法，本部分将在世界投入产出框架下构建一国的单边和双边增加值贸易统计模型。测度结果表明：1995～2011 年，增加值进、出口均值分别下降了 29.8%和 23.8%，但单边贸易差额不变；而双边贸易失衡幅度变动很大，中美贸易顺差额年均减少 17%。

第五部分（第 7 章）：中国对外贸易的影响因素分析。首先，基于 SDA 方法将影响增加值贸易额变动的因素分解为初始投入强度效应、本国技术效应、前向产业关联效应、后向产业关联效应、他国技术效应、他国技术交叉效应、商品贸易结构效应、产品来源地国别效应、规模效应等 9 个方面，并对每个因素作具体分析，结果表明：世界经济增长是“中国制造”被接受的有力保证，中国需求规模提高是增加值进口增长最重要的推进剂，中国与世界经济“同呼吸、共命运”。其次，选择中国制造业各部门出口国内增加值率作为因变量，选择全球价值链嵌入程度、国际分工地位指数、出口技术复杂度、外商直接投资、市场化水平、人均工资水平、人均资本存量、税负水平、规模经济水平等作为解释变量，并加入了是否加入 WTO、美国金融危机是否发生等虚拟变量，应用混合回归、固定效应、广义最小二乘法（FGLS）来实证分析各变量的影响方向、程度及其显著性，结果表明，国际分工地位的攀升有助于获取更多外贸利益，产业税负水平、出口技术复杂度等也与出口国内增加值率显著正相关。

第六部分（第 8 章）：结论、建议与展望。本章将对全书的主要结论进行总结，结合结论提出一些建议，具体包括：重视新型国际贸易统计体系的构建，促进 OFDI 的大力发展，加快优质要素的培育和引进，改善要素禀赋结构，促进贸易结构转型，提升各产业在国际分工中地位，妥善应对贸易争端等。最后提出本书的局限，以及未来研究的方向。

葛明

2017 年 12 月

目录

第1章　绪论 …………………………………………………… (1)
1.1　选题背景和意义 ……………………………………… (1)
1.2　文献综述 ……………………………………………… (8)
1.3　研究思路、内容与方法 ……………………………… (20)
1.4　研究创新与不足 ……………………………………… (24)

第2章　贸易利益理论演进与统计方法变革 …………… (27)
2.1　国际贸易利益的来源 ………………………………… (28)
2.2　国际贸易利益的分配 ………………………………… (37)
2.3　国际贸易利益的衡量 ………………………………… (42)

第3章　中国对外贸易发展与贸易利益分配 …………… (49)
3.1　中国对外贸易规模与贸易利益错配 ………………… (49)
3.2　中间产品贸易与贸易利益转移 ……………………… (55)
3.3　贸易投资一体化与在华外商直接投资（FDI）利益 …………………………………………………… (64)

第4章　中国对外贸易利益统计——基于属权贸易视角 …………………………………………………… (74)
4.1　中国单边贸易利益测度 ……………………………… (74)

4.2　中美双边贸易利益测度 …………………………（82）

第5章　中国对外贸易利益统计——基于贸易增加值视角 ……………………（98）

5.1　中国单边贸易利益价值分解 ……………………（99）

5.2　中美双边贸易利益格局解构 ……………………（127）

第6章　中国对外贸易利益统计——基于增加值贸易视角 ……………………（146）

6.1　中国单边贸易利益统计——生产法 ……………（146）

6.2　中国对外贸易利益统计——消费法 ……………（158）

第7章　中国对外贸易利益影响因素分析 ……………（188）

7.1　中国增加值贸易驱动因素分析 …………………（188）

7.2　中国出口增加值率影响因素分析 ………………（199）

第8章　主要结论、政策建议与研究展望 ……………（209）

8.1　主要结论 ………………………………………（210）

8.2　政策建议 ………………………………………（215）

8.3　研究展望 ………………………………………（222）

参考文献 ……………………………………………（225）

第1章 绪 论

1.1 选题背景和意义

1.1.1 选题背景

经济全球化有两个显著特征：其一是以跨国公司为载体的资本等要素全球配置，其二是以加工贸易为主要模式的中间产品贸易占据重要地位。这两个特征的出现对传统贸易理论和当前贸易实践都构成了巨大的挑战。首先，从理论上来看，资本、中间产品等要素的全球流动动摇了传统贸易理论关于“生产要素国家间不流动”的假设，限制了传统理论对现实问题的解释能力，也为新理论的出现提供了机会。其次，从应用层面来看，一方面，中间产品贸易占比份额不断提升标志着国际分工模式由产业间分工向产业内分工、产品内分工和工序分工等更加细化的方式发展，国际贸易产品的生产链条由一国国内延伸到世界各地，其价值链条也相应变成全球性的了，基于此，应用海关统计来反映一国的进出口贸易额就存在高估真实水平的问题。另一方面，外商直接投资的广泛存在以及资本要素的属权性质也使得一国在对外贸易中获取的利益更加难以辨析。此时，一国的进出口额统计就必须建立在本国要素价值增值的基础上，或者通过剔除国外权属要素的价值来刻画。

自改革开放以来，中国对外贸易和外商投资环境都发生了深刻的变化。1978 年，中国货物贸易出口额仅 97.5 亿美元，而这一数据在 2013 年为 22090 亿美元，35 年间增长了 227 倍，年均增长 17.3%。根据中国海关总署的数据，2009 年中国出口 12016.7 亿美元，超过德国居于世界第一位，并保持至今。在出口贸易快速增加的同时，贸易顺差额也迅速增长。1978 年，中国贸易净额为逆差 14.4 亿美元，而这一指标在 2013 年转变为顺差 2590.15 亿美元①，其中在 2002 年中国加入 WTO 时，贸易顺差 304.3 亿美元，不足 2013 年的 12%。

在中国出口规模和贸易顺差不断扩大的进程中，加工贸易②扮演了重要的角色，1995 年，加工贸易出口额 737.03 亿美元，占中国出口总额的 49.5%，但这一比例在 1996 年快速上升至 55.8%，一直到 2007 年始终维持在 50% 以上。自 2008 年金融危机后，加工贸易出口额占比开始下降，至 2013 年为 39%，仍然

① 数据来源：中经网《全国宏观年度库》。

② 《中华人民共和国海关加工贸易货物监管办法》（海关总署令第 219 号）规定，加工贸易，是指经营企业进口全部或者部分原辅材料、零部件、元器件、包装物料（以下简称料件），经加工或装配后，将制成品复出口的经营活动，包括进料加工、来料加工。

在中国出口中占有重要的地位。特别值得说明的是，加工贸易顺差是中国保持整体顺差最主要的因素，1995 年加工贸易顺差额为 153.34 亿美元，占总额的比重为 91.9%，也就是说，中国贸易顺差额几乎全部来自加工贸易。此后的大部分年份里，加工贸易的顺差额超过了整体顺差额，在 2004 年为总体顺差额的 3.32 倍，19 年间平均幅度为 163.4%，由此可见，加工贸易是中国对外贸易规模和顺差增长的主要引擎。① 然而，加工贸易这种“大进大出”的生产模式在多大程度上影响中国的进、出口贸易规模，这部分不在中国实现价值的中间产品又在多大程度上影响着中国与其他国家的双边贸易失衡就是一个值得探讨的问题。更进一步来讲，中国依据廉价劳动力和资源禀赋参与分工的加工贸易模式，对中国产业链升级有多大的影响，是否存在价值链的“低端锁定”，都是急需解决的问题。

在投资贸易一体化背景下，外商直接投资（Foreign Direct Investment，FDI）对一国进出口贸易产生重要影响，尤其是对中国这种吸引外资规模比较大的国家。2000 年，中国直接利用外资总额为 420.9 亿美元，之后一直呈增长状态，仅在 2008 年美国金融危机时小幅震动，至 2013 年为 1187.21 亿美元，增长了 2.82 倍。这其中，外商直接投资一直占绝对比重，14 年间平均值为 96%，2013 年达到创纪录的 99%。而外商直接投资主要来自外资独资企业，自 2005 年之后，其所占份额一直高于 70%，14 年间的平均占比也达到了 69%。数据显示，1995～1998 年，外商投资企业的外贸净额处于逆差状态，但金额不大。自 1999 年始，其贡献度始终保持正值，由 42.44 亿美元上升至 2013 年的 1514.99 亿美元，年均增长 29.1%；在中国贸易净额中的比

① 数据来源：中经网《全国宏观月度库》和《全国宏观年度库》。

重也由14.5%上升至58.3%，其中占比最大值出现在2009年为87.2%，2009年以来的平均贡献度为70%。由此可见，外资企业成为中国保持高额外贸顺差的主要源泉之一。但是，在海关统计体系下，这部分属权特征归于“他国”的贸易顺差仍然计入了中国的账户，因而，从属权的视角来衡量，这将高估中国的外贸顺差额；而且，由于外商投资规模的持续扩大，外资企业进出口规模的不断扩张，以及不同组织形式外资企业进出口规模的动态变化，也为分辨母国和东道国的投资利益和贸易利益增加了难度。

近些年来，中国在吸引外资和发展外贸方面取得了举世瞩目的成就，“中国制造”遍布全球，为“贸易大国”奠定了坚实的基础，以至于中国夺取世界出口“冠军”时，英国《经济学人》惊呼“龙的威力令人惧怕”。但是“贸易大国”是不是意味着“贸易强国”呢？光鲜的数字背后是否意味着中国的贸易利益改善呢？事实上，中国的贸易条件和贸易环境都面临着严峻的挑战。据世界银行统计，改革开放以后，中国净易货贸易条件指数[①]由1980年的117.4下降到2012年的71.8，降低了近46个点[②]，这表明中国的贸易环境不但没有改善，反而呈现持续恶化的趋势（见图1-1）。巨额的贸易顺差也为发达国家指责中国汇率问题提供了口实，比如Krugman（2010）[③]就认为，中美巨额的贸易顺差是人民币汇率被操纵等不正当竞争手段维持的，美国应对自中国的进口商品征收惩罚性关税。2002~2012年，美国对华反倾销起诉案例共82起；其中，2008年金融危机以来有37

① 净易货贸易条件指数为以出口单位价值指数与进口单位价值指数的比率，相对于2000年为基年度量。

② 数据来源：世界银行数据库，http：//data.worldbank.org.cn。

③ Paul Krugman，Take on China，The New York Times，17. March. 2010.

起，占同期美国对外反倾销案例总数的31.9%；2013年，美国又对中国的多种商品发起“337”调查和“双反”调查①。其他国家和地区也有类似的贸易保护主义措施，以欧盟为例，1979～2011年底，欧盟对中国商品共发起157起贸易救济措施，单2011年就有8起，且金额屡创新高。2012年9月，欧盟决定对华光伏产业发起反倾销调查，涉案金额高达200亿美元②。

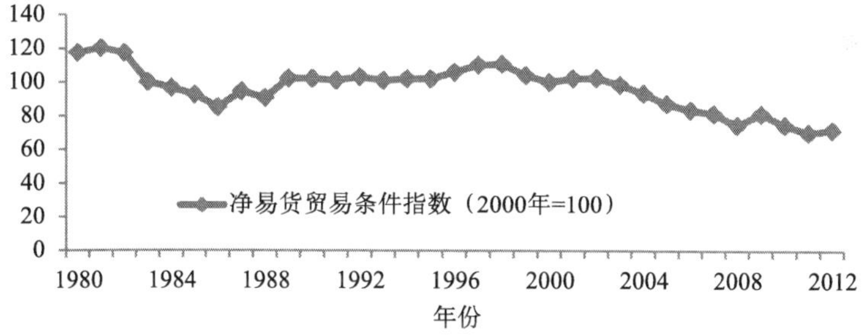

图1-1 中国净易货贸易条件指数（2000年＝100）

数据来源：世界银行数据库，http://data.worldbank.org.cn。

日益严峻的外贸环境迫使我们反思一个问题，在经济全球化背景下，中国是否获得了如海关（总值）统计所显示的巨额贸易利益？以“大进大出”为基本特征的加工贸易对外贸规模产生了什么样的影响？而以“贸易增值”为统计口径是否会改变中国贸易的世界地位？对中国的双边贸易失衡又会产生什么影响？依据资本要素全球配置的特征，按照“属权原则”重新审视中国的对外贸易会得出什么样的结论？

① 数据来源：2013年和2014年的《中国商务统计年鉴》。

② 资料来源：《中国商务年鉴2012》。

1.1.2 选题意义

传统意义上的国际贸易统计主要是指发生在本国居民和外国居民之间的跨境贸易，但外商直接投资（FDI）[①] 的快速发展对这一原则提出了挑战。因为对于东道国来讲，FDI 既是“外国商业存在”又是“本国常住居民”（Resident），现行国际贸易统计仍然遵循“常住性”原则，但这种框架无法反映国际资本流动对国际贸易的替代和引致作用[②]，也无法反映“权属于”一国的真实进出口规模。根本原因在于外国商业存在作为外国资本的附属机构，其所有权并不属于东道国，因而不能完全等同于当地国民看待。随着 FDI 规模的扩大，外国商业存在对一国的贸易统计影响愈加显著。因而在贸易投资一体化理论框架下，基于属权原则，构建反映外商投资企业影响的国际贸易统计模型，才能够进一步客观反映一个国家的贸易利益真实水平。本书将从属权原则的一般性出发，考虑股份制企业的出资份额，构建适合当前可获得数据特征的进出口贸易单边和双边统计模型，进一步丰富贸易利益核算的方法和视角。而基于此模型测度得到的中国与世界、中国与美国的属权进出口额以及差额也有利于定量识别“外国商业存在”在中国单边和双边贸易中的影响，以及中国在巨额贸易规模和贸易顺差背后的实质利得。

由于信息传播速度和交通运输能力的大幅提升，中间产品贸

① 也有文献称之为“外商投资企业”（Foreign Business Existence）或者“外国商业存在”。高敏雪，许晓娟．将外国商业存在引入国际贸易统计——针对中国对外货物贸易统计的研究与数据重估［J］．统计研究，2010（07）：18－24.

② 对东道国而言，所谓贸易替代是指由于 FDI 的引入，东道国与投资国之间关于该“外国商业存在”的原有的国际贸易关系不复存在；所谓贸易创造是由于 FDI 的引入，由该“外国商业存在”引发的新的国际贸易关系，既可能与投资国，也可能与第三国之间发生。

易日益发达，最终产品的生产过程往往需要多个国家共同参与才能完成，而大量最终商品的生产链条相互交织就形成了全球生产网络。在此背景下，部分中间要素的产品形态和价值形态就会出现跨国界转移步调不一致的情况。一方面，本国出口至他国的部分中间商品要素，经他国加工制作后有可能再次回到本国，那么，对于本国来讲，这部分中间要素仅发生了产品形态的“一出一进”，而其价值并未留在国外，也即发生了“贸易的折返”现象。另一方面，也存在部分中间商品要素，经本国进口并加工制作后，再次出口至第三国，那么这部分要素虽然在形态上实现了过境，但其价值并未在本国实现，也即本国仅仅扮演了“中介”的角色，如果这部分价值能在第三国实现，则可称之为发生了“贸易的转移”① 现象。然而，在现行海关统计模式下，贸易统计仍然以进、出关记录为准则，由此，“贸易折返”现象的存在就会导致进出口贸易额的“双重统计或者多重统计”问题，进而虚大一国的整体进出口规模；而“贸易转移”现象则会导致双边贸易失衡状况与实际价值并不相符。在全球生产网络不断深化和国际贸易规模迅速增长的背景下，考虑部分中间产品贸易导致的“贸易折返”和“贸易转移”问题，以“增值”口径来核算一国的进出口贸易，不但有助于一国还原真实的贸易规模和双边贸易差额，还可以为各国制定贸易政策、处理贸易争端和开展国际合作提供更为客观的依据。

中国作为加工贸易大国，基于价值“增值”口径来测度进出口额具有重要的现实意义和丰富的政策含义。自加入 WTO 以

① “贸易折返”和“贸易转移”在本书中也称之为“价值折返”和“价值转移”，前述概念侧重于产品形态，而后面两个概念则侧重于实际贸易利得，依据行文侧重点略有差异。

来，中国凭借廉价的劳动力和资源要素价格优势，除了为世界各国提供纺织品、玩具等劳动密集型产品外，还承接了大量的制造业外包，虽然海关进出口规模不断攀升，但其中真正属于中国的价值却不多。入世后几年，中国逐步成为“世界工厂”和出口大国，与主要发达国家的贸易顺差额也急剧上升，而发达国家一方面享受着来自中国的物美价廉商品，另一方面又指责中国通过“不正当竞争”导致了全球经济失衡，并将其与 2008 年美国金融危机的原因联系了起来，这显然是有失公平的。因而，有必要定量评估中国进出口规模背后的价值增值，揭示现行海关统计存在“双重或多重统计”的基本现实。

本书在贸易利益理论框架下，借鉴相关文献，基于“属权”和“增值”两种统计口径，“单边”和“双边”两个层次，构建了属权贸易、贸易增加值、增加值贸易等三类统计模型，分别从总量、国别、产业三个不同的视角测度和分析中国的对外贸易利益，并在此基础上探讨影响中国增加值进出口的驱动因素以及出口增加值率的影响因素。本书的研究一方面拓展了资本和要素全球流动背景下的贸易利益研究，提供了一些新的思路、视角和方法；另一方面，关于中国贸易利益的实证结果也有助于从多个视角客观认识中国的进出口贸易规模以及单、双边贸易差额，为中国与主要经济体的商务谈判提供实证依据；而影响因素的分析则对于中国外贸发展战略调整、产业结构升级、国别结构改善等方面提供了实证支持。

1.2 文献综述

贸易利益是指一国通过对外贸易而实现的福利改善，突出表现为较之封闭状态下的经济增长和国民生活水平提高。它包括静态贸易利益和动态贸易利益两个方面。静态贸易利益是指一个国家或地区参与国际分工、从事国际贸易获取的直接经济利益，主要用贸易净额、贸易条件、贸易增加值等指标来衡量。动态贸易利益是指由于国际分工的参与对一个国家或地区的国民经济和社会发展产生的经济影响，比如就业增加、技术升级、制度革新等方面。贸易利益是国际贸易理论关注的核心问题之一，也是一国参与国际贸易的出发点和归宿。国家为了获取更多贸易利益，会依据经济形势变化调整一国贸易模式、贸易结构和贸易政策，因而，客观地衡量贸易利益至关重要。

1.2.1 传统国际贸易统计体系下的静态贸易利益研究

传统国际贸易统计体系是指以“国境”为统计范围，以“居民”为统计单位，以“总值”为统计口径的国际贸易核算方法（王岚，2013），此时的静态贸易利益绝对量一般应用贸易规模和贸易差额来反映，而相对量指标则应用贸易条件来比较。

贸易差额统计方法源于重商主义理论，重商主义认为贵金属是衡量财富的唯一标准，对外贸易是获得金银的主要手段，因此，为了获取更多贵金属，政府应该鼓励出口、限制进口。古典贸易理论在批判重商主义“零和博弈”和错误财富观的基础上也认为，一国利用比较优势促进专业化分工、提高劳动生产率，通过商品交换推动生产者可能曲线和消费者可能曲线向外移动，可以改善贸易参与国的福利。但是上述理论有一条基本假设，生产要素可以在一国国内自由流动，而不能在国与国之间流动，即国与国之间交易的都是最终产品。因此，在传统的国际分工体系下，受制于高昂的运输、通信、协商等交易成本，产业内分工多在国内实现，而国与国之间是产业间分工，这样贸易差额就可以成为衡量一国贸易利益的测算指标。一般认为，贸易顺差意味着获利，顺差越大，获利也就越大。

贸易顺差指标仅仅从总量的角度衡量一国参与国际贸易的利益得失，而没有考虑出口商品价格结构和劳动生产率的影响，未能反映两国商品之间的交换比例，因而难以全面反映一国的贸易利益。比如 A 国大量出口价格低廉的初级产品，而 B 国出口价格相对高昂的工业制成品，即便 A 国进口总额较少、出口总额较多，它的国际贸易利益也未必改善，因为有可能陷入“贫困化增长”陷阱。

为了衡量在一定时期内一个国家出口相对于进口的盈利能力和贸易利益发展趋势，Prebisch（1950）和 Singer（1950）提出了贸易条件指标，常用的贸易条件有 4 种形式：价格贸易条件、收入贸易条件、单要素贸易条件和双要素贸易条件，分别从不同的角度衡量一国贸易所得，其中价格贸易条件最有意义。贸易条件的变动与一国的贸易利益密切关联，一般认为，一国贸易条件改善说明该国贸易利益增加，一国贸易条件恶化意味着该国从国际贸易中获利减少。各种贸易条件指数的综合运用，虽然能够对国家贸易利益给予一定程度的反映，但是贸易条件仍存在以下不足：第一，贸易条件是相对量指标，可以反映贸易利益趋势性发展，却无法反映一国的贸易利益总量；第二，贸易条件假设双方交换的是最终产品，而随着世界贸易和国际分工的发展，加工贸易和产业内贸易、产品内贸易逐渐占据重要地位，中间产品贸易比重愈来愈大，这就迫切需要构建一种既能反映分工模式特点又能客观反映贸易利益归属的贸易利益指标。

1.2.2　新型国际贸易统计体系下的静态贸易利益研究

传统国际贸易统计体系难以反映经济全球化背景下的国际贸

易格局，以及资本、中间产品等生产要素的贸易利得，最终导致“所见非所得”的现象。因而需要构建新型国际贸易统计体系对传统国际贸易统计体系进行调整，新型国际贸易统计体系是指以“全球”为统计范围，以“国民”为统计单位，以“增加值”为统计口径的国际贸易统计体系，主要包括“属权贸易”统计方法、“贸易增加值”统计方法和“增加值贸易”统计方法等三种形式（王岚，2013）。

（1）基于贸易增加值的视角

经济全球化的显著特点之一是生产要素在国与国之间自由流动，中间产品在国际贸易中占据重要地位。Ernst（1998）提出全球生产网络的概念，他认为随着国际分工朝着精细化方向发展，国际贸易中最终产品的生产被分解为若干个工序，在不同的国家完成，最终呈现出垂直专门化的特点。Hummels 等（2001）进一步阐释了垂直专门化的特点：①产品生产必须存在一个或多个工序；②产品多个工序在不同国家间完成；③最终产品生产国必定运用了进口投入品，并且将最终产品的部分或者全部出口到别的国家。这种由于最终产品的生产而将分布于世界各地的价值链环节和增值活动连接起来的过程，就形成了全球生产网络。

通过图 1-2 我们认识到，在全球生产网络下，本国出口到第三国的最终产品价值 E 由 A、B、C、D 四个过程的部分价值构成。其中 A 是从第三国进口的中间产品价值，这部分价值又由本国出口到了第三国，这种现象就构成了贸易的回流或者折返问题；B 是本国从贸易伙伴国进口的中间产品价值，其中的部分价值在本国加工组装之后出口到第三国，这就形成了贸易的转移问题，即实质上是由贸易伙伴国向第三国的出口，其出口额的统计转移到了本国；C 和 D 是本国投入的中间产品和初期投入，构成了最终产品生产中本国价值的最初部分。然而最终产品价值并不是 A、B、C、D 四部分的简单相加，这是因为其中部分要素在科技的引领下，经过产业循环和多道工序演变为高级要素，发生价值增值后进入最终产品，这就是国内循环问题。所以，全球生产网络体系下的贸易利益界定就必须同时解决贸易回流问题、贸易转移问题和国内循环问题（曾铮、张路路，2008），而贸易增加值概念的提出适应了这一理论和技术要求。贸易增加值是一国参与工序分工和国际贸易时出口商品中体现的国内价值含量，即在出口商品总价值中剔除了进口中间投入品价值，并考虑国内产业循环效应。

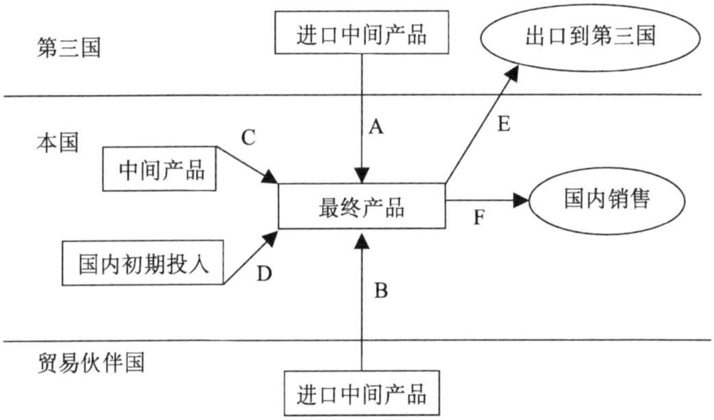

图 1-2　全球生产网络下最终产品生产及贸易示意图

注：本图源自 Kei-Mu Yi（2003），作者根据文章需要略作改进。箭头表示贸易方向，箭头上的字母表示贸易金额。

Hummels et al. （2001）构建了 Hummels-Ishii-Yi（HIY）方法，首次基于国家非竞争性投入产出表，测算了一国出口额中的国外增加值含量（Foreign Value-added，FVA），并提出了测度垂直专业化分工的 VS（Vertical Specialization）指标，开启了应用投入产出数据和模型分解贸易增加值的先河。标准 HIY 方法的应用建立在两条关键假设之上：假设一：进口中间投入品的价值全部由国外创造，而这显然与国际生产网络中贸易折返广泛存在的现实特征相违背；假设二：进口中间品在国内消费品和出口品生产中的投入比例一致，即假定加工贸易、一般贸易和国内贸易品生产中，国外投入价值占比相同，这一假设容易低估加工贸易比重较高的国家 VS 值，比如中国、墨西哥等。而应用中国国家统计局公布的竞争性国家投入产出表，还需要增加假设三：某行业进口中间品在全部进口品中所占的比例等于总产品中进口的比值（CCER 课题组，2006；曾铮、张璐璐，2008；林玲、余娟娟，2012），因而其测算结果能在多大程度上反映真实的中国出口贸易价值就存在一定的疑问了。

针对 HIY 方法存在的不足，不少学者从两个视角予以改进：一是构建国家非竞争性投入产出表，将生产活动区分为国内需求生产、加工贸易生产、一般贸易生产等三个部分，修正假设二和假设三，进而重新分解中国出口美国的增加值（Lau et al.，2007），遗憾的是该表并不对外公开。Koopman 等（2008）更是将国内需求和一般贸易生产合并起来，单独考察加工贸易的影响，基于非竞争性投入产出表构建了测度出口产品国内增加值（Domestic Value - Added，DVA）的方法。另一个视角是修正假设一，Koopman 等（2010）基于国际投入产出表①通过构建相应模型将一国对他国的出口价值分解为五个部分：被进口国直接消费的最终产品价值、被进口国用于国内生产并消费的中间品价值、被进口国用于国内生产但出口到第三国的中间品价值、被进

① 目前应用的国家间投入产出数据库主要有 UNCTAD - Eora GVC 数据库、国家间投入产出模型（ICIO model）、亚洲国际投入产出表、全球贸易分析项目（GTAP）、世界投入产出数据库（WIOD）。数据来源：UNCTAD（2013）。

口国用于国内生产但又出口至本国的中间品价值、出口中包含的外国价值，并在此基础上，构建了一国各部门全球价值链参与程度指数和分工地位指标。国内学者李昕（2012），李昕、徐滇庆（2013）利用 Koopman 等（2008，2010）方法分析了中国增加值贸易统计方式下的贸易差额和贸易规模，但是对进口国内折返值和出口国外折返值的处理并不充分，所得结论也值得商榷。樊茂清、黄薇（2014）进一步在该方法下分析了中国各产业在全球价值链中的地位及其演进过程。Koopman 等（2012）将出口总值中的重复计算部分分解出来并界定其来源，搭建了传统海关统计与增加值统计之间的桥梁，进一步完善了贸易增加值统计体系。王岚（2014）依据该模型测度了中国制造业各行业的国际分工地位及其影响因素。Johnson& Noguera（2012）基于 GTAP 7.1 将双边贸易数据纳入全球投入产出矩阵衡量了主要贸易国的出口增加值率（Value Added to Gross Exports，VAX）和部分国家的双边出口贸易增加值率。

上述模型和实证研究都是基于一国出口额的国内外价值分解，并未涉及进口贸易。Stehrer et al.（2010）将进口、出口同时纳入世界投入产出模型中，考察一国贸易价值来源的不同构成及外贸的规模和净额。

（2）基于增加值贸易的视角

贸易增加值模型在解构贸易价值来源时有独特的优势，但是并不能准确核算一国的价值进出口额。比如说房地产行业，由于产品的固定资产性质，并不直接参与国际贸易，因而出口国内、外增加值几乎为 0，但是其价值虽然并不直接参与国际贸易，却可以作为其他产品的中间投入间接参与贸易，因而该产业的增加值进出口额并不为 0。那么，如何衡量这部分间接出口的价值呢？基于最终消费品价值来源分解的视角，可以有效解决这一问题。

Stehrer et al.（2010）研究的视角和出发点是基于贸易产品生产链条的分解，也即对于出口额的价值分解，通过将各国各产业增加值率、中间投入要素的里昂惕夫逆矩阵、各国各产业的出口额三项连乘得到出口额价值来源的各个部分，从而能够区分本国、交易国以及第三国所作出的贡献。但 Lejour et al.（2011）、Robert Stehrer（2012）等认为用这种方法来测度一国出口的“价值”并不合适，因为它无法反映本国通过第三国出口至交易国的价值，如果这部分价值被忽略了，则本国出口至交易国的价值就一定小于双边出口额。而事实上，如果本国通过第三国出口至交易国的价值足够多，则有可能出现双边真实的“增加值”出口大于双边“总值”出口额的情况。因而，他们认为应该将各国各产业增加值率对角矩阵、中间投入要素的里昂惕夫逆矩阵、各国各产业的最终消费对角矩阵三项连乘来测度“增加值”贸易额。

Robert Stehrer（2012）明确提出了增加值贸易的概念，从最终消费品价值来源的视角将转移贸易和折返贸易纳入世界投入产出模型统一测算，为增加值贸易测度作出了突出贡献。陈雯、李强（2014）参考 Robert Stehrer（2012）的方法实证研究了中国的单边出口规模及各行业的出口状况，结果表明，传统的“总值”统计口径不但严重高估了中国的真实出口规模，而且严重扭曲了各产业的出口状况。其实，出口产品价值分解和总消费价值来源分解不过是切入点各异，在测度指标上虽有不同，但在核算一国真实的整体贸易状况时却殊途同归，Koopman et al.（2014）应用模型证明了这一点。

（3）基于属权贸易的视角

20 世纪 80 年代以后，FDI 和跨国公司迅猛发展，这也促使学者们从“属权”的角度来探讨国际贸易失衡问题。由于中美贸易存在巨额的顺差，也成为学界关注的焦点。贾怀勤（2006，2010，2012，2013）从国际贸易统计制度与方法的角度论证中美贸易统计差异产生的原因，发现统计的原产地规则是影响外贸统计数据国际可比性的重要因素。陈继勇（2008）认为在华FDI创造的对美贸易顺差，按原产地规则计入中国账户，导致中国海关统计的顺差额与实际获得的贸易利益严重不对称，中国并没有获得全部利益。Jialin Zhang（2000）研究发现，中国对美国的大多数出口产品都是由外商直接投资企业加工生产的，大多数增值收益由FDI属权国获得，而中国只挣得很少的加工费。Burke（2000）证实，快速增长的美中贸易逆差与跨国公司在华投资运营的增长直接相关，并进一步指出美国在华某一行业直接投资增长10%，则该行业美国从中国进口量将增长7.3%，美国对华出口量将下降2.1%，由此美国在华直接投资将会产生贸易替代效应；但中国对外贸易额的增加并没有带来实质性收益的增长。潘越（2003）明确指出外资企业在中国出口总额中所占的比重从20世纪90年代初的12.58%猛增至2000年的47.97%，但中国方面并未获得外资企业的全部利润，而仅仅得到劳动力报酬，这部分收入通常只占产品价格的10%左右。因而李月芬（2006）呼吁“中国亟待建立一个以所有权为基础的贸易差额统计体系”。孙华妤、许亦平（2006）通过构建三国模型论证了“当世界经济一体化方式由传统的国际商品贸易深入到资本、技术等要素的国际配置时”，“属地统计”往往高估发展中国家在国际分工中的贸易利得，而采用属权标准则能更好地反映当事国利得，他们认为“建立一套完整的、有理论依据的、基于所有权的国际贸易统计框架，有着紧迫的现实意义”。但是遗憾的是，由于属权统计需要大量FDI和OFDI相关的贸易数据和经营数据，而事实上，这些有效的数据难以获取，因而，目前的属权统计还多停留于概念上或者重要性上，定量分析的因素并不完备，所得结果也存在较多非议。笔者拟从属权统计一般模型出发，通过增加相关假设逐步构建有数据支撑的统计模型。

1.2.3　静态贸易利益的影响因素探讨

目前关于贸易利益影响因素的探讨，多是以出口国内增加值率为因变量，只是变量的获取方法因为数据不同，其测度方式各异。解释变量的选取却是大同小异，林玲、余娟娟（2012）利用动态 GMM 模型实证分析了行业劳动生产率、工资水平、要素禀赋结构、科研投入力度、外商投资额对中国制造业增加值率的影响。郑丹青、于津平（2014）从微观视角研究发现，外商直接投资、研发投入、品牌营销、全要素生产率有助于提高企业出口增加值率，而出口规模扩大并未带来正面的影响。吕婕等（2013）分析了中国出口至美国各制造业的增加值率影响因素，结果表明资本劳动比增加、技术进步改善、垂直分工加深以及规模经济效应都可以提高出口的国内增加值率。江希、刘似臣（2014）利用固定效应和向量误差修正模型也得出类似的结论。

1.2.4　不同视角下的动态贸易利益研究

基于动态的视角，主要是从以下几个方向探讨贸易利益：其一是技术进步。Posner（1961）认为贸易利益的实现方式之一在于两国技术差距的收敛，而开放度越高的国家从其他国家学习到先进技术的机会越大（Findlay，1978），这一观点通过发达国家与发展中国家在贸易利益中获取的差异也可以证明（Young，1991）；而通过政府的政策引导和支持，一个国家内某些具有国际竞争潜力的企业可以获得更大的贸易利益，这也是战略性贸易政策的基本出发点（Krugman，1979；Brander，1981；Brander&Krugman，1983）；在经济全球化背景下，国与国之间不但存在利益的竞争，也存在合作的机会，Krugman（1986）就认为发展中国家的兴起及其在全球价值链中地位的提升不但不会危及发达国家的经济利益，还可能在全球产品分工的某些区段上，实现“南北双方”的“共赢”（Win－Win）。其二是劳动者报酬与就业。目前，学者们基本认同贸易影响收入分配的观点，Bhagwati &Dehejia（1993）研究认为，发达国家将产品价值链的低端转移到发展中国家后，双方技术和非技术工人的工资率都将发生变动；持有相同观点的还有 Feenstra& Hanson（1996），他们构建了一个连续中间产品投入的生产模型，实证分析了20世纪80年代美国非技术工人就业率和相对工资同时下降的原因；Deardorff（2001a，2001b）在比较优势和要素禀赋理论框架下，讨论了工序分工与贸易利益的关系，得出了全球工序分工体系下各国要素价格非均等化的结论。但就贸易是否会引发收入差距扩大的观点，学者们仍然存在巨大分歧，其主要原因在于立场和视角不同。Samuelson（2004）站在美国制造业工人的立场，认为发达国家将产品生产链条的一些环节外包给劳动力要素相对廉价的中国、印度等发展中国家，会直接导致发达国家工人失业状况恶化、工资水平降低，而且他认为这是一种长期状态。Bhagwati、Panagariya &Srinivasan（2004）持有不同的观点，他们认为发达国家某些生产链条转移海外，虽然会损失一些低技能工作机会，降低部分工人的工资，但由于这种转移节约了生产成本，会增加发达国家的整体贸易利益，并且，低技能工作机会的流失往往伴随着高技能工作机会的创造，低技能劳动者通过学习仍然有机会找到新的位置，提高自己的收入水平，只不过这需要一个过程，但长期来看，会增加整个国家的福利。Grossman& Rossi－

Hansberg（2006a，2006b）也支持上述观点，综合而言，生产率提高对低技术工人实际工资水平提高的正向影响大于劳动者供给增加带来的不利影响，即生产链条转移海外不会损害美国低技术工人的基本福利，相反有可能改善其实际福利收入。还有部分文献从产业升级、制度进步、环境改善、能源利用效率提高等方面进行了相关研究。

1.2.5 总体评述

总体而言，当前研究还可以就以下几个方面进行扩展：

第一，就属权统计而言，目前的研究多是聚焦于外商直接投资对中国进出口的影响，但从逻辑完备性的角度来讲，既然考虑了 FDI 的影响，就必然要考虑对外直接投资（Outward Foreign Direct Investment，OFDI）的影响。而且，换位之后，就不单单考虑外商直接投资对两国进出口贸易的影响，理应也考虑 FDI 和 OFDI 在东道国投入要素价值和销售产品价值，因为这部分原本计入国内贸易的价值在属权统计下就变成了国际贸易额。另一方面，由于中国在 FDI 和 OFDI 数据统计方面并不系统，不少学者在进行属权研究时做出许多不合逻辑的假设，致使研究结果也缺乏严谨性。

第二，贸易增加值作为当前的研究热点，多数文献集中于对中国整体贸易进行分解测度，而其中又很少有文章对进口状况作探讨，更鲜有文献对中国的双边贸易增加值进行分解。本书拟从单边和双边贸易统计两个视角构建相应统计模型，应用世界投入产出数据库（World Input - Output Database，WIOD）数据对中国与世界主要经济体的进、出口额以及贸易净额进行分析。增加值贸易统计是当前比较前沿的一个研究方向，目前国内应用此方法研究中国问题的成果还较少。其中，也有学者在应用方法时未能辨清出口国内折返值和进口国外折返值在增加值贸易统计模型中的作用，做出了不符合实际的处理，致使结果出现较大偏差。

第三，世界投入产出数据包含1995~2011年的41个国家和地区的35个产业数据，是相对比较完善的国际统一的数据库，但它是按照国际标准产业分类第二版（ISIC Rev2.0）进行设计的，与中国《国民经济行业分类》（GB/T4754-2011）存在诸多不同，需要通过国际贸易标准分类（Standard International Trade Classification，SITC）“搭建桥梁”才可以互相匹配，客观上增加了数据处理的难度，也为进一步研究提供了机会。本书将不同分类标准的数据进行匹配，探讨产业价值链攀升、出口技术复杂度提高等因素对出口增加值率变化的影响。

第四，目前关于贸易利益影响因素的分析，主要基于产业的层面，缺乏文献对整体贸易额变化的驱动因素分析；所用方法也集中于计量回归，鲜有文献基于结构分解方法分析增加值贸易额的影响因素。大部分文献在测度产业增加值率时，采用HIY方法，但此方法受制于数据可获得性，应用的假设过于严格，比如在使用中国竞争性投入产出表测度中国制造业出口增加值时，必须假定国外进口要素的价值全部隶属于国外，这与全球生产网络背景下“贸易折返”现象广泛存在的现实特征相矛盾，测度结果也可能存在一定偏差。

1.3　研究思路、内容与方法

1.3.1　研究思路

文章按照“逻辑演绎—定量测度—实证检验—结论建议”

的思路展开。在逻辑演绎部分，首先介绍了资本和中间要素国际流动对传统贸易利益统计方法提出的挑战，其次简述了经济全球化背景下中国对外贸易发展状况，并回顾了贸易利益理论及其演进趋势，介绍了传统贸易统计方式存在的问题及其改进方向。在定量测度部分，从“属权”和“增加值”两个视角，“单边”和“双边”① 两个层次，依据相关假设分别构建属权贸易统计模型、贸易增加值统计模型、增加值贸易统计模型，进而测度中国的单边和双边进、出口额以及贸易差额。在实证检验部分，探讨增加值进、出口变动的驱动因素以及出口增加值率的影响因素。最后，给出全书的结论和相应的政策建议（见图1-3）。

1.3.2　研究内容

依据本书研究主题和研究思路，本书的主要内容安排如下：

首先，阐释本书的研究背景和意义，介绍贸易利益相关理论及统计方法的变革，以及经济全球化背景下中国对外贸易出现的新现象、新特征。

其次，中国对外贸易利益测度与比较。通过构建属权统计视角下的两国单边贸易统计模型和三国双边贸易统计模型，分别测度1998～2011年中国对世界以及中美两国的贸易进、出口规模和净额。在世界投入产出框架下，通过构建贸易增加值单边和双边统计模型，基于1995～2011年WIOD数据分别测度中国对世界以及中美两国的进出口贸易增加值，实证分析中间产品贸易对中国贸易规模以及中美贸易失衡的真实影响。在世界投入产出框

① 本书所称的单、双边贸易统计是指中国与世界其他国家、中国与美国。因为在模型构建层面有很大不同，我们区分来表示。而双边实证分析以中美为例，因为美国是中国最重要的贸易伙伴之一，也是贸易摩擦最多的国家。

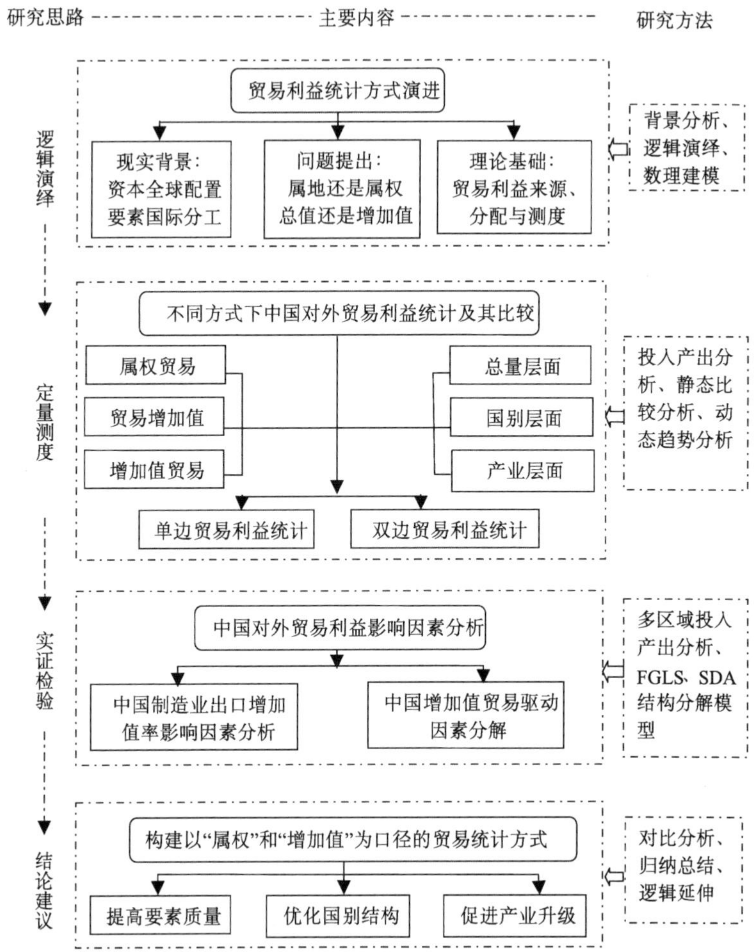

图 1－3　本书研究思路

架下构建一国的单边和双边增加值贸易统计模型，应用 WIOTs 测度中国与世界整体、中国与美国的进出口贸易额及其差额，并与“总值”统计结果比较分析，揭示现行海关统计方式可能出现的误差及其程度。

再次，中国对外贸易利益影响因素分析。第一，基于SDA分解技术将影响中国增加值进出口变动的驱动因素分解为初始投入强度效应、本国技术效应、前向产业关联效应、后向产业关联效应、他国技术效应、他国技术交叉效应、商品贸易结构效应、产品来源地国别效应、规模效应等9个方面，并对每个因素作具体分析。第二，基于FGLS方法实证分析中国制造业出口增加值率影响因素，在第5章的基础上，选择出口中的国内增加值率作为因变量，借鉴贸易理论和相关文献，选择制造业各部门的全球价值链嵌入程度、国际分工地位指数、出口技术复杂度、外商直接投资、市场化水平、人均工资水平、人均资本存量、税负水平、规模经济水平作为解释变量，并加入了是否加入WTO、美国金融危机是否发生等虚拟变量，应用混合回归、固定效应、广义最小二乘法（FGLS）来实证解释变量的影响方向、程度及其显著性。

最后，概括本书的主要结论，提出相应建议以及未来研究的方向。第1章将对全书的主要结论进行总结，结合结论提出一些建议，针对测度数据和方法的局限提出未来的改进方向。

1.3.3 研究方法

总体而言，本书将理论分析与实证研究结合起来进行研究。

在逻辑演绎部分，通过比较分析现实特征与传统理论假设的区别，阐释应用新的统计口径或者视角，建立符合经济全球化时代背景的贸易利益统计模型的合理性和必要性，并探讨当前贸易利益理论发展的现状和未来演进方向。

在模型设计部分，应用统计学和会计学核算方法构建属权统计模型，在多区域投入产出（MRIO）框架下构建贸易增加值和增加值贸易统计模型，并应用静态比较分析方法探讨同一年度不同产业、区域或者“口径”的贸易状况，应用动态比较分析方法探讨同一指标在不同年份的表现情况。

在实证分析部分，运用结构分解分析（SDA）方法探讨中国增加值进出口的驱动因素；综合应用固定效应模型、混合回归方法、FGLS 方法计量分析中国出口国内增加值率的影响因素，力求真实地反映变量之间的相关关系。

1.4 研究创新与不足

1.4.1 主要创新点

本书致力于探讨经济全球化背景下中国对外贸易利益统计的问题，可能的创新点主要体现在以下几个方面：

首先，从研究视角来看。本书从属权统计、贸易增加值、增加值贸易三个不同的视角，重新审视了经济全球化背景下中国的对外贸易进、出口额以及贸易差额，所得结论有助于更为客观地认识中国巨额对外贸易规模和差额背后的真实贸易利得。在探讨增加值进、出口驱动因素时，从 9 个不同的层面来反映增加值变化；而分析出口增加值率的影响因素时，也考察了多达 11 个变量。

其次，从研究对象来看。本书既构建了一国整体贸易状况的测度模型，也构建了两国间贸易情况的统计模型。在此基础上，应用不同模型测度了中国整体对外贸易状况，重点分析了新型国际贸易统计方式下中国与美国的贸易失衡变化。在具体分析时，关注了总量、产业、行业以及国别等四个层面的变化。

再次，从研究方法来看。第一，充分考虑了外资企业在东道国进口、出口、国内销售和购买等四项经济活动对东道国对外贸易的影响，以及股份制企业权属结构的特征和数据的可获得性，分别构建了基于属权原则的一般模型、基于股份制企业特征的属权贸易模型以及适合中国数据特点的属权统计模型，并应用该模型对中国与世界的单边贸易净额以及中美贸易失衡状况进行了有效测度。第二，在多区域投入产出框架下，基于贸易增加值的视角，分别构建了单边和双边贸易统计模型，探讨了中国进出口额的国别价值来源和产业价值来源。第三，在世界投入产出框架下，基于增加值贸易视角，构建一国单边和双边贸易统计模型，应用WIOD数据，一方面测度中国整体增加值进、出口额和贸易净额，并与总值[①]统计结果进行比较分析；另一方面测度了中美两国间的增加值贸易额，特别关注中美贸易失衡问题。

最后，从研究结论来看。本书认为，基于属权贸易的视角，在华FDI是中国海关贸易巨额顺差和中美贸易顺差的主要推手，中国获取的贸易利益与贸易顺差严重不对称。基于价值增值的视角，增加值贸易统计并不改变中国整体的贸易失衡状况，但对中美的贸易失衡额调整幅度很大。制造业各部门全球价值链嵌入程度增加并不利于出口增加值率的增长，而国际分工地位的提升则正面效应明显。

1.4.2 研究的不足

本书虽然充分考虑了经济全球化背景下中间产品贸易和外商直接投资对中国外贸规模和净额的影响。但是，第一，由于WIOD数据的限制，未能将加工贸易和一般贸易区别开来，而加

① 海关统计以“总值”为统计口径，即忠实于产品的进、出关记录，而不管产品是否跨境实现了价值。

工贸易在中国贸易总额中的比重较高，因而存在高估增加值出口的可能，进而高估了中国与部分国家双边增加值贸易失衡状况。第二，限于外商投资企业微观数据的不可获得性，本书在测度中国属权贸易时，仍作了较多严格的假定，而这些假定的放松有助于进一步还原真实的中国属权贸易状况。第三，限于中国海关贸易数据的时效性，本书并未将中间产品贸易和外商直接投资纳入统一框架里来衡量它们的共同影响，这将成为下一步研究中国静态贸易利益测度的方向。

第2章

贸易利益理论演进与统计方法变革

经济全球化背景下，贸易利益呈现出来源广泛性、主体多元化、表现复杂性、分配非均衡性的特点，传统贸易利益统计方法也面临着日益严峻的挑战。本章从贸易利益的来源、分配主体和衡量指标三个方面阐释贸易利益理论的演进过程，介绍当前贸易利益统计方法的不足及其改进的思路。

值得注意的是，从贸易利益对国民经济的影响来看，包括直接和间接两条路径，相应的利益形态也区分为静态和动态两种。其中静态贸易利益是动态贸易利益的基础，也是一国开展对外贸易的基本诉求，一般是指在其他条件不变的状况下，由于对外贸易的开展，可以以相同的成本获取更多的产品，或者获取同样的产品时付出的成本更低。由于本书的研究重点是考察中国对外贸易直接利益（也即是一种静态贸易利益），因此，本章将重点介绍静态贸易利益这一部分。

2.1 国际贸易利益的来源

静态贸易利益主要源于三个方面：一是分工收益（生产扩大收益），主要是依据要素禀赋结构不同，基于比较优势原则，通过专业化分工，提高劳动生产率或者优化配置资源，从而增加产品的数量和品类或者降低产品的单位成本。二是规模收益，比较优势理论假定完全竞争的市场结构和规模报酬不变的生产方式，新贸易理论改进了这一严格假设，认为存在规模报酬递增的情况下，即便两国要素禀赋完全一致，也可以在劳动要素投入不变的情况下，通过分工扩大商品的生产数量。三是交换收益，前面提到的分工收益和规模收益都是贸易利益产生的原因，而只有通过交换获取更多品类和数量的商品（服务）才能实现福利的真正改善，因而交换收益在经济分析中往往表现为最终静态福利。贸易利益理论与国际分工特征密切相关，传统贸易理论多是基于产业间分工特征建立的，而当前贸易利益的刻画则需要考虑经济全球化的现实特征，接下来我们分别阐述产业间贸易利益理论、产业内贸易利益理论、规模经济理论以及投资贸易一体化理论。

2.1.1 产业间贸易利益理论

古典贸易理论的开创者 Adam Smith（1776）认为，在自由贸易的环境下，各国按照绝对优势原则组织生产，能够提高各国在特定产品上的劳动生产率，通过“剩余产品”的国际交换，能够增进各个贸易参与国的福利。David Ricardo（1817）发展了绝对优势理论，建立了国际贸易理论的基石——比较优势理论，他认为即便一个国家在所有商品的生产上都缺乏绝对优势，也可以基于比较优势原则参与国际分工，通过专业化生产机会成本较低的产品，进而参与国际交换，依然可以获取福利的改善，所以通过比较优势原则从事分工和交换可以促使各个国家都获得贸易利益。Thomas Robert Malthus（1798）发展了上述观点，他认为自由贸易促进一国经济增长可以通过三种方式：其一，通过分工和价格机制可以促进工业和农业的协调发展；其二，商品的多样性需求激发了人们辛苦工作的热情，既促进了生产的发展，又阻止了企业利润率的下降；其三，需求规模的扩大，能显著增加就业和其他生产要素的投入，并提高工人的收入水平，进而增加消费支出，从而形成一个正效应的循环。John Stuart Mill（1848）区分了静态和动态贸易利益，并明确指出静态贸易利益一方面表现为出口产品数量的增加和实际收入水平的提高，另一方面表现为进口部门多样化产品和更多物质资料的获取，因而需要从进口和出口两个视角来刻画；而动态贸易利益则表现为：国际分工促进劳动生产率提高，产品示范和产业竞争效应促进本国技术进步，收入水平和储蓄水平提高降低了资金使用成本，从而增加了资本利润率，以及新思想、新观念的输入等。新古典贸易理论代表人物 Eli F Heckscher（1919）和他的学生 Gerhard Bertil Ohlin（1933）在广义生产要素假设下，认为一国专业化生产和出口密集使用本国丰裕要素的产品，进口密集使用本国稀缺要素的产品，既可以达到资源的优化配置，增加本国产量，又可以通过贸易增加本国消费产品的数量和品类，从而达到福利的改善。这就是著名的要素禀赋理论（又被称为：H－O 模型）。

在标准 H－O 模型下，假设世界上只有两个国家：A 和 B，两种生产要素：资本 K 和劳动 L，两种产品：劳动密集型产品 X

和资本密集型产品 Y，下面利用生产扩展线和等成本线来刻画 H-O 模型下的贸易利益。根据图 2-1，OX 和 OY 分别表示产品 X 和产品 Y 的生产扩展线，OY 位于 OX 的上方，表明 Y 产品生产过程中要素投入 K/L 较高，具有资本密集型特点；而 X 是劳动密集型产品。AA_0、BB_0分别表示 A 国和 B 国两条价值相同的等成本线，用等成本线的斜率反映两国的比较成本优势，AA_0成本线的斜率大于 BB_0成本线斜率，这说明 A 国的比较优势在资本密集型产品上，而 B 国在劳动密集型产品上。x_A、y_A分别代表 A 国生产 X、Y 的等产量线，x_B、y_B分别代表 B 国生产 X、Y 的等产量线。封闭经济状态下，各国按照等产量线与等成本线的切点进行最优生产。从图 2-1 还可以看出，在相同的成本约束下，国家 A 生产 Y 的均衡产量 y_A大于国家 A 生产 X 的均衡产量 y_B；国家 B 生产 X 的均衡产量 x_B大于国家 A 生产 X 的均衡产量 x_A。按照比较优势原则，国家 A 应放弃 X 产品而专业化 Y 产品的生产；国家 B 应该放弃 Y 产品而专业化 X 产品的生产。射线 OP 是国际分工的临界线，由经过原点与等成本线 AA_0、BB_0的交点所形成。OY 的斜率大于 OP，即 Y 产品具有资本密集性特点，应该在资本相对丰富的 A 国生产，同理可以得到，X 产品应该在劳动相对丰裕的 B 国进行生产，这样才能实现比较优势原则下的分工利益。

John Maynard Keynes（1936）吸收了重商主义的部分观点，在一定条件约束下，他强调贸易顺差本身对国民经济的作用，认为出口是对该国产品的需求，如同投资一般作为“注入”（Injection）要素，能促进国民收入增长；而进口则是对舶来品消费的增加，如同储蓄，是一种泄露，由于乘数作用，会减少国民收入。D. H. Robertson（1937）探讨了动态贸易利益，提出了著名的命题——“国际贸易是经济增长发动机”，该观点主要着眼于

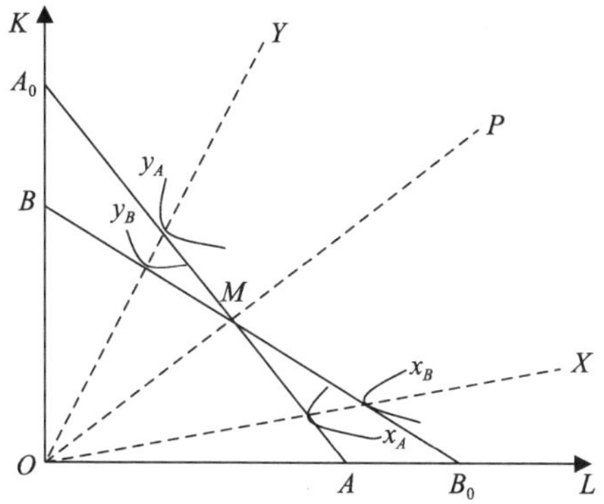

图2-1 H-O模型下的各国贸易利益

资料来源：参照张桂梅（2011）的博士论文制作。

落后国家如何通过国际贸易，特别是出口增长来带动经济的增长。但W. A. Lewis（1954）认为贸易的最大优点在于能够为技术革新提供更多机会，而技术进步才是经济增长的真正发动机，对外贸易充其量是“润滑剂”而已。

由以上文献可知，静态贸易利益主要来源于国际分工带来的专业化生产，其最终实现则依赖商品（服务）的国际交换；而动态贸易利益是在静态的基础上，通过技术进步等方式间接作用于经济增长。

2.1.2 产品内贸易利益理论

传统比较优势的研究对象是商品，如果一个国家在某商品的生产上不具有比较优势，则被排除在该商品的分工之外。然而，在经济全球化背景下，这一状况有所变动，因为全球生产网络的形成，生产链条从一国延伸至其他国家和地区，原本在产品生产上没有比较优势的国家可以参与工序分工获取贸易利益。

假设有甲、乙、丙三个国家，X、Y两种产品。其中，甲国在 X 产品的生产上最具比较优势，丙国在 Y 产品的生产上最具比较优势，那么按照传统的比较优势，甲国将专业于 X 产品的生产，丙国将专业于 Y 产品的生产，乙国将被排除在这两种产品的国际分工之外。但在全球生产网络体系下，由于产品的生产过程具有“可分割性”，这里可以假设产品 X 的生产过程被分割为 X_1 和 X_2 两个区段，甲国和乙国分别在 X_1 和 X_2 区段的生产上具有比较优势，再次按照比较优势原则，甲国将专业于 X_1 区段的生产，乙国将专业于 X_2 区段的生产，最后将两阶段组装成完整的 X 产品再进行出口。此种情景下，比较优势原则在生产链条上得到了体现和应用，乙国被重新纳入国际分工网络，并分享一定的贸易利益。而甲国则通过对 X_2 区段的“外包”降低了产品的生产成本，从而获取更多的贸易利益。将此模型假设拓展 m 个国家和 n 种产品，基本结论不会改变（杨小凯，2000）①。世界总体贸易利益随着生产链条的不断细化而扩大，而每个参与国都会从中受益，尤其对于那些在某些完整产品生产上不具有比较优势的国家，比如中国。

考虑到全球生产网络体系下产品生产过程可分割的特点，这里在传统 H－O 模型的基础上，假设产品 Y 的生产可分解为劳动密集型环节 Y_1 和资本密集型环节 Y_2，其要素密集度分别用生产扩展线 OV 与 VS 表示，而生产扩展线 OS 表示 Y 产品的要素密集度，见图 2－2。S 点表示经过两阶段生产后的产量，其成本由 AC 线代表。MM 与 NN、M_2M_2 与 N_1N_1 是价值相等的两国等成本线，过 V 点的 A 国 M_3M_3 成本线要高于 M_2M_2。由于 B 国等成本线的斜率小于 A 国，所以生产阶段 Y_1 选择在 B 国生产，成本较

① 杨小凯，张永生．新型古典经济学和超边际分析［M］．中国人民大学出版社，2000.

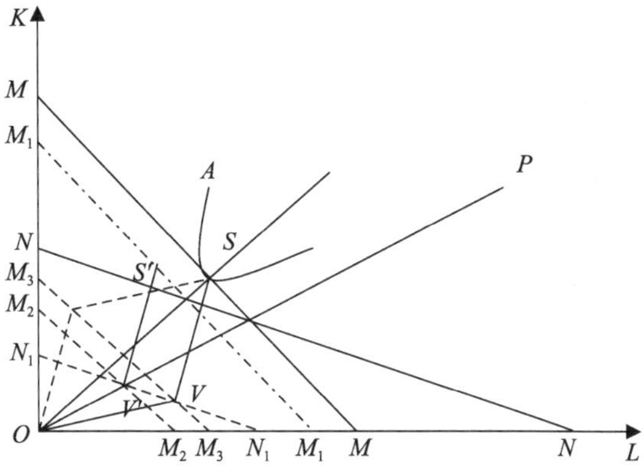

图2-2 生产网络全球化分工模式下的贸易利益

资料来源：参考卢峰（2004）产品内分工：一个分析框架。

A国更低。假设现在 Y_1 在B国生产，我们把VS扩展线沿 N_1N_1 线进行平移至V′S′，其中V′是 M_2M_2 与 N_1N_1 两条成本线的交点，两国在此点的生产成本相同。在此成本下，假定A国从事资本密集型环节 Y_2 的生产，过S′画一条与MM成本线平行的 M_1M_1 线，这就是国际价值链分工后Y的生产成本，显示了在原有产量不变（过S点与成本线相切的等产量线）的情况下，通过生产过程的跨界合作而带来的成本降低。由此可见，将劳动密集型（资本密集型）工序跨国转移到劳动要素（资本要素）丰裕的国家，同样符合比较优势原则，参与分工的各个国家都能够获得分工利益。

2.1.3 规模经济贸易利益理论

基于规模报酬不变假设的传统贸易理论难以解释第二次世界大战后产业内贸易迅速发展的新情况，也难以对跨国公司的诸多经济行为作出合理的解释。鉴于此，西方经济学家们提出了规模经济理论，并不断加以完善。规模经济理论及其在国际贸易中的应用，最早可以追溯到19世纪末和20世纪初的英国经济学家Alfred Marshall（1919），他将规模报酬递增划分为内部经济和外部经济，并提出无法用自然资源禀赋来解释的行业地理集中就是外部规模经济的表现。

以Paul R. Krugman为代表的经济学家不断发展和完善了规模经济理论。Krugman（1981）针对产业内贸易不断发展的现状，大胆否定传统贸易理论中市场结构完全竞争、生产规模报酬不变的假设，而取之以不完全竞争和规模经济作为假设，并认为在规模经济和不完全竞争市场结构下，资源配置只能达到次优状态，两国展开国际贸易有助于两国福利水平的改善，进而得出结论：推动国际贸易的不是要素禀赋，而是规模报酬递增。

1964年，美国经济学家默瑞·坎姆（Murray C. Kemp）建立了一个外部规模经济引致国际贸易的模型，解释了发达国家之间不断发展的产业内贸易。该模型假设有两个在生产技术、资源禀赋、需求偏好都相同的国家——A和B，生产两种产品——照相机W和电脑T，并假定生产这两种产品的行业都具有外部规模经济（见图2-3）。

在封闭经济条件下，两国依据生产能力和需求结构决定两种产品的产量，假设均衡点为E，此时两个国家各消费一定量的W和T，社会总福利水平为U_0。假设A国照相机行业发展迅速，其生产点由E点转移至P点，由于存在外部规模经济，在P点上，照相机的相对成本下降而电脑的相对成本上升。相对应的，假定B国的生产点由E点转移至Q点，则由于电脑生产规模的扩大，其相对生产成本下降。由于生产成本的差异，两国有了贸易的基础，鉴于两国消费偏好一致，A国会出口一部分照相机，进口一部分电脑，而B国刚好相反。两国的贸易会在封闭条件下的两种商品相对成本 P_T/P_W 之间进行，此时均衡点为 C 点，社会总福利水平增加到 U_1。更极端情况下，两国实行完全专业化分工，即 A 国在 W_{MAX} 生产，B 国在 T_{MAX} 生产，然后进行交换，此时均衡点在 D 点，社会总福利水平为 U_2，达到最优状态。根据分析可以看到，以外部规模经济为基础的国际分工能使参与分工的各国都获得正的贸易利益。

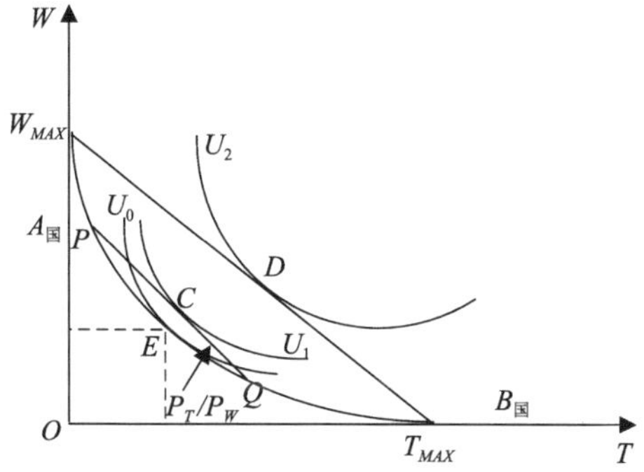

图 2－3　外部规模经济与国际贸易

资料来源：参考李俊江、史本叶：《国际贸易学说史》，光明日报出版社 2011 年版。

相比于传统的分工模式，以生产网络全球化为特征的现代分工进一步增强了企业规模经济生产所带来的利益，这里的规模利益不再是以产品的规模经济为基础，而是以更加精细的“生产链条”的规模经济生产为基础。从这一点来说，生产链条层面的规模经济进一步降低了企业的生产成本，也为价值链分工的发展在规模经济理论中找到了依据。随着价值链分工成为国际分工的主流形式，基于全球生产网络中的规模经济利益也成为各国参与全球价值链分工与贸易体系的重要利益诉求之一。

2.1.4 贸易投资一体化理论

前文提到的古典贸易理论、新古典贸易理论以及新贸易理论，都是以产品为假定交易对象，而生产要素在国家间并不流动，也就不存在要素贸易的行为。因此，在传统分工模式下，贸易产品的价值均由本国要素所提供，以国家为单位来衡量，产品的贸易利益完全属于贸易国。但随着经济全球化的发展，资本要素在国家间大规模流动，由于跨国公司的推动，外商投资企业（FDI）成为东道国开展对外贸易的主体之一，逐步形成了贸易投资一体化的现状，投资利益和贸易利益日渐融合，对母国和东道国都产生了重要影响，尤其是在贸易利益核算和分配层面。

在贸易投资一体化条件下，跨国公司主导了全球资源的配置，生产要素在国家间流动更为盛行，中间产品贸易日渐发达，越来越多的生产链条围绕着跨国公司展开，价值链条的高端部分也普遍为跨国公司所掌握。此时，外商投资企业所在的国家就仅仅是生产链条上的一环，而并非产品全部利益的拥有者，即便在该国最终完成了产品的组装和实质形态改变，也无法否认每个在产品生产过程中投入要素的国家，都将成为贸易利益的分享者，如果此时仍然沿用海关“总值”统计口径就会夸大最终产品完成国的实际利得。

需要指出的是，外商投资企业在东道国的经济活动，不但有对外进出口，还有当地的产品销售和要素购买，即不但有贸易创造，还可能产生贸易替代行为，不管哪一种，都会产生投资利益，而对外贸易利益仅是投资利益的一部分，如何从投资利益中分离出贸易利益来，也是一件困难的事情。另外，由于跨国公司对产品价格具有控制力，因而与东道国的交易价格就未必能反映市场需求状况，而市场垄断也不利于东道国利益的实现；跨国公司会以内部贸易和内部定价的方式规避税收或骗取出口退税，从而侵害东道国的利益。

更为重要的是，贸易利益反映的是一国通过对外贸易获取的国民利益和福利改善，而外商投资企业在属权上归跨国公司所有，那么这部分利益就应当计入 FDI 的母国。但当前的贸易统计体系尚无法反映这一点，尤其是在贸易利益和投资利益相互融合的背景下，要准确区分出哪部分利益是由国际贸易创造、哪部分利益是由国际投资产生变得十分困难。而实际上，外商投资企业的权属主体并不确定，因为 FDI 企业一般采用股份制企业组织形式，那么基于“属权”的视角来分配利益，就必须考虑股份的国别来源，这不但包括母国和东道国，还有第三国的参与。因而，在贸易投资一体化背景下，识别东道国的贸易利益是一个重要而富有挑战性的课题。

2.2　国际贸易利益的分配

传统分工模式下，贸易品以最终产品为主要形态，生产过程主要依靠本国要素投入，其出口价值基本由出口国获得。但在全球生产网络中，贸易品的产品形态、生产链条和价值链条都发生了很大变化，贸易利益的分配也变得更加复杂。

2.2.1　分配主体多元化

经济全球化背景下，资本的跨国流动受到各国政府的支持和鼓励，尤其是资本稀缺的发展中国家，出台种种优惠政策吸引外商直接投资。跨国公司的大规模涌现，影响了贸易产品的权属结构。第一，跨国公司是一种“属权”主体，其代表了母国在东道国的商业存在，那么与此相关的经济活动如何界定呢？是归于东道国还是母国存在很大的争议，但基于不同的视角来考察这种效应，有助于更全面地理解FDI的影响。第二，资本作为一种高级要素，拥有较高的获利能力和资源调配能力，因而跨国公司所获取的贸易利益又该如何统计呢？从东道国来讲，这部分要素并非本土所拥有，其产生的价值也不应当计入东道国利益。第三，外商直接投资对国际贸易有替代和创造两种效应，那么两种效应的结果如何？又怎样影响东道国的贸易利益呢？尤其是在双边贸易统计层面，FDI发挥着举足轻重的作用。第四，一国不但吸引FDI，还会鼓励优质资本OFDI，那么资本的流动与贸易发展融合起来，将对贸易利益主体的识别产生更大的困难。第五，跨国公司一般采用股份制结构，且股权结构多元化，可能拥有不同国家的股东，这种背景下，衡量跨国公司的利润归属就不单是东道国与母国双边的事情，从国家这个利益主体出发，贸易投资一体化下的分配主体更加多元化。

资本流动只是经济全球化的一个表现，中间产品贸易的发展则更为汹涌澎湃。国际分工的细化促进了中间产品贸易的发展，以加工贸易模式为典型特征，在此模式下，一国出口产品中包含有大量来自国外的中间要素价值，而且随着分工的进一步细化，这部分价值的比重越来越高。尤其是在全球生产网络底端的发展中国家，往往成为最终产品的加工者或组装者，虽然在海关统计上成了贸易大国，但是这种大国仅仅是“名义”上的，因为出口中获取的本国贸易利益极其微小，距离贸易强国还相差甚远。另外，从要素分配的视角看，最终产品的要素提供者均是贸易利益的获得者，因而，贸易利益应依据要素所有权原则在多国和多个要素参与主体之间进行分配，而不单是最终产品的出口方。

所以，经济全球化背景下，贸易利益分配主体呈多元化方向发展，以要素贡献者为价值分解标准，以要素贡献国为分配主体。既有最终产品出口国、资本要素投入国、技术许可国，也有中间要素的诸多来源国等（见图 2－4）。

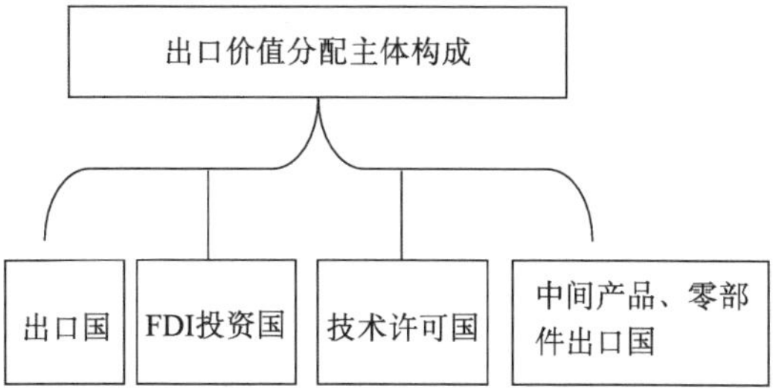

图 2－4　经济全球化背景下出口国贸易利益的分配

资料来源：参照余娟娟（2013）的博士论文制作。

2.2.2　分配主体难界定

贸易利益分配主体多元化背景下，如何准确界定和区分出口贸易分配中的主体是一大难题。经济全球化背景下，国家的界限日益模糊，生产要素以 FDI 为载体全球获利，继续按照属地原则来界定贸易主体，就可能导致国家利益与国民利益的不一致。贾怀勤（2006）指出 20 世纪 60 年代以后，以跨国公司为载体的外商直接投资（FDI）迅猛发展，带动技术、人才等生产要素全球配置，颠覆了传统贸易统计关于生产要素跨国不流动的假设，现行以“国境”为统计范围、以“居民”为统计单位的贸易差额核算方法，无法反映国际贸易与 FDI 紧密关联的现实，也无法反映资本等要素在世界范围内获取的经济利益。如果继续以传统的贸易统计结果进行国家间贸易利得评判，其结果往往会高估发展中国家真实利得，最终会致使政策导向出现偏差以及不必要的国际摩擦。在属地原则统计方式下，一国贸易规模和差额的增长很可能是由于外商直接投资企业造成的，尤其是在一国接收 FDI 规模较大而对外直接投资（OFDI）规模较小的情况下，属地原则的统计方式就更难客观反映一国的贸易规模和贸易差额。随着 FDI 规模的不断增长以及 FDI 分布的不均衡，这种偏离将会逐渐增大，甚至有可能出现严重背离，即一国的贸易规模与经济实体规模严重不对称，一国贸易差额与真实贸易利得严重相背离。

相比属地原则的分析范式，属权原则能够较好地克服跨国公司所在地与所在国不一致性的问题，从而使得要素参与者的贸易利益与国家贸易保持一致。随着贸易投资一体化程度的不断加深，属权原则的贸易利益分配将更加重要，它从所有权的角度去界定不同的贸易主体并且分析了各主体之间的利益分配关系。

2.2.3 分配呈现非均衡性

经济全球化背景下，贸易利益的分配会像自由贸易理论所宣扬的那么“公平”吗？答案是否定的。Baumol&Gomory（2000）认为，在规模经济、垄断竞争等现实条件下，自由贸易能够实现全球共赢是一个天大的谎言。相反，国际贸易利益分配呈现出明显的非对称性，尤其是在发展中国家和发达国家的利益分配上，这种非对称性更加明显。发达国家依靠跨国公司强大的实力，利用庞大的资本规模和资源调配能力，将发展中国家纳入其全球生产体系中，并利用其所有权优势、内部化优势和规模化优势，获取最大化利益。更有甚者，在以投资推动的价值链体系中，跨国公司利用转移价格实现全球战略，减少东道国企业利润，甚至造成亏损，进而减少东道国合资企业的股权收益和国家税收，从而挤压发展中国家的贸易利益。

经济全球化背景下，虽然发展中国家可以通过吸引外资、购买技术使用权等方式突破国内资源禀赋的限制，从事资本密集型与技术密集型产业的生产，比如商务租赁与其他服务业、电子电气与光学设备加工业等，从而获得“跳跃式发展”的机会，也为获取更多动态贸易利益比如就业水平增加、商品结构改善、出口能力增强、产业结构升级、管理制度革新等方面，进而有利于国民经济的长期发展。但是单从静态贸易利益的视角来衡量，全球价值链分工并没有改变贸易利益分配不对称的性质。这是因为全球价值链分工背景下，一国获取的贸易利益并不取决于它出口产品的形态和要素密集度，而在于生产该产品时该国所投入的要素在全球价值链上的位置及其规模。根据“微笑曲线”，产品的生产过程由研发设计、加工生产、销售服务三个阶段完成，而研发设计和销售服务处于价值链的高端，一般由发达国家所主导，它们凭借雄厚的资本实力、先进的技术设备、知名的品牌商标、通达的营销网络等牢牢掌控着全球价值链的空间布局和利益分配；而加工生产阶段一般在发展中国家完成，由于所投入的劳动、资源、能源等要素并不具备高增加值率的特征，发展中国家往往处于“微笑曲线”的低端，如果对发达国家的先进要素依赖度过高，则有可能陷入价值链的“低端锁定”，从而危及一国的产业安全和经济安全。另外，加工制造环节由于进入门槛较低，并能解决大量就业，因而也引起了发展中国家的激烈竞争，即便是微薄的收益也有可能在恶性竞争中不复存在，从而有可能面临“贫困化增长”的陷阱。

所以，在经济全球化背景下，贸易利益的分配不再依据产品的要素密集度，而是深入要素的价值链分工地位环节。发达国家通过跨国公司一直占据“微笑曲线”的两端，发展中国家多是从事“低端”的加工制造环节，贸易利益与总值贸易统计额严重不对称。

2.3 国际贸易利益的衡量

2.3.1 传统贸易利益统计方法

传统的国际贸易统计方法沿用了1953年《国民经济核算体系》（National Economic System，SNA）的核算框架，该统计方式作为一种总值总计，记录了贸易品跨境流动所产生的总价值。SNA体系将居民与非居民作为国内外经济活动核算的依据，国际贸易统计只记录居民与非居民之间的交易。同时，该体系还采用了“原产地原则”，当一种贸易品只在某个国家或地区生产时，该国或地区即是该贸易品的原产地；当一种贸易品由多个国家或地区共同生产时，该贸易品生产过程中发生“实质性改变”的国家或地区即为该贸易品的原产地。

在传统的以“最终产品”为形态的分工模式中，总值统计影响深远，它为探寻各国国际贸易发展和变动规律提供了有价值的数据支撑，也为各国贸易政策的制定提供了参考依据。然而在经济全球化背景下，传统的贸易统计方式已显得“力有不逮”，难以对国际贸易中的新现象新问题进行合理的解释，也无法满足政策制定的需要。具体来讲，传统国际贸易统计体系面临以下几个冲击和挑战：

（1）传统贸易统计体系会扭曲各国真实的贸易额

SNA体系采用通关登记方式，即利用关境记录的数据来统计一国的进出口贸易状况。这在传统分工体系中没有问题，一种贸易品的出口额等于其生产所在地的国家创造的总价值。但是随着中间产品交易的频繁和活跃，若某种出口商品的生产投入含有较高比重的进口要素，跨境记录就会产生重复统计问题。这种问题主要体现在组装出口国的身上，事实上，该国在生产阶段所创造的价值会显著低于其出口额，此时一国的真实贸易额会被高估，这个问题在以加工贸易为主要特征的发展中国家尤为显著。

(2) 传统贸易统计体系不能真实反映各国的贸易实力

经济全球化背景下，各国处于全球价值链的某一环节。一般来讲，发达国家居于价值链的高端，而发展中国家处于低端。发展中国家承接了大量的劳动密集型加工贸易，按传统贸易统计方式，这些发展中国家贸易总量巨大，成为“贸易大国”，但并非贸易强国，因为数量并不能真实反映各国的贸易实力，也不能反映一国在全球价值链中的地位。

(3) 传统贸易统计体系掩盖了国际贸易利益分配不均衡问题

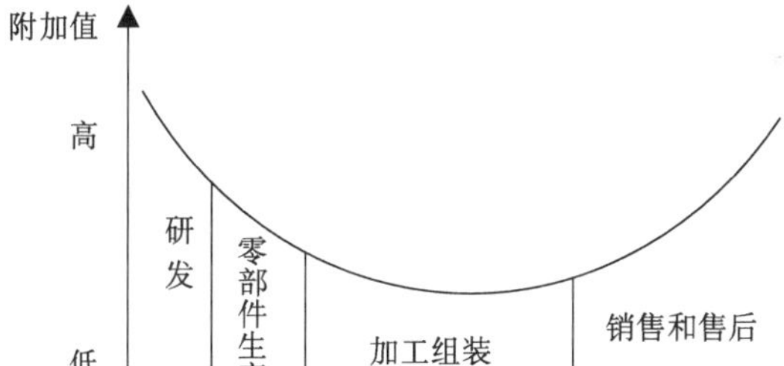

图 2-5　全球价值链下要素分工与利益分配

全球价值链上分工地位的差异导致各国获取的国际贸易利益大小不一。根据“微笑曲线”效应（施正荣，1992），发达国家因其拥有研发、设计和销售等高利润的价值链产业，所以往往居于“微笑曲线”的两端，而发展中国家因其从事加工等低端价值链产业，则会处于微笑曲线的中间部分，获取小部分利润。但传统贸易统计体系无法反映各国在贸易利益分配中的所得，尤其对于发展中国家来说，很容易出现高额出口价值统计在发展中国家，而真实贸易利益却在发达国家的状况。

（4）传统贸易统计体系结果可能会误导贸易政策的制定

中间产品的重复统计会造成统计数据失真，这会影响到一国政府对国际贸易平衡、汇率问题、出口竞争力等相关贸易问题的误判，当然最终会影响一国对外贸易政策的调整力度和方向。

综上所讲，随着世界贸易和国际分工的发展，加工贸易和产业内贸易、产品内贸易逐渐占据重要地位，中间产品贸易比重愈来愈大，这时就迫切需要构建一种既能反映分工模式特点，又能反映贸易利益归属的新型国际贸易统计体系。

2.3.2 新型贸易利益统计方法

经济全球化背景下，很多学者从不同的角度探求衡量贸易利益的科学方法。这里阐述几种新兴的统计方法。

（1）基于增加值视角的贸易利益

在全球生产网络下，本国出口到第三国的最终产品价值由A、B、C、D四个过程的部分价值构成。其中A是从第三国进口的中间产品价值，这部分价值又由本国出口到了第三国，这种现象就构成了贸易的回流问题；B是本国从贸易伙伴国进口的中间产品价值，其中的部分价值在本国加工组装之后出口到第三国，这就形成了贸易的转移问题，即实质上是由贸易伙伴国向第三国的出口，其出口额的统计转移到了本国；C和D是本国投入的中间产品和初期投入，构成了最终产品生产中本国价值的最初部分。然而最终产品价值并不是A、B、C、D四部分的简单相加，这是因为其中部分要素在科技的引领下，经过产业循环和多道工序演变为高级要素，发生价值增值后进入最终产品，这就是国内循环问题。所以，全球生产网络体系下的贸易利益界定就必须同时解决贸易回流问题、贸易转移问题和国内循环问题（曾铮、张路路，2008），而贸易增加值概念的提出适应了这一理论和技术要求。

贸易增加值是一国参与工序分工和国际贸易时，出口商品中体现的国内价值含量，即在出口商品总价值中剔除了中间投入品价值，并考虑国内产业循环效应。作为贸易增加值的相关指标，Hummels 等（2001）提出了垂直专业化指数 VS，计算公式为：

$$VS = \frac{1}{X}\mu A^{M}(I - A^{D})^{-1}X^{V} \tag{1}$$

其中 $X = \sum_{i=1}^{n} x_i$ 表示 n 个产品部门的总出口，$\mu = (1 \quad 1 \quad \cdots \quad 1)$。$A^{M} = [a_{ij}]$表示进口要素系数矩阵，$A^{M}$ 矩阵中的元素 a_{ij}都表示 j 部门生产一单位产出需要 i 部门投入的进口中间产品价值，即 $a_{ij} = M_{ij}/Y_j$，M_{ij}表示 j 部门生产中使用的 i 部门进口中间产品价值，Y_j 表示 j 部门的总产出。$A^{D} = [b_{ij}]_{n\times n}$表示国内要素投入系数矩阵，$A^{D}$ 矩阵中的元素 b_{ij}表示 j 部门生产一单位产出需要 i 部门投入的国内生产要素价值，即 $b_{ij} = D_{ij}/Y_j$，D_{ij}表示 j 部门在生产过程中需要 i 部门投入的国内中间产品值，Y_j 表示 j 部门的总产出。X^{V} 表示出口向量。于是得出推论：一国出口商品的国内增值率为：$1 - VS$，国内增值额等于出口额 X 与国内增值率$(1 - VS)$的乘积。

Hummels 等（2001）虽然因为严格的假设条件而使得其测度结果备受质疑，但却提供了全球价值链分解的思路，即将一国出口额中的国内外价值通过投入产出表分解出来（见表 2－1）。后续研究基于不同类型的投入产出表发展了这一思路，刘遵义等

（2007）探讨了不同产品生产方式（国内需求、加工出口、非加工出口）的国内增加值率。Koopman 等（2008）重点关注了中国加工贸易产品的国内增加值率。这些模型都是在中国投入产出表的基础上予以构建的。后续研究多是建立在世界投入产出框架的基础上，将一国出口额按照价值来源或者最终去向分解为 5 部分或者 9 部分，我们将在第 5 章具体论述。

表 2－1　区分加工出口和非加工出口的非竞争性投入产出模型

投入＼产出		中间使用			最终使用				国内总产出或者进口
		国内需求	加工出口	非加工出口	消费	资本形成	出口	最终使用合计	
国内中间投入	国内需求	X^{DD}	X^{DP}	X^{DN}	F^{DC}	F^{DI}	0	F^{D}	X^{D}
	加工出口	0	0	0	0	0	F^{PE}	F^{P}	X^{P}
	非加工出口	X^{ND}	X^{NP}	X^{NN}	F^{NC}	F^{NI}	F^{NE}	F^{N}	X^{N}
进口中间投入		X^{MD}	X^{MP}	X^{MN}	F^{MC}	F^{MI}		F^{M}	X^{M}
增加值		V^{D}	V^{P}	V^{N}					
总投入		$(X^{D})^{T}$	$(X^{P})^{T}$	$(X^{N})^{T}$					

注：表中 X 和 F 分别表示中间产品和最终产品，右上标 D、P、N 分别代表国内产品、加工出口、非加工出口，M 代表进口产品，C、I、E 分别表示最终产品的消费、资本形成、出口等三种用途，V 表示增加值，X^{D}、X^{P}、X^{N} 分别表示总产出列向量，F^{D}、F^{P}、F^{N} 分别表示最终产品列向量。

资料来源：参考刘遵义等（2007）制作本表。

贸易增加值的研究重点是出口额的价值构成，包括产业构成、国别构成等方面。另外一种“增加值”视角的研究方法是增加值贸易，增加值出口是指包含他国最终消费中的本国价值，具体分为本国向他国直接价值出口，本国通过第三国向他国间接价值出口两种形式。一般通过多区域投入产出框架来分析，我们将在第 7 章就相关模型进行具体探讨。

（2）基于属权[①]原则的贸易利益

贸易增加值指标充分考虑了经济全球化背景下，原材料、中间产品的跨国自由流动对于一国生产最终产品所产生的价值增值影响，然而却没有考虑资本自由流动尤其是 FDI 对国际贸易的替代和引致效应，也就无法反映国际资本流动背后的实质性贸易关系（高敏雪、许晓娟，2010）。基于这样的背景，国内外学者认为有必要建立要素属权原则下的贸易统计体系，即按照资产的“属权原则”而不是“属地原则”[②]来统计对外经济活动，以商品所有权是否在国民间进行跨国转移为基础，考虑“跨境而不跨国民”，以及“跨国民而不跨境”的商业活动。基于属权原则探讨由于外商投资企业引发的国际贸易及其贸易利益变动，才能够进一步科学反映一个国家的真实贸易利得。

假设世界上只有 X、Y 两个国家，两国之间资本流动与贸易流动相互交织，A 为 X 国本土企业，B 为 X 国外商投资企业，C 为 Y 国本土企业，D 为 Y 国外商投资企业，如图 2-6 所示。基于所有权原则，A 企业的贸易额[③]等于 A 企业与外资企业 B 和 C 的贸易流量之和，即：

$$TB_A = TB_{AB} + TB_{AC} \tag{2}$$

同理，对 X 国的对外直接投资企业 D 来讲，其属权原则下的贸易统计等于 DB 与 DC 贸易额之和，即：

$$TB_D = TB_{DB} + TB_{DC} \tag{3}$$

于是，依据属权统计原则，X 国与 Y 国的整体贸易额等于 X 国权属企业 A、D 对 Y 国权属企业 B 和 C 的贸易额之和，即

① 也有些文献称之为“所有权原则”。

② 也有部分文献称之为“原产地准则”。

③ 这里的贸易额既可以是进口额、出口额，也可以是贸易差额，但公式统一。

$$TB_X = TB_A + TB_D = TB_{AB} + TB_{AC} + TB_{DB} + TB_{DC} \quad (4)$$

属权原则下的贸易额，还原了非国民企业对外贸的影响，因此，能够更好反映国家层面的外贸规模和差额。上式阐释了一国单边属权贸易的统计问题，拓展模型还将探讨双边属权贸易的测度问题，我们将在第4章详细探讨。

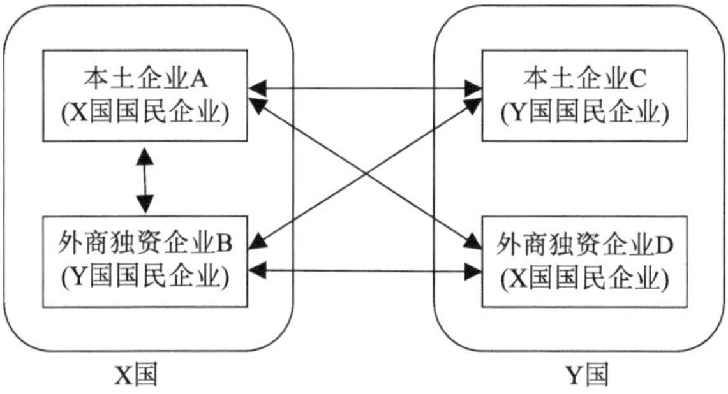

图2－6　贸易投资一体化下的经贸关系

资料来源：参考余娟娟（2013）：全球要素分工与中国出口贸易利益研究。

在经济全球化背景下，由于贸易利益来源复杂化和分配主体多元化，难以找到一种指标来客观地反映一国的静态贸易利得。“属权”原则和“增加值”视角是当前还原贸易规模、反映贸易利益的前沿方法，其测度模型仍在不断演进和完善，本书将在后续章节中分别基于“属权”原则和“增加值”视角，构建不同的统计模型，定量分析中国的单、双边贸易利益。

第3章

中国对外贸易发展与贸易利益分配

3.1　中国对外贸易规模与贸易利益错配

3.1.1　进出口总额变动

改革开放以来，尤其是 20 世纪 90 年代之后，中国进出口额快速增长，贸易顺差额也大幅提升。出口额由 1990 年的 619.5 亿美元上升至 2014 年的 23432.5 亿美元，规模扩大了 37 倍，年均增长 16.34%，在全球出口贸易中的占比也由 2% 增加至 13%。同期进口规模由 533.2 亿美元增长到 19621.4 亿美元，年均增幅 16.21%，在全球进口贸易的占比由 2% 增长到 11%，见表 3－1。如图 3－1 所示，中国在 2001 年加入 WTO 之后，进出口贸易额曲线的斜率增加，对外贸易发展更为迅速，至2008年进、出口年均增幅分别达到27.1%和24.5%，在此期间的2004年，中国贸易总额突破1万亿美元大关，成为继美、德之后的世界第三大贸易国。金融危机发生后的2009年，中国出口额12016亿美元，虽然相比2008年有所下降，但却超越德国成为世界第一大出口国。2010年之后，进出口贸易增长率均强力反弹，其中出口增长率一直保持正值，而进口增长率自2012年后变为负值，中国贸易失衡再度扩大。中国贸易顺差额在1990年为86.3亿美元，之后基本呈缓慢增长状态，急剧扩大始于2004年，由321亿美元上升至2008年的2971.9亿美元，年均增幅74.44%，之后大幅震荡，至2014年达到最高值3811亿美元。

表3-1　中国进出口贸易额及其全球贸易中的地位

单位：十亿美元

年份	出口额	进口额	出口占比	进口占比	出口增长率	进口增长率	贸易净额
1990	61.95	53.32	0.02	0.02	—	—	8.63
1991	71.97	63.79	0.02	0.02	0.16	0.03	8.18
1992	84.94	80.58	0.02	0.02	0.18	0.14	4.36
1993	91.74	103.96	0.02	0.03	0.08	0.24	-12.22
1994	121.01	115.61	0.03	0.03	0.32	0.23	5.39
1995	148.78	132.08	0.03	0.03	0.23	0.10	16.70
1996	151.05	138.83	0.03	0.03	0.02	-0.08	12.21
1997	182.79	142.37	0.03	0.03	0.21	-0.06	40.42
1998	183.71	140.24	0.03	0.03	0.01	-0.30	43.47
1999	194.93	165.70	0.03	0.03	0.06	-0.13	29.23
2000	249.20	225.09	0.04	0.04	0.28	0.18	24.11
2001	266.10	243.55	0.04	0.04	0.07	-0.03	22.55
2002	325.60	295.17	0.05	0.05	0.22	0.12	30.43
2003	438.23	412.76	0.06	0.05	0.35	0.30	25.47
2004	593.33	561.23	0.07	0.06	0.35	0.30	32.10
2005	761.95	659.95	0.07	0.06	0.28	0.12	102.00

续表

年份	出口额	进口额	出口占比	进口占比	出口增长率	进口增长率	贸易净额
2006	968. 94	791. 46	0. 08	0. 07	0. 27	0. 04	177. 47
2007	1218. 12	955. 92	0. 09	0. 07	0. 26	-0. 02	262. 21
2008	1429. 52	1132. 33	0. 09	0. 07	0. 17	-0. 09	297. 19
2009	1201. 61	1006. 05	0. 10	0. 08	-0. 16	-0. 37	195. 56
2010	1577. 76	1395. 95	0. 10	0. 09	0. 31	0. 19	181. 81
2011	1898. 51	1743. 03	0. 11	0. 10	0. 20	0. 12	155. 48
2012	2048. 97	1818. 62	0. 11	0. 10	0. 08	-0. 05	230. 35
2013	2209. 24	1951. 66	0. 12	0. 11	0. 08	-0. 05	257. 58
2014	2343. 25	1962. 14	0. 13	0. 11	0. 06	-0. 13	381. 10

数据来源：BVD 宏观经济数据库。出口占比是指中国出口额在全球总出口中的比重，进口占比是指中国进口额在全球总进口中的比重，出口占比、进口占比、出口增长率、进口增长率等无量纲。

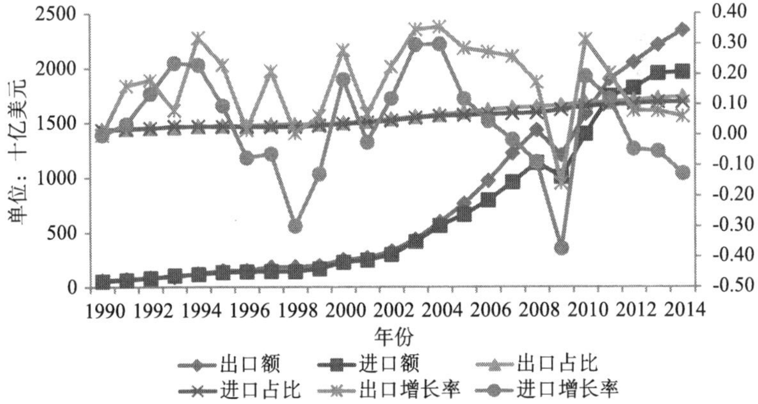

图 3-1　中国进出口额及其在全球贸易中的占比

数据来源：BVD 宏观经济数据库。出口占比是指中国出口额在全球总出口中的比重，进口占比是指中国进口额在全球总进口中的比重。

从海关统计数据上看，中国已是全球的贸易规模大国和顺差大国，但是海关统计采用“总值贸易”口径，报告的是进出关的累计商品金额，而不考虑这些进出口额是由谁创造的，以及进出关的商品是否在国内外直接实现价值。在经济全球化背景下，资本要素和生产要素全球自由流动，因而，一国贸易额中有许多“国外的因素和价值”。所以，如何剔除国外因素的影响来反映中国进出口的实质利得就成为亟待解决的问题。

3.1.2 进出口国别来源

中国对外贸易国别集中度较高，主要对象是欧盟、美国、日本等发达经济体，俄罗斯、印度、巴西等新兴经济体，以及东盟等周边国家和地区。以 2013 年为例，中国与前十大贸易伙伴的出口额占总出口的比重为 78.8%，进口占比是 65.8%，贸易总额占比为 72.6%。其中，欧盟 28 国是中国第三大出口目的地和第一大进口来源地，美国成为中国第二大出口目的地，这主要源于欧美较大的经济体规模。

令人意外的是，统计数据显示，中国香港成为中国第一大出口目的地，2013 年自内地进口 3848 亿美元，占中国出口总额的 17.4%，这显然与香港的经济体规模和需求规模是不相称的。究其原因，主要是香港作为中国对外贸易的中转港口，将从内地进口的货物再转运至世界其他国家和地区，尤其是东盟和美国等国家和地区，由此可见，海关统计并不能反映内地对香港的真实出口情况。而中国内地自香港的进口额仅为 162 亿美元，在中国总进口中所占比重是 0.8%，进出口规模严重不对等，中国贸易顺差高达 3686 亿美元。这表明，海关统计有可能严重偏离双边贸易真实的失衡状况。而中国内地与香港贸易顺差的高估则必然意味着中国与另外一个或几个国家的贸易顺差存在低估或者贸易逆差存在高估。

表 3－2　2013 年我国前十大贸易伙伴进出口情况　单位：亿美元

类别 / 伙伴	总额	占比（%）	出口	占比（%）	进口	占比（%）
合计	41603	100	22100	100	19503	100.0
欧盟（28 国）	5591	13.4	3390	15.3	2201	11.3
美国	5210	12.5	3684	16.7	1526	7.8
东盟	4436	10.7	2441	11.0	1995	10.2
中国香港	4010	9.6	3848	17.4	162	0.8
日本	3126	7.5	1503	6.8	1623	8.3
韩国	2743	6.6	912	4.1	1831	9.4
中国台湾	1973	4.7	406	1.8	1566	8.0
澳大利亚	1364	3.3	376	1.7	988	5.1
巴西	903	2.2	362	1.6	541	2.8
俄罗斯	892	2.1	496	2.2	396	2.0

数据来源：中国海关数据库。进、出口额及总额的占比无量纲。

3.1.3　进出口产业来源

如表 3－3 所示，中国进出口产业结构均较为集中，前十大出口行业占中国出口总额的 67.9%，而前十大进口行业则占中国进口总额的 79.4%，集中度高于出口。其中，电机、电气、音响设备及其零部件是进出口额最大的产业，出口额 5612.9 亿美元，占总出口的 25.4%，进口额 4394.2 亿美元，占比 22.5%；其次是核反应堆、锅炉、机械器具及零件，出口额 3831.5 亿美元，占比 17.3%，排在第二位，而进口 1705.7 亿美元，占比 8.7%，排在第三位。同时排在中国进出口额前十位的还有 HS 分类标准下的章代码 90、39、87，上述五大行业出口占比之和为 51.6%，进口占比之和 51.7%，由此可见，中国进出口贸易呈现典型的产业内贸易结构。其主要的特征在于中国自其他国家进口中间投入品，加工制作成最终产品后再出口至全球各地。而进口的部分中间投入品并未在国内实现价值，其价值随着最终产品出口而被其他国家吸收了。因而，这部分既存在于进口中间产品又包含在最终产品出口中的价值就会导致海关贸易状况的虚大。

表3－3　2013年中国进出口前十大行业（HS标准） 单位：亿美元

出口前十大行业	出口额	占比(%)	进口前十大行业	进口额	占比(%)
85 电机、电气、音响设备及其零件	5612.9	25.4	85 电机、电气、音响设备及其零件	4394.2	22.5
84 核反应堆、锅炉、机械器具及零件	3831.5	17.3	27 矿物燃料、矿物油及其蒸馏产品等	3152.3	16.2
61 针织或钩编的服装及衣着附件	967.9	4.4	84 核反应堆、锅炉、机械器具及零件	1705.7	8.7
94 家具、寝具、灯具及照明装置等	864.2	3.9	26 矿砂、矿渣及矿灰	1487.7	7.6
90 光学及其他精密仪器设备及配件	745.3	3.4	90 光学及其他精密仪器设备及配件	1075.9	5.5
62 非针织或非钩编的服装及附件	682.5	3.1	98 特殊交易品及未分类商品	1047.4	5.4
39 塑料及其制品	617.5	2.8	87 除铁道及电道外的车辆及其零配件	741.5	3.8
87 除铁道及电道外的车辆及其零配件	585.5	2.7	39 塑料及其制品	723.9	3.7
73 钢铁制品	573.5	2.6	29 有机化学品	658.8	3.4
64 鞋靴、护腿和类似品及其零件	507.6	2.3	74 铜及其制品	498.3	2.6

数据来源：中国海关总署网站 http：//www.customs.gov.cn，进、出口额占比表示各产业进、出口额在总额中的百分比，无量纲。

3.2 中间产品贸易与贸易利益转移

3.2.1 中间品进出口额

中间产品贸易在中国进出口中扮演着重要的角色，1995 年中间产品出口 762 亿美元，在总出口中的占比是 45.4%，之后一路上升，在 2000 年占比突破 50%，至 2011 年为 54.6%，出口额 11385 亿美元，是 2001 年加入 WTO 时的 7.42 倍，年均增长 22.2%。中间产品进口额一直大于出口额，1995 年为 991 亿美元，在总进口中占比 69.7%，之后就保持在 70% 以上，2004 年突破 80%，至 2011 年为 82.4%，中间产品进口额高于出口额 3381 亿美元（见图 3－2）。进口的中间产品从最终用途来分无非是两个途径，一个是被本国加工成最终品直接被消费掉，另一个是经加工后出口至国外被消费掉。而经加工后再出口的中间产品并未在国内实现价值，但往来海关造成了进出口记录的同时增长，无疑会夸大实际的贸易价值规模。中国中间产品进口始终处于逆差状态，这主要是因为中国以劳动要素禀赋参与国际分工，从事产品的加工组装环节，因而需要从全球进口中间产品或者原材料，加工成最终产品后再出口至其他国家。

从国别结构来看，中间产品进口主要来自美国、日本、韩国、中国台湾、澳大利亚等国家和地区，这是因为中国最终产品的生产需要来自发达国家和地区的先进技术、设备、中间产品等要素投入，也需要矿产、能源、农产品等资源的投入，而这些最终产品的相当部分是用于出口，也就是说，中国出口额中的价值有相当部分来自这些国家的价值转移。上述地区除美国外，中国

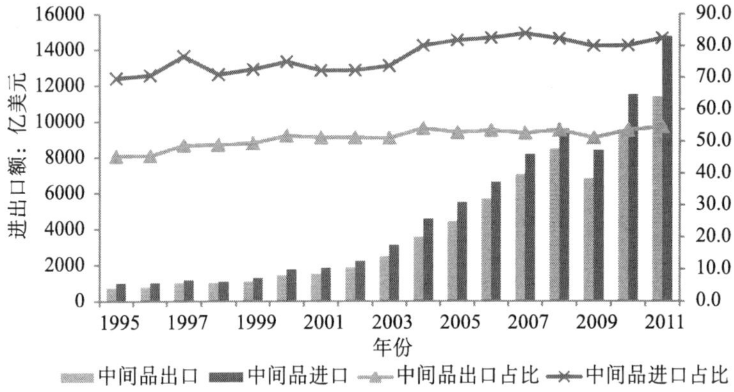

图 3－2　中国中间产品进出口额及其在总额中的占比

数据来源：1995～2011 年世界投入产出表 http：//www. wiod. org，笔者计算得出。

中间产品贸易均保持顺差，出口地集中于美国，2011 年为 1953 亿美元，占总额的 17.2%，中美两国贸易往来密切，中国物美价廉的原材料和半成品也符合美国的市场需要。

中国与大部分国家的中间产品贸易并不均衡，因为有些国家是中国制造业的原料提供者和中间产品的供给者，却并非中国产品的主要需求者，比如澳大利亚、中国台湾、日本、韩国等；也有些国家对中国产品的需求量很大，却碍于成本等因素并非中间产品的最佳提供者，比如欧盟国家和美国等。而中国作为生产基地，将他国要素加工组装后出口至第三国，容易夸大与第三国的贸易顺差，也放大与要素提供者的贸易逆差，但事实上，中国出口中包含的中国价值可能不多，因而依据海关统计额就容易错误判别贸易失衡的来源。

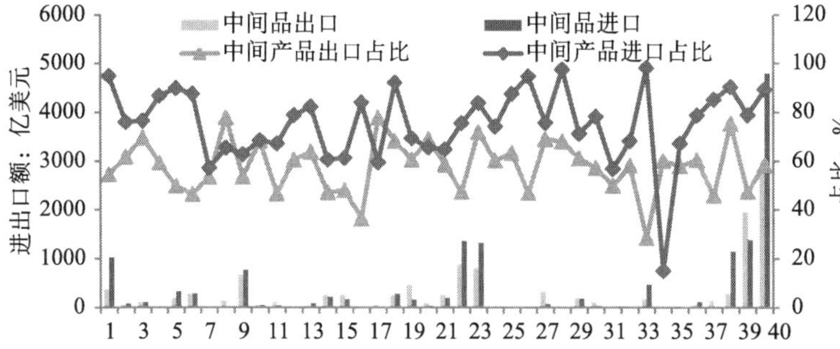

图 3 – 3　中国与世界主要经济体的中间产品进出口额及其在总额中的占比

数据来源：WIOD 数据库，笔者测度得出。横坐标数字代表国家和地区，1 ~ 40 分别代表：澳大利亚、奥地利、比利时、保加利亚、巴西、加拿大、塞浦路斯、捷克、德国、丹麦、西班牙、爱沙尼亚、芬兰、法国、英国、希腊、匈牙利、印度尼西亚、印度、爱尔兰、意大利、日本、韩国、立陶宛、卢森堡、拉脱维亚、墨西哥、马耳他、荷兰、波兰、葡萄牙、罗马尼亚、俄罗斯、斯洛伐克、斯洛文尼亚、瑞典、土耳其、中国台湾、美国以及世界其他国家。

从产业层面来看，中国的中间产品贸易集中于电子及光学设备加工业、金属冶炼加工业等部门（见图 3 – 4）。以电子光学设备为例，其出口额是 3592 亿美元，在总出口中占比 49.8%，而进口额为 3239 亿美元，却占进口总额的 77.1%。由此可见，电子设备的进口以中间产品为主，而出口却是最终产品占优，电子光学设备的发展仍然存在技术等多种门槛，需要从国外尤其是德国、日本、韩国等进口中间要素，经加工后方能满足国内外的需求，而中间品出口也多是建立在进口中间品基础上的半成品。

全球价值链背景下，国际分工深入产品内部和工序环节，基于海关统计来分解各国在最终产品上的价值贡献困难重重，而依据价值增值来核算和辨别各国利得成为可行的方案之一，也引起了国内外学者和国际经济组织的高度重视。

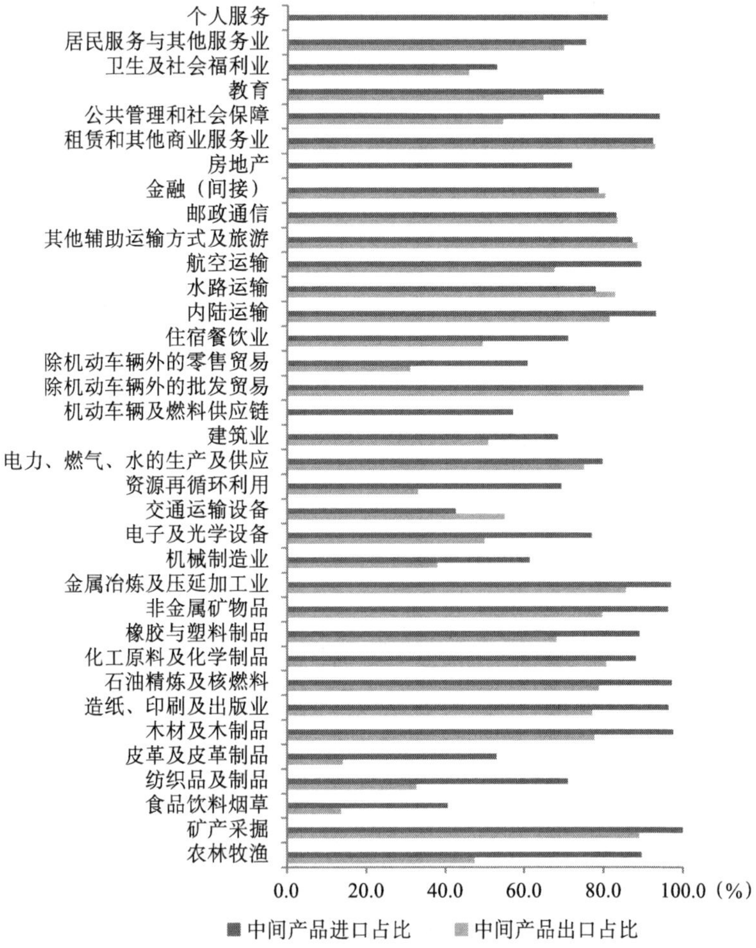

图 3-4　中国各产业中间产品进出口额及其在总额中的占比

3.2.2　加工贸易进出口额

在中国出口规模和贸易顺差不断扩大的进程中，加工贸易[①]扮演了重要的角色。1995 年，加工贸易出口额为 737.03 亿美元，占出口总额的 49.5%，但这一比例在 1996 年快速上升至 55.8%，至 2007 年始终保持在 50% 以上，也就是说，在此期间，中国出口额的一半以上是由加工贸易创造的（见表 3－4）。自 2008 年金融危机后，加工贸易出口额占比开始下降，至 2013 年为 39%，仍然在中国出口中占有重要的地位。

特别值得说明的是，加工贸易顺差是中国保持整体顺差最主要的因素，1995 年加工贸易顺差额为 153.34 亿美元，占总额的比重为 91.9%，几乎贡献了全部顺差额，此后的大部分年份里，均超过整体顺差额，在 2004 年为总体顺差额的 3.32 倍，19 年间平均幅度为 163.4%。由此可见，加工贸易是中国对外贸易规模和贸易顺差增长的主要引擎。[②]

表 3－4　中国加工贸易出口规模、净额及其在总额中的占比

单位：亿美元

类别 年份	加工贸易出口额	出口总额	加工贸易出口额占比（%）	贸易净额	加工贸易净额	加工贸易净额占比（%）
1995	737.03	1487.70	49.5	166.92	153.34	91.9
1996	843.34	1510.66	55.8	122.28	220.59	180.4

① 《中华人民共和国海关加工贸易货物监管办法》（海关总署令第 219 号）规定，加工贸易，是指经营企业进口全部或者部分原辅材料、零部件、元器件、包装物料（以下简称料件），经加工或装配后，将制成品复出口的经营活动，包括进料加工、来料加工。

② 数据来源：中经网《全国宏观月度库》和《全国宏观年度库》。

续表

类别 年份	加工贸易出口额	出口总额	加工贸易出口额占比（%）	贸易净额	加工贸易净额	加工贸易净额占比（%）
1997	996.02	1826.97	54.5	403.36	293.96	72.9
1998	1044.71	1837.57	56.9	435.91	358.99	82.4
1999	1108.72	1949.31	56.9	292.13	372.86	127.6
2000	1376.55	2492.12	55.2	241.15	450.96	187.0
2001	1474.54	2661.55	55.4	225.41	534.71	237.2
2002	1799.37	3255.65	55.3	303.62	577.21	190.1
2003	2418.49	4383.71	55.2	255.34	789.14	309.1
2004	3279.88	5933.69	55.3	319.80	1062.47	332.2
2005	4164.81	7619.99	54.7	1018.81	1424.56	139.8
2006	5103.75	9690.73	52.7	1774.59	1888.78	106.4
2007	6176.56	12180.15	50.7	2622.00	2492.63	95.1
2008	6751.82	14285.46	47.3	2954.59	2967.78	100.4
2009	5869.81	12016.63	48.8	1961.08	2646.42	134.9
2010	7403.34	15779.32	46.9	1831.00	3229.05	176.4
2011	8354.16	18986.00	44.0	1551.41	3656.20	235.7
2012	8627.79	20489.35	42.1	2311.09	3816.10	165.1
2013	8608.16	22100.19	39.0	2597.53	3638.26	140.1
均值	4007.31	8446.67	51.4	1125.69	1609.16	163.4

数据来源：中经网《全国宏观月度库》和《全国宏观年度库》。加工贸易出口额及贸易净额占比无量纲。

3.2.3 加工贸易国别分析

中国加工贸易进口额主要来自东南亚国家，比如前四位的国家分别是韩国、日本、中国台湾和马来西亚，自上述四个国家的加工贸易进口额占总额的45.19%，这主要是源于中国作为“世界工厂"，自周边国家进口中间投入品，成本相对较低。而加工贸易出口则面向中国香港、美国、日本、韩国以及欧盟主要国家，这是因为除中国香港外，这些国家经济体规模比较大，对中国"物美价廉"商品的需求也比较大；而中国香港主要是因为中转港的地位和优势，但并非消费了进入港口的所有商品，而是由此中转至世界各地。

表 3－5　2011 年中国加工贸易主要国家和地区分布

国家和地区	进口额（亿美元）	占比（%）	国家和地区	出口额（亿美元）	占比（%）
韩国	1068.3	14.53	中国香港	2191.3	22.33
日本	938.4	12.76	美国	1887.9	19.24
中国台湾	907.1	12.34	日本	817.0	8.32
马来西亚	408.4	5.56	韩国	443.6	4.52
美国	406.4	5.53	荷兰	382.9	3.90
泰国	240.3	3.27	德国	370.5	3.78
德国	192.5	2.62	新加坡	236.2	2.41
新加坡	169.3	2.30	中国台湾	199.3	2.03
南非	140.4	1.91	英国	198.6	2.02
法国	82.2	1.12	印度	153.8	1.57
澳大利亚	78.5	1.07	澳大利亚	148.9	1.52
印度	68.3	0.93	法国	137.9	1.41
中国香港	62.7	0.85	越南	127.4	1.30
越南	61.5	0.84	意大利	120.3	1.23
意大利	52.0	0.71	马来西亚	113.0	1.15
加拿大	49.3	0.67	巴西	113.0	1.15
巴西	47.9	0.65	加拿大	104.4	1.06
英国	41.3	0.56	泰国	97.1	0.99

数据来源：中国海关贸易数据库，经整理得到。

同一地区在中国加工贸易进、出口的总额和地位差异很大。除了中国香港享有地理和政策的特殊优势外，中国自韩国的加工贸易进口额为1068.3亿美元，出口额是443.6亿美元，逆差额624.7亿美元；而与另外一个国家——美国的进口额为406.4亿美元，出口额是1887.9亿美元，顺差1481.5亿美元。这种现象的产生很有可能是因为，自韩国进口的中间产品经中国加工组装后再出口至美国，从而导致中国与韩国的贸易逆差、与美国的贸易顺差，而顺差额并不能代表中国的贸易利得，因为其中包含着大量来自其他国家的价值，而中国仅仅获取少量的组装加工费用。因而，中国作为“世界工厂”所从事的“三角贸易”掩盖了真实的双边贸易失衡状况，一方面导致中国对美国、欧盟等经济体的顺差规模不断扩大，另一方面导致中国对东南亚经济体的逆差规模也不断增加。如果“三角贸易”模式不断固化，则中国非均衡的贸易失衡国别结构将更加突出，从而导致中国与美国、欧盟等经济体的贸易摩擦加剧。因而，基于增加值视角重新认识中国外贸失衡的国别结构就显得非常有意义。

3.2.4 加工贸易产业分析

改革开放之初，中国加工贸易发展以劳动密集型产业为主，主要代表是纺织服装等加工业；而20世纪80年代中后期，产品类型开始多样化，比如鞋帽、箱包、工艺品、塑料制品等轻工业小商品；1992年之后，中国市场对外资逐步开放，跨国企业蜂拥而至，中国加工贸易在东南沿海蓬勃开展起来，商品结构也发生了较大改善，技术密集型、资本密集型产业发展迅速；而2002年加入WTO之后，加工贸易在中国大地遍地开花，进料加工贸易份额快速提升，从事加工贸易的技术和资本门槛也越来越高，中国出口的商品结构发生大幅调整。

至 2011 年，中国加工贸易出口额中的 58.2% 是机电、音响设备及其零配件，由此可见，中国加工贸易中技术密集型产品占据绝对优势地位，产品形态呈现高端化特征。但能否说明中国机电产业已经处于全球价值链的高端呢？同期，该产业的进口额占比也高达 49.52%，因而，产品形态的高端化很有可能是由于进口中间品的高技术特征造成的。机电产业在 2011 年的贸易顺差额为 2102.5 亿美元，国内增值率仅为 36.6%，出口商品价值大部分来自国外。

表 3－6 也说明中国加工贸易产品集中度比较高，机电产品进出口额均占 50%，而车、船、航空器等运输设备，纺织原料及其制品，光学仪器等精密设备、贱金属及其制品，珠宝等贵金属制品等行业的进出口额也都位于十大行业之列，由此说明中国加工贸易进口额中的大部分并未在本国消费，而是经加工后再度出口至国外，而在国内未实现价值的这部分产品在海关统计体系下就全部计入进出口额，因而，就存在夸大实际进出口价值规模的可能。

表 3－6　　2011 年中国加工贸易主要行业分布

出口额前十大类行业	出口额（亿美元）	占比（%）	进口额前十大类行业	进口额（亿美元）	占比（%）
16 机电、音响及其零配件	5743.5	58.52	16 机电、音响及其零配件	3641.0	49.52
17 车、船、航空器等运输设备	671.6	6.84	18 光学、医疗等精密仪器	691.1	9.40
11 纺织原料及其制品	589.9	6.01	5 矿产品	644.3	8.76
18 光学、医疗等精密仪器	505.7	5.15	7 塑料、橡胶及其制品	503.1	6.84
7 塑料、橡胶及其制品	386.6	3.94	15 贱金属及其制品	501.1	6.81

续表

出口额前十大类行业	出口额（亿美元）	占比（%）	进口额前十大类行业	进口额（亿美元）	占比（%）
20 杂项制品	375.6	3.83	6 化学工业及其制品	402.5	5.47
15 贱金属及其制品	327.3	3.33	11 纺织原料及其制品	206.5	2.81
5 矿产品	253.4	2.58	22 特殊交易品及未分类	191.0	2.60
14 珠宝等贵金属制品	248.8	2.53	17 车、船、航空器等运输设备	111.8	1.52
12 鞋、帽、伞等轻制品	195.2	1.99	14 珠宝等贵金属制品	80.3	1.09

数据来源：中国海关贸易数据库，经整理得到。行业名称前数字为 HS 分类标准 22 大类的序号。

3.3 贸易投资一体化与在华外商直接投资（FDI）利益

3.3.1 在华外商投资规模

在投资贸易一体化背景下，外商直接投资（Foreign Direct Investment，FDI）和对外直接投资（Outward Direct investment，ODI）与国际贸易相互交织，投资利益与贸易利益相互融合，很难将其分辨开来。

2000 年，中国实际利用外资总额为 420.9 亿美元，之后一直呈增长状态，仅在 2008 年美国金融危机时小幅震动，至 2013 年为 1187.21 亿美元，增长了 2.82 倍（见表 3 -7）。这其中，外商直接投资一直占绝对比重，14 年间平均值为 96%，2013 年达到创纪录的 99%。而外商直接投资主要来自外资独资企业，自 2005 年之后，其所占份额一直高于 70%，而 14 年间的平均占比也达到了 69%；其次为中外合资企业，其占比在 2000 年为 36%，之后有所下降，大致维持在 20%；中外合作企业的占比在 2000 年为 16%，之后快速下降，至 2007 年后维持在 2%；而外商投资股份制企业占比一直维持在较低水平。由此可见，中国实际利用的外资总额基本是以外商直接投资形式存在的，而在吸纳的外商直接投资中，外资独资企业占有主体地位。外资独资企业的“外国属权”性质与东道国贸易活动的海关统计“属地原则”结合在一起，将使投资利益和贸易利益的国别归属更加难以辨析。

表 3－7　　中国实际利用外资情况表　　单位：亿美元

年份	外商直接投资	外资独资企业占比	中外合资企业占比	中外合作企业占比	外商投资股份制企业占比	实际利用外资金额
2000	407.72	0.47	0.36	0.16	0.00	420.90
2001	468.50	0.50	0.35	0.13	0.01	483.09
2002	527.43	0.60	0.28	0.10	0.01	550.11
2003	535.05	0.62	0.29	0.07	0.01	561.40
2004	606.30	0.66	0.27	0.05	0.01	640.72
2005	603.25	0.71	0.24	0.03	0.02	638.04
2006	630.21	0.73	0.23	0.03	0.01	735.23
2007	747.68	0.77	0.21	0.02	0.01	783.39
2008	923.95	0.78	0.19	0.02	0.01	952.53
2009	900.33	0.76	0.19	0.02	0.02	918.04
2010	1057.35	0.77	0.21	0.02	0.01	1088.21
2011	1160.11	0.79	0.18	0.02	0.01	1176.98
2012	1117.16	0.77	0.19	0.02	0.01	1132.94
2013	1175.86	0.76	0.20	0.02	0.02	1187.21

数据来源：中经网《全国宏观月度库》。各类型外商直接投资企业占比无量纲。

3.3.2 在华外资国别来源

表3-8给出了在华直接投资的主要国别（地区）来源，与中国对外贸易的主要伙伴相比较，有许多相似的地方，也有不少不同之处。中国香港兼有地利之便和政策优势，成为在内地投资额最多的地区，2013年占比达到62.4%，在所有国家和地区中占据绝对优势。新加坡和日本在华投资金额相似，均占总投资的6%左右，韩国2013年在华投资额30.54亿美元，占比2.6%。上述几个国家和地区在华投资额较高，与中国的贸易往来也比较紧密，这是两者相似之处。然而，中国对外贸易的主要伙伴美国，对华投资额则并不高，数据显示2008年之前，美国对华直接投资基本为0，而金融危机之后，在华直接投资才开始起步，投资净额与韩国相当，这与中美两国的贸易规模并不相称。与此相仿的还有欧洲各国，德国、荷兰、法国在华投资额一直维持在低水平状态，2013年，整个欧洲国家在华投资额68.93亿美元，与日本一个国家尚有差距。基于国家利得的视角，经济全球化背景下，贸易利益与投资利益交织在一起，本就使得国家利益的识别变得困难，而双边贸易规模与投资规模的严重不对称，将导致双边贸易利益的核算更加扑朔迷离。

表3-8 在华外商直接投资额主要国别（地区）来源

单位：亿美元

指标	1998年	2000年	2002年	2004年	2006年	2008年	2010年	2012年	2013年
中国香港	185.08	155	178.61	189.98	202.33	410.36	605.67	655.61	733.97
新加坡	34.04	21.72	23.37	20.08	22.6	44.35	54.28	63.05	72.29
日本	34	29.16	41.9	54.52	45.98	36.52	40.84	73.52	70.58
韩国	18.03	14.9	27.21	62.48	38.95	31.35	26.92	30.38	30.54
美国	0	0	0	0	0	0	30.17	25.98	28.2

续表

指标	1998 年	2000 年	2002 年	2004 年	2006 年	2008 年	2010 年	2012 年	2013 年
中国台湾	29.15	22.97	39.71	31.17	21.36	18.99	24.76	28.47	20.88
德国	7.37	10.41	9.28	10.58	19.79	9	8.88	14.51	20.78
荷兰	7.19	7.89	5.72	8.11	8.41	8.62	9.14	11.44	12.75
法国	7.15	8.53	5.76	6.57	3.83	5.88	12.38	6.52	7.52
总额	454.63	407.15	527.43	606.3	630.21	923.95	1057.35	1117.16	1175.86

数据来源：中经网《宏观年度数据库》。

3.3.3　在华外资进出口规模

外资企业一直是中国对外贸易规模扩张的主要推动力，自 1995 ~ 2013 年间，外资企业平均贡献了 46.5% 的进口额、42.6% 的出口额，最大比例均出现在 2009 年，分别为 61.6% 和 65.8%。外资独资企业在外资整体贡献额中的比重持续上升，其中进口占比由 1995 年的 30.4% 上升至 2013 年的 67.5%，自 2002 年之后一直高于 50%；出口也有类似的情况，外资独资企业的占比由 1995 年的 37.3% 上升至 2013 年的 70.3%。中外合资企业的占比基本处于下降趋势，1995 年时为 55.1%，至 2000 年时为 47.9%，仍然是外资企业出口额的最大贡献源，之后被外商独资企业超越，其占比不断下降，至 2013 年不到 1/3；出口的情况与此相仿。中外合作经营企业在进、出口两个方面的占比都快速下降，其中进口的比重在 2013 年不足 1%，而出口额占比不到 2%，见表 3 - 9 和图 3 - 5。外资企业也是中国对外贸易净额的主要贡献者。数据显示，1995 ~ 1998 年，外商投资企业的外贸净额处于逆差状态，但金额不大。1999 年始，其贡献度始终保持正值，由 42.44 亿美元上升至 2013 年的 1514.99 亿美元，年均增长 29.1%；在中国贸易净额中的比重也由 14.5%

上升至58.3%，其中占比最大值出现在2009年为87.2%，2009年以来的平均贡献度为70%。

表3-9　　各类外商投资企业进出口状况　　单位：亿美元

年份	各类型企业进口额占比（%）			外资企业进口额	各类型企业出口额占比（%）			外资企业出口额
	A	B	C		A	B	C	
1995	30.4	55.1	14.6	548.02	37.3	48	14.7	411.7
1996	30.4	55.3	14.3	629.43	37.1	48.4	14.5	468.76
1997	33.4	54.4	12.3	756.04	38.7	48.4	12.9	615.06
1998	36.5	51.7	11.8	777.21	41.7	46.3	12	749
1999	40.8	48.8	10.4	767.17	45.3	43.9	10.8	809.62
2000	44.1	47.9	8	858.84	48.9	41.9	9.2	886.28
2001	46.4	46.3	7.3	1172.73	49.6	42.1	8.3	1194.41
2002	49.1	44.8	6.1	1258.63	51.8	40.6	7.6	1332.35
2003	56.8	37.9	5.2	1602.72	56.6	36.5	6.9	1699.36
2004	60.8	34.9	4.3	2319.14	60.8	33.7	5.5	2403.38
2005	63	33.6	3.3	3245.69	63.3	32.4	4.4	3386.07
2006	67	30.5	2.5	3875.13	65.9	30.6	3.5	4442.09
2007	69.2	28.7	2.1	4726.16	67.8	29	3.1	5638.28
2008	70.7	27.7	1.6	5594.08	68.8	28.6	2.6	6955.19
2009	69.3	29.3	1.4	6199.56	69	28.7	2.3	7906.2
2010	69.7	29.1	1.2	5452.07	70.7	27.1	2.2	6722.3
2011	70.6	28.4	1	7380	70.5	27.6	1.9	8623.06
2012	69.4	29.6	1	8648.25	70.8	27.4	1.8	9953.3
2013	67.5	31.5	0.9	8712.49	70.3	28.1	1.6	10227.48

注：A表示外资（独资）企业，B表示中外合资经营企业，C表示中外合作经营企业。

数据来源：中经网《宏观年度数据库》。

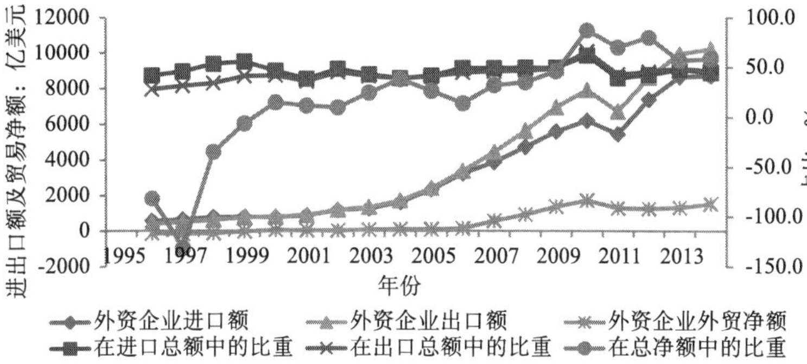

图3－5　中国外商投资企业进出口贸易额

数据来源：中经网《宏观年度数据库》。

由此可见，外资企业成为中国保持高额外贸顺差的主要源泉之一。但是，在海关统计体系下，这部分在属权特征上归于"他国"的贸易顺差仍然计入了中国的账户上。而且，由于外商投资规模的持续扩大，外资企业进出口规模的不断扩张，以及不同组织形式外资企业进出口规模的动态变化，也为分辨投资企业国别利益和进出口贸易国家利益增加了难度。

3.3.4　对外直接投资规模

自2002年以来，中国对外直接投资流量连续增长，至2013年达到1078.44亿美元，年均增长39.8%（见图3－6和图3－7）。2013年，中国对外直接投资流量首次超过千亿美元，占全球流量的2.5%，较上年提升1.3个百分点，仅次于美国和日本位居世界第三位。这也是自2012年以来中国第二次蝉联季军，与日本的差距不足280亿美元，按照现在的发展速度，中国将很快超越日本成为资本输出的第二大国。但中国与美国的差距还很大，2013年对外投资流量仅为美国的1/3。

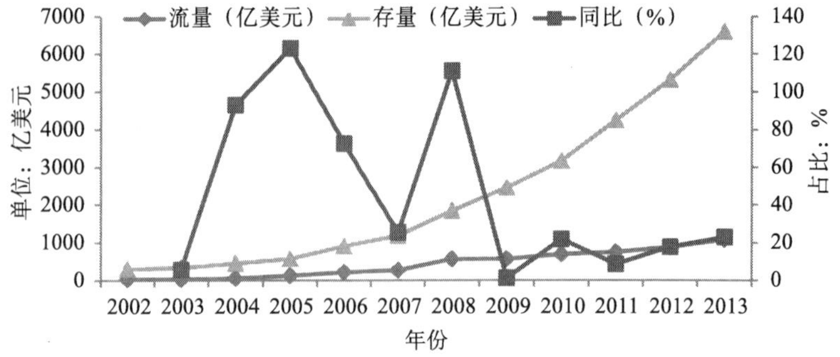

图 3－6　2004～2013 年中国对外直接投资流量和存量图

注：同比是本年度流量相对上一年度流量增加幅度，采用百分比。2002～2005 年为非金融类对外直接投资数据，而 2006 年之后为全行业对外直接投资数据。

数据来源：《2013 年度中国对外直接投资统计公报》。

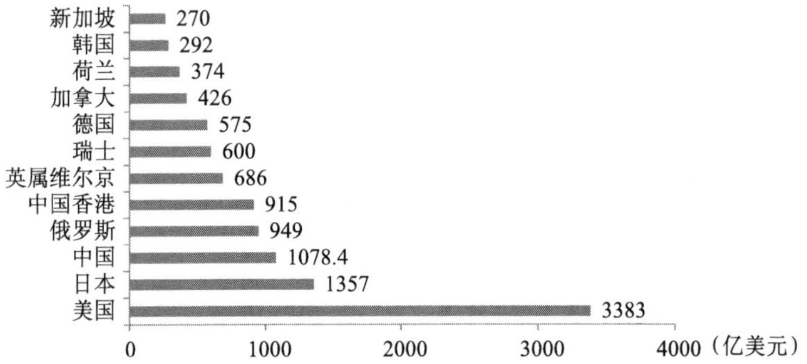

图 3－7　2013 年世界主要国家（地区）对外直接投资流量

数据来源：中国数据来自商务部统计，其他国家和地区来自联合国贸发会议《2014 世界投资报告》。

截止到 2013 年底，中国对外直接投资存量为 6604.8 亿美元，占全球存量的 2.5%，位居世界第 11 位。① 但存量规模仅为

① 数据来自《2013 年度中国对外直接投资统计公报》。

美国的 1/10 强，与英国、德国、法国、日本等国家尚有不小的差距，略高于西班牙、俄罗斯、新加坡等国家（见图 3－8）。由此可见，一方面，中国对外直接投资虽然起步较晚，但发展速度很快，在全球范围内的份额也在逐步提高；另一方面，中国与美、欧、日等发达经济体相比还存在巨大的存量差距。

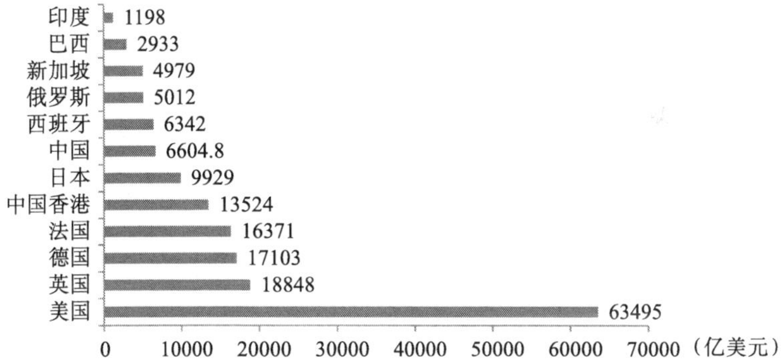

图 3－8　2013 年世界主要国家（地区）对外直接投资存量

数据来源：中国数据来自商务部统计，其他国家和地区来自联合国贸发会议《2014 世界投资报告》。

3.3.5　对外直接投资国别分析

中国对外直接投资主要面向中国香港、开曼群岛、英属维尔京群岛等，三地在 2004 年吸纳投资 43 亿美元，占投资总额的 78.2%，而 2013 年为 753 亿美元，占比 69.8%（见表 3－10）。中国香港有地理之便，开曼群岛和英属维尔京群岛则是全球著名的免税天堂。

除此之外，中国对外直接投资主要面向美国。在 2013 年，中国对美国直接投资 38.73 亿美元，略低于 2012 年，但均高于美国在华直接投资额，主要流向采矿业、制造业、批发和零售业、交通运输及仓储业、租赁和商务服务业、科学研究和技术支持服务业、建筑业等，2010 年、2011 年也分别高于美国在华投资额 18 亿美元和 5 亿美元。

澳大利亚、新加坡、英国、加拿大、德国、日本等发达经济体也是中国的主要投资对象，但对外直接投资额与吸纳的外商直接投资额差距明显，中国对外直接投资尚处于起步阶段，还有很大的空间可挖掘。

印尼、泰国、越南等东盟国家吸收中国直接投资 72.67 亿美元，占总额的 6.7%，雇佣当地员工 15.97 万人，资金主要流向采矿业、批发零售业、制造业、电热气水的生产和供应业等。尼日利亚、阿尔及利亚等非洲国家也是中国资本走出去的主要阵地，投资额度有所增加，但流量和存量规模都不大。

表 3－10　　中国对外直接投资流量地区构成　　单位：亿美元

年份／国别或地区	2004	2006	2008	2009	2010	2011	2012	2013
中国香港	26.28	69.31	386.40	356.01	385.05	356.55	512.38	628.24
开曼群岛	12.86	78.33	15.24	53.66	34.96	49.36	8.27	92.53
美国	1.20	1.98	4.62	9.09	13.08	18.11	40.48	38.73
澳大利亚	1.25	0.88	18.92	24.36	17.02	31.65	21.73	34.58
英属维尔京群岛	3.86	5.38	21.04	16.12	61.20	62.08	22.39	32.22
新加坡	0.48	1.32	15.51	14.14	11.19	32.69	15.19	20.33
印度尼西亚	0.62	0.57	1.74	2.26	2.01	5.92	13.61	15.63
英国	0.29	0.35	0.17	1.92	3.30	14.20	27.75	14.20
俄罗斯联邦	0.77	4.52	3.95	3.48	5.68	7.16	7.85	10.22
加拿大	0.05	0.35	0.07	6.13	11.42	5.54	7.95	10.09
德国	0.28	0.77	1.83	1.79	4.12	5.12	7.99	9.11

续表

年份 国别或地区	2004	2006	2008	2009	2010	2011	2012	2013
泰国	0.23	0.16	0.45	0.50	7.00	2.30	4.79	7.55
越南	0.17	0.44	1.20	1.12	3.05	1.89	3.49	4.81
日本	0.15	0.39	0.59	0.84	3.38	1.49	2.11	4.34
中国澳门	0.27	-0.43	6.43	4.56	0.96	2.03	0.17	3.95
韩国	0.40	0.27	0.97	2.65	-7.22	3.42	9.42	2.69
法国	0.10	0.06	0.31	0.45	0.26	34.82	1.54	2.60
尼日利亚	0.46	0.68	1.63	1.72	1.85	1.97	3.33	2.09
阿尔及利亚	0.11	0.99	0.42	2.29	1.86	1.14	2.46	1.91
总额	54.98	211.64	559.07	565.29	688.11	746.54	878.04	1078.44

数据来源：中经网《宏观年度数据库》。

遗憾的是，目前可得到的数据，尚无法获取中国对外直接投资企业的生产经营状况，尤其是在东道国开展的国际贸易状况。

第4章 中国对外贸易利益统计——基于属权贸易视角

本章将同时考虑 FDI 和 OFDI 对一国单边和双边贸易统计的影响，结合股份制企业所有权结构以及数据可获得性，通过构建属权统计视角下的两国单边贸易统计模型和三国双边贸易统计模型，分别测度 1998～2011 年中国对世界以及中美两国的贸易进出口规模和净额，并与海关统计额比较分析，以反映外商直接投资对传统贸易统计方式的影响。

4.1 中国单边贸易利益测度

美国早在 20 世纪 90 年代就启用了以所有权为原则的统计体系，这一体系是以资产所有权国为核算出发点，而不是以商品或者服务的出口国为统计口径，它估测了美国母公司在境外子公司直接投资的净收入而不是销售额，同时剔除外商投资企业在美国境内子公司投资收入净得。国内学者贾怀勤（2010）、李月芬（2006）等对属权原则下的贸易统计方法进行了规范和比较研究，认为有必要厘清经济组织所有权性质与国际贸易规模和差额的关系，建立以属权原则为基础的现代国际贸易统计制度；吕婕、张子杰（2011）基于属权原则测算了 1998 ~ 2007 年的中美贸易差额；张磊、徐琳（2013）将外商企业分为外商独资和外商投资两个口径，刻画了属权原则下中国对外贸易规模的区间。[①] 本节在已有研究的基础上，构建了基于属权贸易利益测算的一般模型、股份制企业制度约束下的贸易利益测算模型、针对中国 OFDI 统计特点的贸易利益测算模型，依据中国的数据予以检验。

4.1.1　模型假设与构建

4.1.1.1　属权贸易一般统计模型

（1）模型假设

①世界上只有两个国家 A 和 B，两个经济主体 M 和 N。基于属权原则，M 属于 A，N 属于 B，M_B 代表 M 在 B 国的附属公司，N_A 代表 N 在 A 国的附属公司。

②M 和 N 都参与国内贸易和国际贸易，国内贸易分为国内购买 P 和国内销售 Q，国际贸易分为进口 I 和出口 E，这里的国内和国际仍然是基于属地原则的统计概念。

③附属公司的主营业务收入 D 分为国内销售和国际出口两

① 所谓以所有权为基础的贸易统计体系，是指按照资产的“所有权原则”而不是“产地原则”来统计对外经济活动的统计体系，是以商品所有权是否在国民间进行跨国转移为基础的，考虑了“跨境而不跨国民”，以及“跨国民而不跨境”的商业活动的数据。

部分，主营业务成本 C 分为国内购买和国际进口两部分，即 $D=Q+E$，$C=P+I$。

④$D-C=R$，其中 R 代表毛利润。

（2）模型建立

在属权原则下，我们需要对属地贸易额做以下调整：

①测算属权原则下 A 国出口额时，我们首先需要在属地统计中剔除外资 N_A 在 A 国的出口额 $E(N_A)$，加入 N_A 在 A 国的购买额 $P(N_A)$；其次是加入 M_B 在 B 国的销售额 $Q(M_B)$，剔除 M_B 从 A 国的进口额 $I(M_B)$。即：

$$E^A=E_A-E(N_A)+P(N_A)+Q(M_B)-I(M_B) \tag{1}$$

其中 E^A 代表属权原则下统计的 A 国出口额，E_A 代表属地原则下统计的 A 国出口额。

②测算属权原则下 A 国进口额时，我们首先需要在属地统计中剔除外资 N_A 在 A 国的进口额 $I(N_A)$，加入 N_A 在 A 国的销售额 $Q(N_A)$；其次是加入 M_B 在 B 国的购买额 $P(M_B)$，剔除 M_B 向 A 国的出口额 $E(M_B)$。即：

$$I^A=I_A-I(N_A)+Q(N_A)+P(M_B)-E(M_B) \tag{2}$$

其中 I^A 代表属权原则下统计的 A 国进口额，I_A 代表属地原则下统计的 A 国进口额。

③属权原则下 A 国贸易差额。

$$\begin{aligned} G^A=E^A-I^A= & E_A-I_A+I(N_A)-E(N_A)+P(N_A) \\ & -Q(N_A)+Q(M_B)-P(M_B)+E(M_B)-I(M_B) \end{aligned} \tag{3}$$

由假设（3）可以得到：

$$D(M_B)=Q(M_B)+E(M_B),\ C(M_B)=P(M_B)+I(M_B),$$
$$D(N_A)=Q(N_A)+E(N_A),\ C(N_A)=P(N_A)+I(N_A) \tag{4}$$

将式（4）带入式（3）可得：

$$G^A = (E_A - I_A) + \{[D(M_B) - C(M_B)] - [D(N_A) - C(N_A)]\} \tag{5}$$

其中 G^A 是属权原则下的贸易差额，$[D(M_B) - C(M_B)]$代表 A 国附属机构在 B 国的毛利润，$[D(N_A) - C(N_A)]$代表 B 国附属机构在 A 国的毛利润。

由假设（4）可以得到：

$$D(M_B) - C(M_B) = R(M_B),\ D(N_A) - C(N_A) = R(N_A) \tag{6}$$

将上述（6）两个等式带入式（5）可以得到：

$$G^A = (E_A - I_A) + [R(M_B) - R(N_A)] \tag{7}$$

即属权原则下一国贸易差额等于属地原则下的贸易差额加上对外投资毛利润差额。

4.1.1.2　股份制企业制度下属权贸易模型

考虑到外商直接投资既有独资企业，也有合资企业、合作企业的组织形式，为了更加准确地反映属权原则下一国的进出口贸易额，我们需要将外资份额从所有类型外商投资企业中区分出来以明晰属权，于是我们在属权贸易一般统计模型的假设基础上，增加如下假设。

（1）模型假设

①A 国的外商投资企业投资总额为 H_A，外资出资额为 H_N；B 国的外商投资企业投资总额为 H_B，外资出资额为 H_M；则 A 国外商投资企业中外资出资份额占比 $\gamma^N = H_N/H_A$，同理 $\gamma^M = H_M/H_B$。

②对于 H_A 或者 H_B，每一单位投资份额产生的经济影响是相同的，即产生相同的国内购买额 P、国内销售额 Q、国际进口额 I、国际出口额 E。

（2）模型建立

根据上述假设，我们可以直观得到：

①出口模型：

$$E^A = E_A + \gamma^N [P(N_A) - E(N_A)] + \gamma^M [Q(M_B) - I(M_B)] \quad (8)$$

②进口模型：

$$I^A = I_A + \gamma^N [Q(N_A) - I(N_A)] + \gamma^M [P(M_B) - E(M_B)] \quad (9)$$

③差额模型：

$$\begin{aligned} G^A &= E^A - I^A \\ &= (E_A - I_A) + \{\gamma^M [D(M_B) - C(M_B)] - \gamma^N [D(N_A) - C(N_A)]\} \\ &= (E_A - I_A) + [\gamma^M R(M_B) - \gamma^N R(N_A)] \\ &= (E_A - I_A) + [H_M \frac{R(M_B)}{H_B} - H_N \frac{R(N_A)}{H_A}] \end{aligned} \quad (10)$$

其中，$\frac{R(M_B)}{H_B}$表示 B 国外商投资企业投资回报率，$\frac{R(N_A)}{H_A}$表示 A 国外商投资企业投资回报率；$H_M \frac{R(M_B)}{H_B}$表示 B 国外商投资企业中外资投资回报，$H_N \frac{R(N_A)}{H_A}$表示 A 国外商投资企业中外资投资回报。

于是，我们得到股份制企业制度下的属权贸易差额等于属地贸易差额加上 A 国与 B 国外资资本回报差额。

4.1.1.3 基于属权原则的中国对外贸易模型

由于中国对外直接投资相关数据不健全，尤其是中国对外投资企业对中国的进出口数据难以获取，我们做出如下假设。

(1) 模型假设

①假设上文中 A 代表中国，B 代表世界其他国家。

②假设 $\gamma^M = \gamma^N$，其中 γ^M 表示中资在中国对外投资企业中的出资份额、γ^N 表示外资在外商对华投资企业中的出资份额。

③假设单位 H_A 和 H_B 投资额产生的国际进口、国际出口、

国内购买、国内销售完全相同，分别记为 I_0、E_0、P_0、Q_0。由于 $D=Q+E$，$C=P+I$，$D-C=R$，我们可以得出推论：单位投资额产生的主营业务收入、主营业务成本、毛利润也相同，分别记为 D_0、C_0、R_0。

（2）模型建立

①根据上述假设我们首先得到出口模型：

$$
\begin{aligned}
E^A &= E_A+\gamma^N[P(N_A)-E(N_A)]+\gamma^M[Q(M_B)-I(M_B)] \\
&= E_A+\gamma^N H_A(P_0-E_0)+\gamma^M H_B(Q_0-I_0) \\
&= E_A+\gamma^N H_A(C_0-I_0-E_0)+\gamma^M H_B(D_0-E_0-I_0) \\
&= E_A+\gamma^N H_A(D_0-I_0-E_0)-\gamma^N H_A R_0+\gamma^M H_B(D_0-E_0-I_0) \\
&= E_A+(\gamma^N H_A+\gamma^M H_B)(D_0-I_0-E_0)-\gamma^N H_A R_0 \\
&= E_A+\gamma^N[(H_A+H_B)\frac{D(N_A)-I(N_A)-E(N_A)}{H_A}-R(N_A)]
\end{aligned}
\tag{11}
$$

②同理可得出进口模型：

$$I^A=I_A+\gamma^N[(H_A+H_B)\frac{C(N_A)-E(N_A)-I(N_A)}{H_A}+R(N_A)] \tag{12}$$

或者：$$I^A=I_A+\gamma^N[(H_A+H_B)\frac{D(N_A)-E(N_A)-I(N_A)}{H_A}-R(M_B)] \tag{13}$$

③于是，我们求出贸易差额模型：

$$G^A=E^A-I^A=(E_A-I_A)+\gamma^N\times(H_B-H_A)\frac{R(N_A)}{H_A} \tag{14}$$

上述等式表明，基于属权原则的中国对外贸易差额等于属地贸易差额与净外资投资额所产生的毛利润之和。

4.1.2　数据来源

中国外商直接投资企业年末注册额及外资注册额来自历年

《中国统计年鉴》，其他数据来自中经网数据库，依据当年人民币对美元汇率中间价予以调整。

4.1.3 实证结果

根据上述模型，我们对于1998～2011年中国对外贸易进出口规模和差额进行了重新估算。依据表4－1和图4－1，我们可以得出以下结论：

表4－1 1998～2011年中国对外贸易规模及差额 单位：亿美元

年份	出口总额		进口总额		贸易差额	
	属地原则	属权原则	属地原则	属权原则	属地原则	属权原则
1998	1838.80	1836.29	1404.27	1611.06	434.53	225.23
1999	1952.07	1983.24	1659.33	1949.81	292.74	33.43
2000	2492.56	2407.32	2251.50	2499.73	241.06	-92.41
2001	2660.92	2681.13	2435.57	2829.04	225.35	-147.91
2002	3255.76	3130.26	2951.59	3290.74	304.17	-160.48
2003	4384.19	4162.42	4131.40	4539.33	252.78	-376.91
2004	5932.64	6017.28	5610.36	6557.82	322.29	-540.55
2005	7647.75	7653.84	6625.45	7616.37	1022.30	37.46
2006	9733.96	10051.71	7950.13	9565.67	1783.83	486.04
2007	12304.52	13786.56	9639.68	12895.25	2664.85	891.31
2008	14455.51	18477.95	11450.74	17511.75	3004.77	966.20
2009	12008.45	18727.81	10045.14	18981.98	1963.30	-254.17
2010	15809.56	24072.21	13989.11	24909.84	1820.45	-837.63
2011	19081.04	30280.22	17520.50	31607.78	1560.54	-1327.56

数据来源：根据《中国统计年鉴》、中经网数据库数据计算得出。

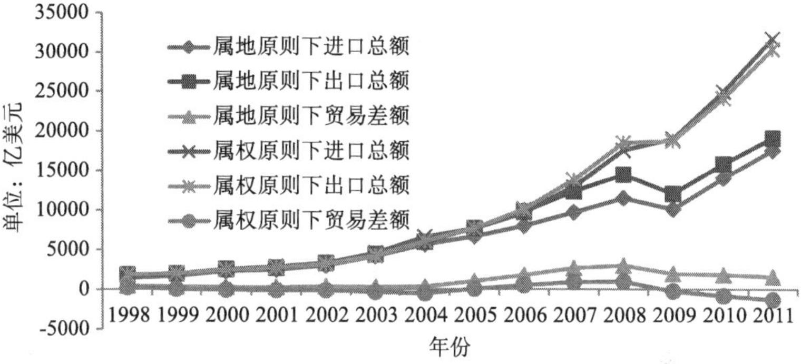

图 4-1　1998 ~ 2011 年中国对外贸易规模及差额

数据来源：根据《中国统计年鉴》、中经网数据库数据计算得出。

①两种原则测算下，中国对外贸易进、出口额及差额的年度趋势几乎完全一致。1998 ~ 2003 年增长平稳，2004 ~ 2008 年明显上升，2008 年发生逆转，但 2009 年即强势反弹。属权原则下的进、出口额要远远高于属地原则，且差距呈现扩大趋势，这说明 FDI 对中国外贸的影响主要是通过大量的采购和销售实现的；然而，属权原则下的贸易差额却偏小很多，两者差距也呈现扩大趋势，这反映了美国金融危机后，FDI 企业原本用于出口的商品转向中国市场销售。中国 OFDI 由于起步时间短，流量和存量规模较小，对中国外贸的影响力相对较弱。

②相比较属地原则下持续的顺差状态，在属权原则下，中国在 2000 ~ 2004 年呈现出不同程度的逆差状态，这验证了中国加入 WTO 前后 FDI 对中国外贸和贸易利益的巨大影响。美国金融危机后，中国贸易差额也呈现出逆差状态，且增长幅度空前，这说明随着中国吸引外资存量的不断增加，外资企业对国内市场的影响力逐步增强，进而影响到属权原则下中国贸易差额方向的逆转。

4.1.4 基本结论

综合来讲，FDI深刻影响着中国的市场供给、中间品采购、进出口贸易规模，对中国的外贸差额产生了影响，但其程度并没有影响到趋势的变动，成为属地原则下中国对外贸易顺差的重要原因之一。

4.2 中美双边贸易利益测度

属权双边贸易核算必须考虑第三国的影响，牵涉到的国别主体和经济活动主体比较多，相应的模型更为复杂，鉴于中美两国贸易关系的重要性和复杂性，我们应用构建的统计模型来主要分析中美的双边属权贸易利益。

据美国海关统计，2011年美国货物贸易对华出口2039亿美元，进口3993亿美元，贸易逆差1954亿美元，同比上升8%，中国成为美国第一大进口来源地、第三大出口市场、第二大贸易伙伴。为了转移国内金融危机引发的矛盾和国内大选临近的政治态势，美国政府将经济不景气归于巨额的贸易赤字，并提出“世界经济再平衡”计划，一方面对人民币汇率不断施压，迫使其快速升值；另一方面对钢制轮毂、镀锌钢丝、钢制高压气瓶、太阳能电池板等多种产品发起“双反调查”，涉案总金额高达27亿美元，中国外贸产品和出口企业所受影响巨大。美国贸易保护主义政策频出，根本依据就在于现行统计制度下的美中贸易逆差额。

然而，中美贸易顺差所代表的贸易利益真的尽归中国所有吗？贾怀勤（2006）指出，20世纪60年代以后，以跨国公司为载体的外商直接投资（FDI）迅猛发展，带动技术、人才等生产要素全球配置，颠覆了传统贸易统计关于生产要素跨国不流动的假设，现行以“国境”为统计范围、以“居民”为统计单位的贸易差额核算方法，无法反映国际贸易与 FDI 紧密关联的现实，也无法反映资本等要素在世界范围内获取的经济利益。如果继续以传统的贸易统计结果进行国际贸易利得评判，其结果往往会高估发展中国家真实利得，最终会致使政策导向出现偏差以及不必要的国际摩擦。因此，为了客观反映一国贸易差额中所体现的本国贸易利益，我们在过去研究的基础上，构建了全球资本流动背景下三国双边贸易统计模型，探讨基于属地原则统计可能存在的问题，论证基于属权原则统计的优势及其局限，在两者比较的基础上构建了与现行统计体系相适应的统计模型，并重新估算中美贸易差额。

4.2.1　模型假设与构建

（1）模型假设

①世界上有三个国家 A、B、C，其中 C 代表世界上除 A、B 以外的所有国家。

②每个国家都有三个属权不同的经济组织。A_A、B_A、C_A 分别表示属权归于 A 国，而地点分布于 A 国、B 国、C 国的经济组织，也就是说 A_A 表示 A 国本土经济组织，B_A 表示 A 国在 B 国直接投资企业，C_A 表示 A 国在 C 国直接投资企业；同理 A_B、B_B、C_B 分别表示属权归于 B 国，地点分布于 A 国、B 国、C 国的经济组织；A_C、B_C、C_C 分别表示属权归于 C 国，地点分布于 A 国、B 国、C 国的经济组织。

③各个经济组织之间可自由展开贸易，箭头方向既可以表示进、出口，也可以表示贸易差额。

(2) 属地原则下的双边贸易统计模型

当前世界通行的贸易统计是按照国际货币基金组织 1993 年编制的《国际收支手册（第 5 版）》（简称 BPM5）的统计体系进行编报的。国际贸易统计是以商品和服务是否是跨越国境以及交易双方是否是本地居民为参照标准。据此，外商直接投资企业视为该国机构居民，外籍常住人士视为该国普通居民。

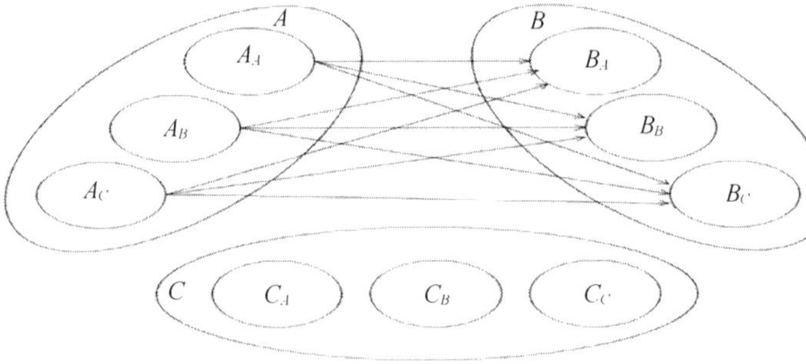

图 4－2 属地原则下 A、B 两国贸易统计[①]

我们以 A 国对 B 国贸易统计为例来分析基于三国的双边贸易统计模型。在属地原则下，A_A、A_B、A_C 均属于 A 国居民，B_A、B_B、B_C 属于 B 国居民，因而 A 国对 B 国贸易统计等同于 A 国三类居民 $\begin{pmatrix} A_A \\ A_B \\ A_C \end{pmatrix}$ 对 B 国三类居民 $(B_A\ B_B\ B_C)$ 贸易统计之和 $Trade(A \to B)^R$。用矩阵形式表示为：

① 该图引自孙华妤、许亦平（2006），笔者根据文章需要进行了改进。

$$Trade(A\rightarrow B)^R = (1\quad 1\quad 1)\begin{pmatrix}A_A\\A_B\\A_C\end{pmatrix}(B_A\quad B_B\quad B_C)\begin{pmatrix}1\\1\\1\end{pmatrix}$$

$$= (1\quad 1\quad 1)\begin{pmatrix}A_AB_A & A_AB_B & A_AB_C\\A_BB_A & A_BB_B & A_BB_C\\A_CB_A & A_CB_B & A_CB_C\end{pmatrix}\begin{pmatrix}1\\1\\1\end{pmatrix} \quad (15)$$

其中 A_AB_A、A_AB_B、A_AB_C 分别表示属地原则下 A 国本土企业 A_A 对 A 国在 B 国直接投资企业 B_A、对 B 国本土企业 B_B、对 C 国在 B 国直接投资企业 B_C 的贸易统计额，值得注意的是，这里的贸易统计额既可以指进、出口额，也可以指贸易差额；同理 A_BB_A、A_BB_B、A_BB_C 分别表示属地原则下 B 国在 A 国直接投资企业 A_B 对 A 国在 B 国直接投资企业 B_A、对 B 国本土企业 B_B、对 C 国在 B 国直接投资企业 B_C 的贸易统计额；A_CB_A、A_CB_B、A_CB_C 分别表示属地原则下 C 国在 A 国直接投资企业 A_C 对 A 国在 B 国直接投资企业 B_A、对 B 国本土企业 B_B、对 C 国在 B 国直接投资企业 B_C 的贸易统计额等。为了更加清晰反映属地原则下 A 国对 B 国的贸易统计方式和方向，我们将式（15）写为：

$$Trade\ (A\rightarrow B)^R = A_A\ (B_A + B_B + B_C)\ + A_B\ (B_A + B_B + B_C)\ + A_C\ (B_A + B_B + B_C) \quad (16)$$

在属地原则贸易统计公式中，我们发现在 A 国外商投资企业 A_B 和 A_C 对 A 国的贸易统计起到三种作用：①贸易转移效应，$A_B(B_A + B_B + B_C) + A_C(B_A + B_B + B_C)$ 表示外商投资企业对 B 国的贸易规模和差额，不能代表 A 国生产要素的利得，却计入 A 国的贸易统计中，即发生了贸易转移效应；②贸易创造效应，A_AB_A 表示属权同归于 A 国、分布在不同国家的企业组织间贸易，大多是跨国公司内部贸易，原本属于一国经济组织之间的内部贸易计入对外贸易统计，这种情况我们称之为发生了FDI的贸易创造效应；③贸易规避效应，A_AA_B 表示 A 国本土企业 A_A 与 B 国在 A 国的直接投资企业 A_B 之间的贸易，这种所有权分属不同国家的经济组织之间贸易被计入国内贸易，反映了FDI的贸易规避效应，同样的情况还有 A_AA_C、B_AB_B、B_AB_C。在属地原则统计方式下，一国贸易规模和差额的增长很可能是由于外商直接投资企业造成的，尤其是在一国接收FDI规模较大而对外直接投资（OFDI）规模较小的情况下，属地原则的统计方式就很难客观反映一国的贸易规模和贸易差额。随着FDI规模的不断增长以及FDI分布的不均衡，这种偏离将会逐渐增大，甚至有可能出现严重背离，即一国的贸易规模与经济实体规模严重不对称，一国贸易差额与真实贸易利得严重相背离。

（3）属权原则下的双边贸易统计模型

前文分析到，在国际贸易投资一体化背景下，具有较大净FDI流入或流出的国家，基于属地原则统计的双边贸易可能与真实情况相背离，因而就有必要构建以属权原则为基础的统计体系予以矫正。美国早在20世纪90年代就启用了以所有权为原则的统计体系，它否定了传统的以商品或者服务的出口国为统计口径的方式，转而以资产所有权国为核算出发点。美国商业部经济分析局（Bureau of Economic Analysis，BEA）依据这一体系估测了美国母公司在境外子公司直接投资的净收入而不是销售额，同时剔除外商投资企业在美国境内子公司投资收入净得，结果显示2003年美国贸易赤字被高估了1189亿美元，约占总量的24%（BEA，2005）。

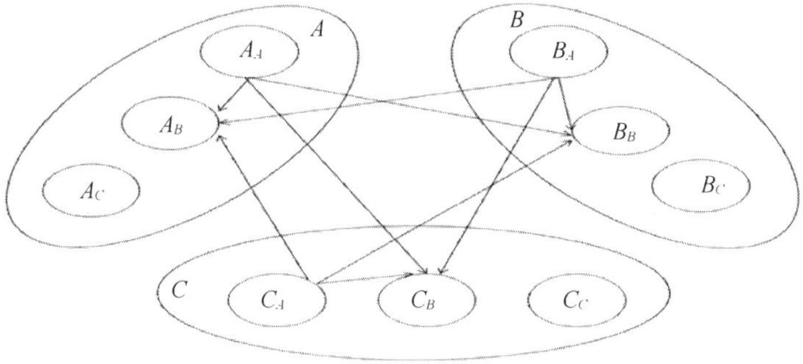

图 4-3　属权原则下 A、B 两国贸易统计①

在属权原则下，A_A、B_A、C_A 均属于 A 国公民，A_B、B_B、C_B 均属于 B 国公民，因而在进行贸易统计时，A 国对 B 国贸易统计等于所有权属于 A 国的三类经济组织$\begin{pmatrix} A_A \\ B_A \\ C_A \end{pmatrix}$对所有权属于 B 国的三类经济组织$(A_B\ B_B\ C_B)$贸易统计之和 $Trade\ (A \rightarrow B)^o$。用矩阵形式表示为：

$$Trade(A \rightarrow B)^o = (1\quad 1\quad 1)\begin{pmatrix} A_A \\ B_A \\ C_A \end{pmatrix}(A_B\quad B_B\quad C_B)\begin{pmatrix} 1 \\ 1 \\ 1 \end{pmatrix}$$

$$= (1\quad 1\quad 1)\begin{pmatrix} A_AA_B & A_AB_B & A_AC_B \\ B_AA_B & B_AB_B & B_AC_B \\ C_AA_B & C_AB_B & C_AC_B \end{pmatrix}\begin{pmatrix} 1 \\ 1 \\ 1 \end{pmatrix} \qquad (17)$$

其中 A_AA_B、A_AB_B、A_AC_B 分别表示属权原则下 A 国本土经济组织 A_A 对 B 国在 A 国直接投资企业 A_B、对 B 国本土企业 B_B、

① 该图引自孙华妤、许亦平（2006），笔者根据文章需要进行了改进。

对 B 国在 C 国直接投资企业 C_B 的贸易统计额，这里的贸易统计额既可以指进、出口额，也可以指贸易差额；同理，B_AA_B、B_AB_B、B_AC_B 分别表示属权原则下 A 国在 B 国直接投资企业 B_A 对 B 国在 A 国直接投资企业 A_B、对 B 国本土企业 B_B、对 B 国在 C 国直接投资企业 C_B 的贸易统计额；C_AA_B、C_AB_B、C_AC_B 分别表示属权原则下 A 国在 C 国直接投资企业 C_A 对 B 国在 A 国直接投资企业 A_B、对 B 国本土企业 B_B、对 B 国在 C 国直接投资企业 C_B 的贸易统计额等。为了更加清晰反映属权原则下 A 国对 B 国的贸易统计方式和方向，我们将上式写为：

$$Trade\ (A \rightarrow B)^O = A_A(A_B + B_B + C_B) + B_A(A_B + B_B + C_B) + C_A(A_B + B_B + C_B) \tag{18}$$

（4）从属地统计到属权统计

通过以上分析，我们将属地统计和属权统计结合起来，可以得到下列表达式：

$$Trade\ (A \rightarrow B)^O = Trade\ (A \rightarrow B)^R + (1 \quad 1 \quad 1)\begin{pmatrix} A_AA_B - A_AB_A & 0 & A_AC_B - A_AB_C \\ B_AA_B - A_BB_A & B_AB_B - A_BB_B & B_AC_B - A_BB_C \\ C_AA_B - A_CB_A & C_AB_B - A_CB_B & C_AC_B - A_CB_C \end{pmatrix}\begin{pmatrix} 1 \\ 1 \\ 1 \end{pmatrix} \tag{19}$$

或者：

$$Trade(A \rightarrow B)^O = Trade(A \rightarrow B)^R + [B_A(A_A + B_B + C_B + A_B + A_C) - A_B(A_A + B_B + B_C + B_A + C_A)] + [A_A(C_B - B_C) - B_B(C_A - A_C)] + [C_AC_B - A_CB_C] \tag{20}$$

由以上表达式我们可以看到，属地统计 $Trade\ (A \rightarrow B)^R$ 能否有效地表达真实的 $Trade\ (A \rightarrow B)^O$，取决于以下几个因素：①双边贸易伙伴国 A 与 B 在对方国家 FDI 的规模 B_A 和 A_B；②A 国在 B 国投资企业 B_A 与母国境内企业的贸易往来 $B_A(A_A + A_B + A_C)$、与东道国本土企业的贸易往来 $B_A(B_B)$、与东道国在第三国投资企业的贸易往来 $B_A(C_B)$，类似的计算 A_B，并在此基础上比较两国双边贸易差额；③A 国本土企业 A_A 与目标国 B 在第三国 C 投资企业 C_B 的贸易往来 A_AC_B 以及第三国 C 在目标国 B 投资企业 B_C 的贸易往来 A_AB_C，并比较两者数额，同理核算 B_B；④A 国在第三国 C 的投资企业 C_A 与目标国 B 在 C 国投资企业 C_B 贸易往来 C_AC_B，C 国在 A 国投资企业 A_C 与 C 在 B 国投资企业 B_C 之间的贸易往来 A_CB_C，并比较其金额。由公式和以上分析可以得出 $B_A(A_A+B_B+C_B+A_B+A_C)+A_A(C_B-B_C)+C_AC_B$ 越大，$Trade\ (A\rightarrow B)^R$ 低估 A 国对 B 国真实贸易规模和差额越严重；而 $A_B(A_A+B_B+B_C+B_A+C_A)+B_B(C_A-A_C)+A_CB_C$ 越大，$Trade\ (A\rightarrow B)^R$ 统计越高估实际贸易状况。一般来讲，企业规模与企业的贸易往来呈正相关关系，因而，对于那些接收净 FDI 流入较多的国家，$Trade\ (A\rightarrow B)^R$ 往往会高估真实贸易规模和差额。

（5）基于所有权原则的现行统计体系有效调整

依据上文分析，我们发现，全面地核算一国对外贸易规模和差额，需要属地分布于世界各地、所有权隶属于各个国家的企业组织之间的贸易数据①，因此数据规模比较庞大，尤其是涉及目标国在第三国的直接投资企业对本国的贸易统计，数据采集工作十分困难。此外，企业主要贸易对象为东道国市场和母国市场，与第三国贸易相对较少，而且与第三国 C 相关的贸易 $(A_A+B_A+C_A)C_B-(A_B+B_B)C_A$ 数额相近、方向相反，因而我们可以将属地位于第三国 C 的经济组织对双边贸易统计的影响予以忽略，则属权原则下 A 国对 B 国的贸易统计如图 4－4 所示。属地原则

① 这里的贸易数据既包括进、出口数据，又包括企业在当地的购买和销售数据。

下与三国时状况相同。

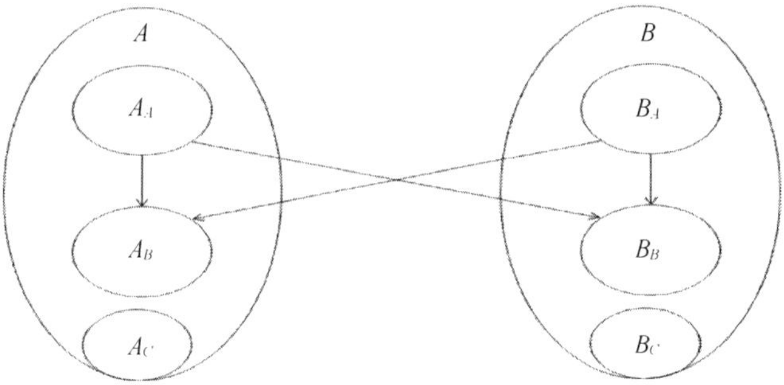

图 4-4 属权原则下 A、B 两国贸易统计简化图①

在以上假设下，我们得到两种原则下 A 国对 B 国新的贸易关系为：

$$Trade(A\rightarrow B)^O = Trade(A\rightarrow B)^R + (B_AB_B - A_BA_A) - (A_B + A_C)(B_B + B_C + B_A) + B_A(A_B + A_A) + B_CA_A \tag{21}$$

由跨国公司内部贸易理论以及对外直接投资的贸易壁垒规避效应，我们可以假定对外投资企业主要面向东道国市场和母国市场，与第三国经济组织的贸易相对较少，因而可以进一步假定 $B_CA_A = B_AA_C$，即第三国 C 在 B 国投资企业对 A 国本土企业的贸易与 A 国在 B 国的投资企业对 C 国在 A 国的投资企业的贸易相等，于是上式可以改写为：

$$Trade(A\rightarrow B)^O = Trade(A\rightarrow B)^R + (B_AB_B - A_BA_A) - (A_B + A_C)(B_B + B_C + B_A) + B_A(A_B + A_A + A_C) \tag{22}$$

其中，$(B_AB_B - A_BA_A)$ 表示 A 国和 B 国的投资企业在东道国贸易额之差；$(A_B + A_C)(B_B + B_C + B_A)$ 表示 A 国的所有外商投资

① 该图引自孙华好、许亦平（2006），笔者根据文章需要进行了改进。

企业对 B 国所有企业的贸易额；$B_A(A_B+A_A+A_C)$ 表示 A 国在 B 国投资企业对 A 国所有企业的贸易额。

4.2.2　数据来源

中国自改革开放以来，国际贸易发展步入快车道，特别是 20 世纪 90 年代中期以后，顺差规模不断扩大。如表 4-2 所示，中国 1998 年对外贸易顺差仅 434.53 亿美元，2011 年顺差规模扩大至 1560.54 亿美元，年均增长 9.6%；与对外贸易顺差规模不断扩大相伴随的是中国的外商直接投资规模，从 1998 年的 2638.35 亿美元增加到 2011 年的 11644 亿美元，年均增幅 11.2%，其中美国对华投资增长迅速，从 1998 年的 71.38 亿美元增至 2011 年的 532.15 亿美元，年均增幅 15.4%。外商投资企业对于我国外贸规模和顺差的扩大发挥了积极的作用，1998 年在华外商投资企业（FDI）外贸顺差仅占总顺差的 10%，而到了 2011 年，这一比例跃至 84%；同时，在华 FDI 对美国贸易顺差占中国对美国贸易顺差的比例由 36% 增加至 54%，已然成为最主要的因素之一。在华 FDI 积极开拓国外市场的同时，也非常注重中国市场的开发，1998 年在华 FDI 的毛利润为 311.75 亿美元，而 2011 年这一数字达到 5012 亿美元；其中在中国净销售额由 1998 年的 6.4 亿美元增加至 2011 年的 163 亿美元。与在华 FDI 形成鲜明对比的是中国的 OFDI，2011 年中国 OFDI 流量达到 746.5 亿美元，名列全球第六位，但由于起步时间较短，存量规模仅 4247.8 亿美元，其中对美国 OFDI 规模仅为 48.75 亿美元，占美吸收 FDI 的比例很低，因而对于中美两国贸易失衡影响极为有限。

表 4-2　　1998~2011 年中国 FDI 与外贸顺差

年份	中国贸易顺差（亿美元）	外商对华投资额（亿美元）	美国对华投资额（亿美元）	在华 FDI 贸易差额/中国贸易差额	在华 FDI 对美贸易差额/中国对美贸易差额
1998	434.53	2638.35	71.38	0.10	0.36
1999	292.74	3223.92	115.21	0.09	0.40
2000	241.06	3750.51	157.37	0.09	0.45
2001	225.35	4344.07	201.70	0.33	0.49
2002	304.17	4840.79	255.94	0.32	0.51
2003	252.78	5390.90	297.93	0.33	0.54
2004	322.29	5952.30	337.34	0.44	0.57
2005	1022.30	6593.02	368.34	0.55	0.58
2006	1783.83	7231.07	396.99	0.51	0.57
2007	2664.85	7901.83	423.16	0.51	0.56
2008	3004.77	8685.22	452.60	0.57	0.55
2009	1963.30	9637.75	478.15	0.65	0.57
2010	1820.45	10555.79	508.15	0.68	0.56
2011	1560.54	11644.00	532.15	0.84	0.54

数据来源：根据《中国统计年鉴》、WDI 数据库、中经网数据库相关数据整理得到。

为了重估 1998~2011 年中国对美国贸易差额，我们令式（22）中 A 代表中国、B 代表美国，鉴于数据的可得性，做出如下假设：①中资在中国对外投资企业中的出资份额与外资在外商对华投资企业中的出资份额相同①；②外商单位投资额产生的国

① 考虑到 FDI 和 OFDI 企业包含独资、合资、合作等多种组织形式，为了进一步明晰国家属权，在数据可得性的条件下，我们借助于出资份额分离属权，期望测算结果进一步逼近于真实值。而中国 OFDI 难以获得出资份额数据，因而做出假设（1），以利于数据的进一步处理。

际进口、国际出口、国内购买、国内销售完全相同①。据此对相关数据做近似处理，其中在华外资对美出口额 = 在华外资出口额 × 中国对美国出口额/中国出口总额；美资在华购买额 = 美国在华投资/所有在华外资 × （在华外资主营业务成本 - 在华外资总进口额）；在美中资对华出口额 = 在美中资 × （在华外资出口额/在华外资总额） × （美国向中国出口额/美国出口总额），其他相关变量做类似替代。美国向中国出口总额、美国出口总额来自 WDI 数据库，中国外商直接投资企业年末注册额及外资注册额来自历年《中国统计年鉴》，其他数据来自中经网数据库，依据当年人民币对美元汇率中间价予以调整。

4.2.3　实证结果

根据表4-3，我们得到以下结论：

第一，属权原则下，中国对美国贸易顺差整体呈现上升趋势，由1998年的156.09亿美元增长到2011年的1021.65亿美元；然而从绝对量上来看，两种原则下，1998年相差54.56亿美元，2011年飙升至1001.59亿美元；从相对量来看，与属地原则下的统计差额之比由1998年的74%下降为2011年的50%，这都充分说明属地原则下中国从美国获取的贸易顺差明显是高估的，并且程度愈来愈高（见表4-3）。

第二，FDI是现行统计制度下中美贸易失衡的重要因素。由表4-3可以看出，在华FDI对美顺差额度一直呈现出强劲增长态势，顺差总额由1998年的50.25亿美元上升至2011年的

① 由于可获得的宏观统计数据中只有中国引入FDI总额的经营状况，这里借鉴平新乔（2005）计算贸易附加值时处理“出口产品中进口要素占比与国内消费品中进口要素占比”的方式作出第②条假设。

表 4-3　1998～2011 年中国对美国贸易差额重估　单位：亿美元

年份	属权原则下中国对美国贸易差额 A	属权原则下在华外资对美贸易差额 C	属地原则下中国对美国贸易差额 B	A/B	C/B
1998	156.09	50.25	210.65	0.74	0.24
1999	156.37	61.23	224.69	0.70	0.27
2000	194.48	92.78	297.36	0.65	0.31
2001	170.98	96.98	280.80	0.61	0.35
2002	252.65	158.23	427.08	0.59	0.37
2003	327.13	236.99	586.01	0.56	0.40
2004	424.62	348.38	802.85	0.53	0.43
2005	599.70	514.96	1142.69	0.52	0.45
2006	755.75	646.66	1442.37	0.52	0.45
2007	841.29	727.04	1632.86	0.52	0.45
2008	875.93	750.87	1710.24	0.51	0.44
2009	673.79	660.34	1433.42	0.47	0.46
2010	885.03	804.85	1811.88	0.49	0.44
2011	1021.65	870.05	2023.24	0.50	0.43

数据来源：根据《中国统计年鉴》、WDI 数据库、中经网数据库相关数据计算所得。

870.05 亿美元，相对属地原则下中国对美国的贸易顺差占比自 2003 年来一直高于 40%，2011 年达到 44%，成为中美贸易顺差不断攀升的主要原因之一。为了验证该结论的稳健性，我们更改假设①为：FDI 和 OFDI 全为独资企业，再次对属权贸易差额进行估算，如表 4-4 所示。相对于更改之前，“在华 FDI 是中美贸易失衡的重要因素”这一定性结论得到了强化：历年 C/B 平均扩大 13%，而 A/B 平均减小 13.7%，自 2001 年后 C/B 超越 A/B 成为属地原则下中国对美国顺差的最大影响因素，且两者差距不断扩大，至2009年达到最大的0.22。当然，假定所有外商投资企业为100%独资，会夸大FDI对于中美贸易失衡的影响，但是这一结论也从另一个角度证明：中美贸易顺差主要是由于其他国家通过FDI将其对美贸易顺差转移至中国所导致的。

表4-4　假定FDI和OFDI全为独资企业时中国对美国贸易差额

单位：十亿美元

年份	A	C	B	A/B	C/B
1998	129.39	74.85	210.65	0.61	0.36
1999	124.69	89.63	224.69	0.55	0.40
2000	149.69	133.17	297.36	0.50	0.45
2001	126.38	136.38	280.80	0.45	0.49
2002	187.52	217.31	427.08	0.44	0.51
2003	239.99	316.76	586.01	0.41	0.54
2004	309.05	454.83	802.85	0.38	0.57
2005	444.94	661.73	1142.69	0.39	0.58
2006	564.86	826.45	1442.37	0.39	0.57
2007	639.94	911.97	1632.86	0.39	0.56
2008	665.76	940.03	1710.24	0.39	0.55
2009	495.66	815.19	1433.42	0.35	0.57
2010	653.28	1006.09	1811.88	0.36	0.56
2011	768.96	1089.55	2023.24	0.38	0.54

注：A代表属权原则下中国对美国净出口，B代表属地原则下中国对美国净出口，C代表属权原则下在华外资对美净出口。

第三，基于属地原则的贸易统计体系忽略了三方面的内容：一是在华外资企业对美国的贸易顺差，如表4-3所示，2011年，中国对美国贸易顺差有43%是由在华外资企业创造的，中国在其中仅获得少量的劳动力报酬和资源报酬等，大部分利益的所有权不归中国所享有；二是在华外资企业对中国市场的销售，这部分原本应计入中国进口的贸易行为在属地原则下计入了中国的内部贸易，从而减少了中国的进口额，扩大了中国的贸易顺差额；三是中国在美企业对母国的贸易行为，由于中国对外直接投资处于起步阶段，尤其是对美国直接投资额数量很少，因而对于中美贸易差额的影响力现在还很小。总之，在华外商投资企业是现行统计制度下中美贸易失衡的主要因素之一。

4.2.4 基本结论

经济全球化背景下，基于属地原则的双边贸易统计已经不能适应以跨国公司为载体的资本等要素跨境流动的现实特征，本章在相关文献的基础上尝试性地构建了基于所有权原则的三国双边贸易模型，经过对 1998 ~ 2011 年中美贸易差额比较分析我们发现：在华 FDI 是中美贸易失衡的主要原因之一，中国“被顺差”现象十分严重。据此，本书的政策建议是：

第一，建立健全基于属权原则的贸易统计体系。现行统计体系已难以适应经济全球化发展的需要，无法反映资本等要素全球流动对贸易核算的要求，而属权原则下的贸易体系可以有效弥补这一缺陷，更加客观、真实、全面地反映一国的贸易规模和差额。如此才有助于政府在双边贸易争端和多边贸易谈判中做出科学的决策，进而促进国际贸易朝着正确的方向发展。

第二，加强贸易统计方面的国际合作。基于属权原则的贸易统计体系所需数据来自于各个贸易和投资参与国，细分到微观企业的国际进、出口以及在属地国家的购买和销售额，所需数据量巨大，单靠某一个国家难以完成。因而有必要加强各国在贸易统计方面的国际合作，在统计口径、统计内容、统计数据等方面加强合作。

第三，完善对 FDI 的政策引导，鼓励 OFDI 走出国门。鉴于 FDI 对国际贸易的巨大影响以及属权贸易统计难以短时间内大范围推广实施的客观制约，我们有必要坚持外资流入结构的政策性引导，鼓励 FDI 流入服务业、高新技术产业等可以产生高增加值和高溢出效应的部门，逐步减少制造业等劳动密集型 FDI 资金的流入，限制高消耗、高污染型产业 FDI 资金的流入，逐步降低以“三来一补”为主要内容的加工贸易在中国进出口贸易中的比重，促使现行贸易统计能够更合理地反映中国贸易规模和差额。与之相对应的是鼓励 OFDI 利用国内外两种资源、两个市场参与激烈的国际竞争，从而规避贸易壁垒、引致国内产品和服务出口，建立起与中国国际贸易规模相匹配的 OFDI 是促成现行贸易统计体系合理反映中国贸易规模和差额的另一个重要因素。

第5章

中国对外贸易利益统计——基于贸易增加值视角

上一章基于属权原则调整了国际资本流动尤其是外商直接投资对贸易核算和贸易利益分配的影响，本章将针对经济全球化的另一个特征——中间产品贸易发达对国际贸易统计和贸易差额的影响进行分析。具体将依据全球价值链（Globle Value Chain，GVC）方法和多区域投入产出（Multiregional Input – Output，MRIO）框架构建单边和双边贸易增加值分解模型，依据 WIOD 数据分解 1995 ~ 2011 年中国出口贸易额的价值来源，解构中美总值进出口贸易额的需求国别、生产国别以及各产业价值构成。

5.1 中国单边贸易利益价值分解

加入世界贸易组织以来，中国进出口贸易获得了空前发展。据中国海关统计，2013年，中国对外货物贸易总额达到4.16万亿美元，扣除汇率因素同比增长7.6%，超越美国居世界第一位，贸易顺差2597.5亿美元，扩大12.8%[①]。然而，上述海关数据是以外贸商品的原产地准则为前提条件的，采用的是“总值”统计的口径[②]，这与生产网络全球化（Ernst，1999）的现实状况严重相背离。因为在全球生产网络中，生产要素可以在国与国之间自由流动，中间产品贸易占有相当份额，最终产品的生产被分解成若干个工序和贸易环节在不同国家间完成，由此引起的贸易转移、贸易折返、国内循环等问题使得贸易产品的价值识别出现构成复杂化、来源多元化、主体难确认等诸多新特点。因而，应用“总值口径”的海关统计结果来反映一国在进出口中所创造的贸易利益就容易因为“折返贸易”的问题而夸大一国进出口价值规模。

为了弥补现行海关统计体系的不足，清晰地分辨各国在“世界生产”中的角色、在“全球制造”中的价值、在“国际贸易”中的利益，为外贸政策制定和国际争端谈判提供更加准确的依据，贸易增加值（Value - Added in Trade）[③] 由一个学术概

① 数据来源：中华人民共和国海关总署 http：//www. customs. gov. cn。

② 海关统计采用的是“总值”统计口径，即根据进出关记录将商品的价值全额计入一国进出口额，而不管该商品是否发生了价值的国别转移。

③ 在我国文献中，也有部分学者将“Value - Added in Trade”译作“贸易附加值”，本书以为不论按照英文直译还是中文含义，“贸易增加值”概念都更为合适。

念迅速演变成官方统计体系。经济与合作发展组织（Organization for Economic Co - operation and Development，OECD）和 WTO 自 2008 年以来就致力于编制基于贸易增加值的全球投入产出表，于 2012 年 5 月通过整合 41 个国家和地区的 35 个产业的国家间投入产出数据，结合全球贸易数据，发布了世界投入产出表（World Input - Output Tables，WIOTs），该表极大地推动了贸易增加值理论与应用的研究。

5.1.1 模型设计

（1）MRIO 框架

假设世界上有 m 个国家或地区，每个国家都有 n 个生产部门，则组成的 MRIO 模型可以表示为：

$$\begin{pmatrix} x_1 \\ x_2 \\ \vdots \\ x_m \end{pmatrix} = \begin{pmatrix} A_{11} & A_{12} & \cdots & A_{1m} \\ A_{21} & A_{22} & \cdots & A_{2m} \\ \vdots & \vdots & \ddots & \vdots \\ A_{m1} & A_{m2} & \cdots & A_{mm} \end{pmatrix} \begin{pmatrix} x_1 \\ x_2 \\ \vdots \\ x_m \end{pmatrix} + \begin{pmatrix} f_{11} & f_{12} & \cdots & f_{1m} \\ f_{21} & f_{22} & \cdots & f_{2m} \\ \vdots & \vdots & \ddots & \vdots \\ f_{m1} & f_{m2} & \cdots & f_{mm} \end{pmatrix}$$

$$= \begin{pmatrix} L_{11} & L_{12} & \cdots & L_{1m} \\ L_{21} & L_{22} & \cdots & L_{2m} \\ \vdots & \vdots & \ddots & \vdots \\ L_{m1} & L_{m2} & \cdots & L_{mm} \end{pmatrix} \begin{pmatrix} f_{1*} \\ f_{2*} \\ \vdots \\ f_{m*} \end{pmatrix} \quad (1)$$

用分块矩阵的形式可以简写为：

$$x = Ax + f = (I - A)^{-1} f = Lf \quad (2)$$

上式中，$x = (x_1', x_2', \cdots, x_m')'$是世界总产出列向量（维度 mn×1），$x_r$ 表示国家 r 总产出向量（维度 n×1），这里 x_r'表示向量（矩阵）x_r 的转置。矩阵 A（维度 mn×mn）代表世界生产体系，对角线上的子矩阵 A_{rr}（维度 n×n）刻画 r 国国内各产业直接消耗系数，对角线外的子矩阵 A_{rs}（维度 n×n）是 s 国各产业部门在生产过程中所需要 r 国各部门的中间产品投入系数，刻画不同国家生产部门之间的直接相互需求程度，而 $A_{rs}x_s$ 则反映了国家 r 对国家 s 的中间产品出口。$L=(I-A)^{-1}$ 是列昂惕夫逆矩阵，I 为单位矩阵。f_{rr} 表示国家 r 自产自销的最终需求产品，而 $f_{rs}(r\neq s)$ 是国家 r 生产但由国家 s 消费的最终产品，即国家 r 对国家 s 的最终产品出口，$f_{r*}=\sum_{s=1}^{m}f_{rs}$ ×代表国家r的最终产品列向量，$f=(f_{1*}', f_{2*}', \cdots, f_{m*}')'$ 表示世界各国最终产出列向量。

（2）出口的GVC分解

令 $V=(V_1, V_2, \cdots, V_m)$ 表示各国增加值行向量（维度 1×mn），而各国增加值率行向量表示为 $v=(v_1, v_2, \cdots, v_m)$，其中 $v_r=V_r/X_r'=\mu(I-\sum_s A_{sr})$，而 μ 表示元素全为1的行向量，另 $\hat{v}$ 表示行向量 v 的对角矩阵。令 $E=(E_1, E_2, \cdots, E_m)$ 表示各国总出口行向量（维度 1×mn），其中 E_r（维度 1×n）意味着国家 r 的 n 个产业出口行向量，而 $\hat{E}$ 表示行向量 E 的对角矩阵。那么，各国总出口所形成的GVC就可以用公式表示为：

$$GVC=\hat{v}(I-A)^{-1}\hat{E}=\hat{v}L\hat{E}$$

$$=\begin{pmatrix} v_1\sum_{i=1}^{m}L_{1i}E_{i1} & v_1\sum_{i=1}^{m}L_{1i}E_{i2} & \cdots & v_1\sum_{i=1}^{m}L_{1i}E_{im} \\ v_2\sum_{i=1}^{m}L_{2i}E_{i1} & v_2\sum_{i=1}^{m}L_{2i}E_{i2} & \cdots & v_2\sum_{i=1}^{m}L_{2i}E_{im} \\ \cdots & \cdots & \ddots & \cdots \\ v_m\sum_{i=1}^{m}L_{mi}E_{i1} & v_m\sum_{i=1}^{m}L_{mi}E_{i2} & \cdots & v_m\sum_{i=1}^{m}L_{mi}E_{im} \end{pmatrix} \quad (3)$$

于是，GVC矩阵对角线矩阵表示国家 r 总出口 E_{r*} 中包含的国内增加值为：$DV_r=v_rL_{rr}E_{r*}$。而各列非对角线矩阵的加总表示 r 国出口中包含的其他国家增加值总和：$FV_r=\sum_{s\neq r}v_sL_{sr}E_{r*}$。

由于 $v_r L_{rr} + \sum_{s \neq r} v_s L_{sr} = vL_{*r} = 1$，其中 L_{*r} 代表 L 矩阵中第 r 列向量，因而 $DV_r + FV_r = E_{r*}$。各行非对角线矩阵总和表示 s 和 t 国之间出口贸易中包含的 r 国增加值：$IV_r = v_r \sum_{s \neq t, r} L_{rs} E_{st}$。根据 MRIO 框架，$r$ 国至 s 国的出口额来自最终品和中间品两个方面：$E_{rs} = f_{rs} + A_{rs} X_s$。由于 s 国的总产出 X_s 最终要被 r 国、s 国和其他国家（以 t 国为代表）的最终消费所吸收，可令：

$$X_s = X_{sr} + X_{ss} + \sum_{t \neq r, s} X_{st} \tag{4}$$

其中，X_{sr} 表示 r 国最终消费中 s 国提供的产品价值。于是 r 国总出口额可以表示为：

$$E_{r*} = \sum_{s \neq r} E_{rs} = \sum_{s \neq r} (f_{rs} + A_{rs} X_{sr} + A_{rs} X_{ss} + \sum_{t \neq r, s} A_{rs} X_{st}) \tag{5}$$

依据式（3），出口增加值可进一步分解为：

$$E_{r*} = v_r L_{rr} \sum_{s \neq r} f_{rs} + v_r L_{rr} \sum_{s \neq r} A_{rs} X_{sr} + v_r L_{rr} \sum_{s \neq r} A_{rs} X_{ss} + v_r L_{rr} \sum_{s \neq r} \sum_{t \neq r, s} A_{rs} X_{st} + FV_r \tag{6}$$

其中，$v_r L_{rr} \sum_{s \neq r} f_{rs}$ 表示包含在最终品出口中的 r 国增加值，记为 FDV；$v_r L_{rr} \sum_{s \neq r} A_{rs} X_{sr}$ 表示 r 国中间产品经 s 国加工后，所包含的增加值再回到 r 国，记为 RDV；$v_r L_{rr} \sum_{s \neq r} A_{rs} X_{ss}$ 表示 s 国使用的 r 国中间产品价值，记为 $INDV$；$v_r L_{rr} \sum_{s \neq r} \sum_{t \neq r, s} A_{rs} X_{st}$ 表示 r 国中间产品被 s 国加工后，所包含的增加值再出口至 t 国，记为 TDV。以上四部分构成了出口的国内增加值，而 FV_r 表示出口额中包含的其他国家增加值。

（3）统计指标

依据贸易增加值分解框架，可进一步构建指标衡量一国特定产业出口中的国内增加值率、在 GVC 中的嵌入程度和分工地位，其中出口国内增加值率的公式为：

$$DV\_Rate_{ir} = DV_{ir}/E_{ir} = 1 - FV_{ir}/E_{ir} \quad (7)$$

这里 i 代表产业部门，DV_{ir}代表 r 国 i 产业出口中包含的国内增加值，E_{ir}为 r 国 i 产业总出口额。而嵌入程度用式（8）表示：

$$GVC\_Paticipation_{ir} = IV_{ir}/E_{ir} + FV_{ir}/E_{ir} \quad (8)$$

IV_{ir}/E_{ir}代表 r 国 i 产业的上游参与度，也可称之为前向产业关联程度，表示 r 国 i 产业作为下游供应者对上游生产商的供给推动程度；FV_{ir}/E_{ir}代表 r 国 i 产业的下游参与度，也可称之为后向产业关联程度，表示 r 国 i 产业作为上游生产商对下游供应者的需求拉动程度；$GVC_Paticipation_{ir}$数值越大，表示 r 国 i 产业在 GVC 的参与程度越高。然而依据上式测度结果发现，在 GVC 上地位不同的两个产业，也有可能嵌入程度相同。而为了区分不同产业在 GVC 地位的差异，Koopman 等（2012）提出了 GVC 分工地位测度指标：

$$GVC\_Position_{ir} = Ln(1 + IV_{ir}/E_{ir}) - Ln(1 + FV_{ir}/E_{ir}) \quad (9)$$

该指标的基本思想在于：如果一国特定产业在 GVC 的上游参与度高于下游参与度，则表明该产业处于上游环节，数值越高，则分工地位也就越高。①

5.1.2 数据来源

为了保持数据口径的一致性，本书应用的投入产出数据和贸易数据全部来自世界投入产出表（World Input - Output Tables,

① 式（8）和式（9）测度的结果将在第7章应用到，为了把公式说明得更清晰，我们将公式置于此处。

WIOTs)[①]，这也方便在上述模型框架下进行多区域投入产出分析。截至目前，WIOTs 共涵盖了 1995 ~2011 年 41 个国家和地区 35 个产业部门的投入产出数据。41 个国家和地区具体包括：欧盟 27 国、北美自由贸易区 3 国、金砖 4 国（不包含南非）、日本、韩国、中国台湾、澳大利亚、印度尼西亚、土耳其和世界其他地区。值得一提的是，2009 年，除世界其他地区以外的 40 个国家和地区的国民生产总值占据全球 GDP 的 86.14%，因而，可以较好地反映世界生产格局和贸易模式。世界其他地区的产出数据来自世界总产出与上述 40 个国家的差额，而增加值和贸易流量投入系数源自中国、巴西、印度、印度尼西亚和墨西哥的平均值。WIOD 的编制以各国官方数据为基础，与各国国民账户匹配度较高。产业部门是依据 ISIC Revision 3 分类标准，具体包含 16 个生产部门和 19 个服务部门，具体参见表 5 -1。

5.1.3 实证结果

（1）中国出口额价值来源分解

①1995 ~2011 年中国出口总额价值解构。

如表 5 -2 所示，中国出口总额自 1995 年的 1680 亿美元上升至 2011 年的 20860 亿美元，年均增长 17.1%。在中国出口总额中，国外增加值（FV）占比在 2002 年之前一直低于 20%，而在中国加入 WTO 之后基本保持在 20% 以上，且呈现上升趋势。这是因为，加入 WTO 之后，中国参与国际贸易分工的程度不断加深，尤以加工贸易的快速发展为代表，而在此过程中大量使用

① 数据来源：http：//www.wiod.org/，WIOTs 汇报了 35 个部门中间品和最终产品在国家内部及国家间的投入产出状况，所有国家各部门的直接价值增值和最终产出状况。

表 5-1 WIOTs 中 35 个产业的分类代码及其对应的 ISIC rec 2 编码

产业代码	产业名称	ISIC rec 2	产业代码	产业名称	ISIC rec 2
1	农、林、牧、渔业	AtB	19	机动车辆及燃料供应链	50
2	采矿业	C	20	燃油零售批发（除汽车及摩托车）	51
3	食品、饮料制造及烟草业	15t16	21	除机动车辆外的零售贸易	52
4	纺织品及服装制造业	17t18	22	住宿餐饮业	H
5	皮革、毛皮、羽毛及鞋类制品	19	23	内陆运输	60
6	木材加工及木制品	20	24	水路运输	61
7	造纸、印刷及出版业	21t22	25	航空运输	62
8	石油精炼及核燃料	23	26	其他辅助运输方式及旅游	63
9	化工原料及化学制品制造业	24	27	邮政通信	64
10	橡胶与塑料制品	25	28	金融（间接）	J
11	非金属矿物制品	26	29	房地产	70
12	金属冶炼及压延加工业	27t28	30	租赁和其他商业服务业	71t74
13	机械制造业	29	31	公共管理和社会保障	L
14	电气、电子及光学设备	30t33	32	教育	M
15	交通运输设备制造业	34t35	33	卫生及社会福利业	N
16	其他制造业及资源再循环利用	36t37	34	居民服务与其他服务业	O
17	电力、燃气、水的生产及供应	E	35	私人雇佣的家庭服务业	P
18	建筑业	F			

注：笔者依据世界投入产出表产业类别制作本表。

国外投入要素，而国内增加值比重则相对下降了。然而，在2008年美国金融危机时期，国外增加值率有所震荡，一方面加工贸易行业所受影响巨大，出口额大幅减少，在总出口中的权重有所降低；另一方面贸易保护主义有所抬头，各国鼓励采用本国的中间产品，导致出口产品中的国内要素有所增加。

国内增加值（FDV）主要源自最终品出口的贡献，其占比在1995年为45.6%，之后缓慢降低，至2011年为35.7%，仍占据绝对比重。中间品的贡献度（INDV）基本保持稳定，17年的平均值为27.3%。出口至对手国的中间产品经加工后转移至第三国的贡献度（TDV）持上升状态，在2011年为13.7%，相对于1995年增加了3.4%。而出口至对手国又折返回国的产品所作出的贡献（RDV）虽然上升幅度很大，但占比并不高，在2011年接近2%。

表5-2　1995~2011年中国出口额及增加值来源分解

年份	总出口（十亿美元）	FDV（%）	INDV（%）	RDV（%）	TDV（%）	FV（%）
1995	168	45.6	27.8	0.4	10.3	15.8
1996	172	46.5	27.8	0.5	10.9	14.4
1997	207	43.8	30.4	0.5	11.3	14.1
1998	207	44.2	30.4	0.6	12.1	12.8
1999	219	42.9	29.2	0.6	12.8	14.5
2000	280	39.5	28.6	0.8	13.8	17.3
2001	299	40.3	28.5	0.9	13.8	16.5
2002	365	39.5	28.2	1.1	13.4	17.9
2003	485	38.0	26.4	1.2	13.2	21.2
2004	656	33.9	26.0	1.3	13.5	25.3
2005	837	34.7	25.0	1.2	13.3	25.8
2006	1062	34.6	25.1	1.3	13.5	25.4
2007	1342	35.6	24.8	1.3	13.6	24.7
2008	1582	35.9	25.8	1.4	14.1	22.8
2009	1333	39.5	26.3	1.7	13.3	19.3
2010	1743	36.6	26.3	1.9	13.8	21.4
2011	2086	35.7	26.9	2.0	13.7	21.8

数据来源：WIOTs，笔者根据上述公式测算得出。

综合来讲，中国出口国内增加值率在样本期内呈现“U”型轨迹。入世之前，由于参与国际价值链分工的程度较低，出口产品价值多来自国内；入世之后，关税大幅度降低，原来产品生产中的本国要素替换为国外中间产品，再由于政策扶持加工贸易的发展，致使出口规模比不上国外中间产品投入增加的速度，因而国内增加值率迅速下降；但 2008 年之后，由于国内中间要素世界竞争力的不断增强，贸易保护主义政策的抬头，出口中包含的国内增加值反而有所提高。

②2011 年中国各产业出口增加值分解。

如表 5 - 3 所示，2011 年，中国大多数产业出口额的价值主要源自中间产品贸易，仅有农业（1），食品饮料及烟草（3）、纺织和服装制造业（4）、皮革及其制品业（5）、机械制造业（13）、资源回收加工业（16）等制造业，零售（21）、住宿餐饮（22）、社区及个人服务（34）等服务业的最终产品贡献度占据优势地位，占比在 40% 以上。农业产品往往成为食物的直接来源，生产链条较短，因而，其出口也往往以最终产品的形式提供；食品、纺织、皮革、机械等制造业是中国的传统优势产业，生产链条多在国内完成，所提供的最终产品在全球具有较高的竞争能力；零售、住宿、餐饮等服务业的提供受到区域地理的限制比较高，其服务的国外消费者多是入境的人士和机构，因而对外贸易呈现出以最终品为主流形式的特征。值得一提的是，电气及电子器械制造业（14），最终品出口贡献的价值占比为 35.7%，与中间品相当，但其出口额在总出口中的比重达到 1/3，因而对中国出口额中最终产品整体贡献度有较大影响。而中间产品贡献度中，又以中间品直接贸易增加值居多，这反映了各产业链条在国家间延伸时，大部分价值终止于交易对象国。也有部分产业比如旅行社服务（26）、水路运输（24）、采矿业（2）等产业的出口价值中有较大份额重新回到了国内，而转移至第三国的价值占比始终较小，普遍在4%以下（采矿业为4.2%）。上述四部分构成了出口中的国内增加值部分，各产业在样本期内的出口国内增加值率总体呈下降态势，有15个产业（代码为1、3、6、16、20～23、27～34）波动幅度在3%以内，以服务业为主体，多表现为下降态势；15个产业（代码为2、7～15、17、18、24～26）下降幅度较大，以石油冶炼加工业（8）的表现最为突出，2011年相对于1995年下降了22.5%；仅有纺织及服装（4）、皮革及其制品业（5）有小幅上升，凸显了中国劳动密集型产业国际竞争力的提升，当然也存在全球价值链“低端锁定”的危险；另外，中国各产业出口国内增加值率在1995～2002年几乎没有变化，而加入WTO之后变动幅度明显，这表明关税水平的大幅度降低促使外国生产要素更大范围和深度地投入国内产品的生产中来。

表5－3　2011年中国各产业出口额及其增加值来源分解

产业代码	总出口		各部分价值占比（%）					DV		
	金额（十亿美元）	占比（%）	FDV	INDV	RDV	TDV	FV	2011	2002	1995
1	17.8	0.9	48.7	35.1	8.2	0.7	7.3	92.7	94.0	94.2
2	10.4	0.5	9.5	45.5	26.4	4.2	14.5	85.5	91.5	90.7
3	50.5	2.4	76.8	9.5	2.3	0.3	11.1	88.9	92.3	91.7
4	241.8	11.6	57.8	15.3	12.1	0.6	14.3	85.7	82.4	82.4
5	51.5	2.5	73.6	9.1	2.6	0.2	14.4	85.6	82.4	81.3
6	10.9	0.5	18.6	51.5	12	1.3	16.5	83.5	86.9	84.0
7	9.1	0.4	18.6	47.8	13.4	1.8	18.3	81.7	86.2	85.6
8	14	0.7	12.1	31.2	11.5	2.2	43.1	56.9	76.0	79.4
9	117.1	5.6	14.7	37.6	20	3.8	23.9	76.1	82.2	84.7

续表

产业代码	总出口		各部分价值占比（%）					DV		
	金额（十亿美元）	占比（%）	FDV	INDV	RDV	TDV	FV	2011	2002	1995
10	71.4	3.4	24.6	35.9	14.8	1.9	22.8	77.2	81.7	82.1
11	26.7	1.3	17	56.4	8.8	1.3	16.5	83.5	87.8	89.2
12	128.9	6.2	10.6	38.8	20.3	3.4	26.8	73.2	83.0	84.6
13	143.6	6.9	48	18.5	9.4	1.4	22.7	77.3	82.9	85.2
14	721.4	34.6	35.7	20.1	12.8	2.5	28.9	71.1	71.8	77.9
15	97	4.6	35	28.4	13.2	1.2	22.2	77.8	83.5	83.8
16	73.1	3.5	57.4	17.4	9.9	0.9	14.4	85.6	87.0	84.7
17	1.8	0.1	20.6	37.9	21.6	2.5	17.4	82.6	90.4	90.7
18	8.9	0.4	40.4	33.4	7.6	0.7	17.9	82.1	84.9	87.6
20	73.5	3.5	12.6	55	22.4	2.8	7.3	92.7	91.8	91.6
21	15.2	0.7	64	20.3	7	1.5	7.3	92.7	91.8	91.6
22	16.7	0.8	46.1	34.9	9.2	0.9	8.8	91.2	93.6	93.1
23	15.6	0.7	16.4	47.2	22.4	2.4	11.6	88.4	91.7	91.3
24	39.6	1.9	14.3	32.4	34.4	2.8	16.1	83.9	87.9	87.2
25	27.8	1.3	25.1	41	9.7	1.6	22.7	77.3	87.2	87.6
26	5.8	0.3	10	34.7	39.1	2.8	13.4	86.6	91.6	91.6
27	11.3	0.5	15	56.8	16.3	2.1	9.8	90.2	86.4	90.6
28	2	0.1	18.7	56	17.8	2.5	4.9	95.1	94.6	93.8
30	67.1	3.2	6.1	64	13.8	1.5	14.6	85.4	86.3	84.3
31	0.9	0.0	41.7	37.6	9.4	2.8	8.5	91.5	92.7	90.5
32	0.6	0.0	32	47.6	8.6	2.5	9.3	90.7	93.0	92.6
33	0.9	0.0	44.9	34.5	2.7	0.6	17.3	82.7	86.5	85.2
34	13.6	0.7	26.6	38.1	22	1.7	11.7	88.3	88.6	89.7

数据来源：笔者根据 WIOTs 和上文模型测算得出。代码 19、29、35 的产业总出口额为 0，在制作该表时予以剔除。产业代码具体代表产业见本书表 5－1。

③中国出口额国外增加值（FV）国别来源分解。

如表 5 - 4 所示，中国出口国外增加值的国别来源在 1995 ~ 2011 年间主要维持在 10 个经济总量比较大的国家和地区，由“引力模型”可以对这一现象进行感性解释。但纵向比较来看，各个国家的占比还是出现了不同程度的波动，2011 年，中国出口额国外增加值成分最主要来自以发展中国家为主的“其他国家”，相对于 1995 年，占比提高了 14.4%，表明中国出口对发展中国家经济的带动作用越来越明显。其次为美国和日本两个国家，这也是中国主要的两个出口国，因而考虑双边失衡时，必须考虑这部分要素的价值。澳大利亚、韩国、中国台湾分别作为中国矿产品、电子元器件、农产品的主要进口地，在中国出口额中，其中间要素投入价值也比较高；在样本期内，澳大利亚的占比不断增加，反映了中国出口尤其是制造业对于国外矿产品生产的带动作用不断增强，韩国和中国台湾的占比有所下降，这是因为中国大陆在电子产业和农业层面的技术投入和研发能力不断提高，大陆能够提供的中间替代产品大量涌现。德国对中国出口价值的贡献节节攀升，可能的原因在于“德国制造”与“中国制造”在许多方面互为补充，而伴随“中国制造”所需要的技术含量不断提高，来自德国的先进要素也就不断增加，占比也逐渐提高。俄罗斯、巴西与中国同为“金砖国家”，经济交往日益频繁，产业之间的互补性也不断增强，因而对中国出口的贡献有大幅提升。此外，印度尼西亚和加拿大对中国出口的贡献值也保持在较高水平。

（2）中国进口额价值来源分解

①1995 ~ 2011 年中国进口总额价值来源解构。

如表 5 - 5 所示，总值口径下，2011 年，中国进口总额为 17915 亿美元，相比较 1995 年增长了 12.6 倍，年均增长 17.1%，

表 5－4　　中国出口额国外增加值国别（地区）分解

金额单位：十亿美元占比单位：%

年份 国家和地区	2011		2008		2002		1995	
	金额	占比	金额	占比	金额	占比	金额	占比
其他国家	142.6	31.4	111.6	31.0	15.3	23.4	4.5	17.0
美国	50.7	11.2	41.6	11.6	7.1	10.9	3.2	11.9
日本	45.3	10.0	41.8	11.6	11.2	17.2	5.7	21.5
澳大利亚	30.4	6.7	18.4	5.1	1.5	2.3	0.8	3.2
韩国	30.0	6.6	23.6	6.5	5.6	8.6	3.0	11.2
中国台湾	27.4	6.0	22.7	6.3	6.9	10.6	2.6	9.9
德国	23.6	5.2	20.8	5.8	3.3	5.1	1.1	4.2
俄罗斯	18.1	4.0	11.4	3.2	1.3	2.0	0.4	1.6
巴西	10.1	2.2	7.9	2.2	0.6	0.9	0.2	0.8
印度尼西亚	9.7	2.1	5.2	1.4	1.2	1.9	0.7	2.8
加拿大	9.1	2.0	7.4	2.0	1.0	1.6	0.6	2.2

注：本书选取 2011 年出口国外增加值占比 2% 以上的国家和“其他国家”制作本表，其中“其他国家”源自 WIOD 数据库，除了表中所示的 40 个国家和地区以外的区域。

与出口额的年均增幅相同，这表明中国进、出口额增长率是均衡发展的。在进口总额中，中国国内增加值（DV）部分几乎可以忽略不计，自 1995 年的 0.7% 上升至 2011 年的 3.2%，在总进口额中的占比非常低，也就是说，中国进口额中的价值几乎全部来自国外。这与高企的出口国外增加值率（FV）形成鲜明对比，因而从贸易增加值这个视角，中国的顺差是存在较大水分的。

进口国外增加值的来源主要是中间产品贸易的贡献，其占比在 1995 年为 69.2%，至 2011 年达到 79.9%，整体保持增长趋势；但以 2004 年为拐点形成两个鲜明的平稳阶段，前期平均值为 72%，后期平均值为 79%。进口的中间产品价值大部分被中国所吸收，在总进口中的比重基本保持平稳，样本期内平均值为 51.5%，因而国外价值主要以间接的形式进入中国的消费。其次，是价值折返至第三国，这部分比重有较大幅度增长，自 1995 年的 16.5% 增加至 2007 年的 29.4%，增幅近 13%，这反映了加工贸易对中国进口中间产品的影响，加工贸易以“大进大出”为主要特征，进口的中间产品经加工后再次涌向海外，而 2008 年金融危机之前，中国的加工贸易一直呈增长势头。加工贸易的影响还表现在价值折返方面，这部分占比并不高，在 1995 年为 2.1%，之后小幅增加，最大值也是出现在 2006 年和 2007 年为 3.9%，至 2011 年为 2.9%，样本期间平均值为 2.7%。价值转移和价值折返问题对于真实的双边价值进、出口统计都有很大影响，我们将在后续章节具体讨论，本章具体探讨贸易的价值来源问题。

最终产品形态的进口对增加值的贡献也保持在较高水平，17 年间的平均值为 22.7%，但是有明显的下降趋势，自 1995 年的 30.1% 下降至 2011 年的 16.9%，下降幅度近一半。综合来讲，中国进口额中的价值几乎全部来自国外，以中间产品为主要形态，大部分参与国内生产并被消费掉，近 1/3 又出口至国外，而最终品价值在总额中的占比有所下降。

表 5－5　1995～2011 年中国进口额及增加值来源分解

年度	总进口（十亿美元）	FFV（%）	INFV（%）	RFV（%）	TFV（%）	DV（%）
1995	142.1	30.1	50.6	2.1	16.5	0.7
1996	144.0	29.2	53.1	1.9	15.2	0.7

续表

年度	总进口（十亿美元）	FFV（%）	INFV（%）	RFV（%）	TFV（%）	DV（%）
1997	152.5	23.2	56.9	2.0	17.0	0.9
1998	152.0	28.9	52.7	1.8	15.6	1.0
1999	177.3	27.2	54.0	1.8	16.0	1.0
2000	234.7	24.8	53.6	2.2	18.1	1.2
2001	254.9	27.5	52.0	2.2	17.0	1.4
2002	308.5	27.3	50.2	2.4	18.5	1.6
2003	422.0	25.9	48.2	2.7	21.3	1.9
2004	570.7	19.6	49.7	3.1	25.4	2.2
2005	670.1	17.8	48.2	3.6	27.9	2.4
2006	802.1	16.9	47.3	3.9	29.0	2.9
2007	973.6	15.6	48.0	3.9	29.4	3.0
2008	1165.2	17.1	49.6	3.8	26.4	3.0
2009	1048.9	19.4	53.8	2.9	21.0	3.0
2010	1433.4	19.1	52.3	3.1	22.3	3.2
2011	1791.5	16.9	55.3	2.9	21.7	3.2

数据来源：WIOTs，根据贸易增加值分解公式测度得出。

②2011 年中国各产业进口增加值结构分解。

2011 年，中国进口的产业集中度比较高，主要是采矿业（2）、电气电子及光学设备（14）、租赁及其他商业服务业（30）、金属冶炼及压延加工业（12）、化学原料及化学制品（9）、燃油（20）等，上述六大产业占据总进口额的 60.7%，其中采矿业的份额就达到 22.5%（见表 5－6）。可能的原因在于中国近些年经济的高速发展需要大量的优质能源和资源的投入，对国外矿产资源、油气能源、优质钢材的需求量比较大，而出口的发展需要大量高科技含量零部件投入，尤其是出口额最高的电子和光学设备产业，而国内的服务业发展尚处于初级阶段，对国外生产性服务业的需求量也较高。

2011 年，各产业进口的价值几乎全部来源于国外，大部分产业的国外增加值率在 95% 以上，比较 2002 年和 1995 年，结论非常稳健。只有纺织业和水路运输进口中分别含有 11.9% 和 15.9% 的国内价值，其中，纺织业作为中国劳动密集型传统优势行业，对全球价值链的影响比较大，既有大量最终产品的生产，也以中间产品供给其他国家的生产者，产业内贸易特征十分明显。

表 5－6　2011 年中国各产业进口额及其增加值结构分解

产业代码	总进口		各部分价值占比（%）					FV（%）		
	金额（十亿美元）	占比（%）	FFV	INFV	RFV	TFV	DV	2011	2002	1995
1	69.8	3.9	16.9	60.9	2.4	16.4	3.3	96.7	97.8	98.6
2	402.5	22.5	4.0	66.9	4.4	23.7	1.0	99.0	98.5	99.3
3	21.7	1.2	43.8	40.0	1.4	10.9	3.8	96.2	98.6	99.4
4	11.4	0.6	24.8	35.2	1.7	26.3	11.9	88.1	96.9	97.8
5	3.5	0.2	44.2	28.8	1.4	21.6	4.1	95.9	99.1	99.2
6	6.6	0.4	11.4	61.5	2.3	18.7	6.1	93.9	98.3	99.4
7	23.9	1.3	14.4	57.5	2.7	21.9	3.4	96.6	98.8	99.6
8	30.5	1.7	9.8	61.9	2.9	22.4	3.0	97.0	98.4	99.3
9	100.1	5.6	13.5	56.6	2.7	22.9	4.3	95.7	98.5	99.6
10	25.9	1.4	19.5	48.6	2.6	23.1	6.3	93.7	97.3	99.2
11	11.2	0.6	14.7	60.2	1.7	16.8	6.6	93.4	96.2	97.7
12	117.7	6.6	15.8	55.1	2.5	21.4	5.2	94.8	98.1	99.4
13	76.7	4.3	34.8	45.0	1.5	16.2	2.6	97.4	99.2	99.7
14	209.1	11.7	23.0	42.4	3.6	26.2	4.8	95.2	98.2	99.5

续表

产业代码	总进口 金额（十亿美元）	总进口 占比（%）	各部分价值占比（%） FFV	INFV	RFV	TFV	DV	FV（%） 2011	2002	1995
15	42.9	2.4	49.2	35.3	1.1	12.0	2.4	97.6	98.9	99.7
16	10.7	0.6	27.0	48.0	2.8	17.6	4.6	95.4	98.6	99.2
17	33.9	1.9	16.2	53.9	2.6	21.1	6.1	93.9	97.3	99.2
18	13.2	0.7	21.4	57.5	1.5	19.0	0.5	99.5	99.5	99.8
19	10.5	0.6	22.4	54.2	1.4	22.0	0.0	100.0	100.0	100.0
20	93.5	5.2	18.8	51.6	2.5	21.9	5.1	94.9	97.4	99.4
21	38.9	2.2	22.1	51.2	1.6	22.9	2.1	97.9	99.0	99.7
22	17.4	1.0	22.7	53.7	1.8	17.6	4.3	95.7	97.4	99.4
23	44.3	2.5	15.3	56.9	2.7	21.3	3.9	96.1	97.1	98.8
24	8.5	0.5	13.3	48.7	2.4	19.7	15.9	84.1	93.4	98.9
25	11.4	0.6	12.6	64.8	2.1	18.2	2.3	97.7	97.8	99.2
26	17.5	1.0	19.2	56.5	2.0	20.4	1.8	98.2	99.4	99.1
27	25.6	1.4	18.2	56.6	2.1	19.0	4.1	95.9	98.3	99.5
28	62.1	3.5	18.3	53.1	2.7	21.5	4.5	95.5	98.8	99.3
29	33.5	1.9	19.2	53.6	1.9	22.6	2.8	97.2	99.3	99.6
30	163.2	9.1	18.7	56.6	2.3	21.0	1.5	98.5	99.5	99.9
31	18.1	1.0	10.4	62.4	4.9	22.0	0.2	99.8	99.9	99.9
32	5.5	0.3	20.9	56.5	1.2	19.0	2.5	97.5	98.6	99.1
33	2.2	0.1	23.9	48.3	2.1	19.4	6.3	93.7	98.4	99.9
34	28.0	1.6	21.1	54.7	2.6	18.9	2.8	97.2	98.2	99.3

数据来源：WIOTs，笔者依据上述模型测度得出。代码 35 的产业总进口额几乎为 0，在模型中予以剔除。

进口国外增加值主要以中间产品为载体被引入，部分产品部门比如食品饮料及烟草业、皮革及鞋类制造业、运输设备制造业等的最终产品形态占比高于 40%，这三大制造业的典型特征是位于产业链的末端，是中国消费需求的主要来源，也反映了国内这些部门的国际竞争力较弱，难以同国外优质产品相抗衡。中间产品进口的国外增加值大部分在中国实现了价值，各行业的INFV普遍高于50%，个别制造业（代码为3－5，10，13－16）略有降低，主要是中国的传统优势行业，这些行业的国内产业链条已经比较完整，对国外进口要素的依赖度相对较低。进口中间产品的价值，近1/5会转移至第三国，这反映了中国“世界工厂”的地位和“加工贸易”的国际分工形式，电子及光学设备产业表现得尤为明显，中国虽然是该产品部类的出口大国，但出口中有大量的要素来自国外。价值折返问题在进口中表现得也不太明显，普遍在5%以下，平均值为2.3%。从增加值贸易的视角，价值折返和价值转移之和将被剔除出中国的进口额，因而上述两部分在各产业的较高比重会严重影响中国的价值进口统计，我们将在后续章节具体分析。

③中国进口额国外增加值（FV）国别来源分解。

如表5－7所示，2011年，中国进口国外增加值国别（地区）主要是维持在21个国家和地区。中国进口价值主要来源于发达经济体，就单个国别而言，美国是中国进口价值的最大来源地，占比达到11.6%，其次为日本、德国、澳大利亚和韩国以及欧盟的一部分国家，而俄罗斯、巴西、印度尼西亚和印度等新兴经济体也有突出的贡献，这说明中国的经济发展对发达经济体和新型经济体的带动作用比较大。而纵向对比来看，以美国为代表的发达国家在中国进口中的增加值比重不断下降，特别是日本，1995年对中国进口的贡献度高达21.9%，而2011年这一比重降低为10.3%，贡献值在2009年低于美国，变为第二位；中国台湾地区的降幅也比较明显，样本期内降低了3.5%，这主要是因为随着中国参与经济全球化的深入，对全球市场了解增多，进口不再限于距离较近的东亚地区，而是从世界各地寻求最优的商品进口来源地。但是以发展中国家为主体的“其他国家”对中国进口价值的贡献度却越来越高，自 1995 年的 16.4% 上升至 2011 年的 29%，贡献度增加了近 1 倍，这表明发展中国家越来越好地搭上了中国经济腾飞的“便车”。贡献度不断增加的还有澳大利亚和新兴经济体国家，中国近些年来大力推动基础设施建设和经济建设，进口的矿产资源主要来自澳大利亚和巴西，油气资源的一部分源自俄罗斯，矿物质和动植物油则从印度尼西亚进口，印度的棉、毛制品符合中国的需求。

表 5-7　中国进口额国外增加值主要国别（地区）来源

金额单位：十亿美元　占比单位：%

年份 / 国家和地区	2011		2008		2002		1995	
	总额	占比	总额	占比	总额	占比	总额	占比
其他国家	502.3	29.0	326.3	28.9	64.8	21.4	23.2	16.4
美国	200.4	11.6	129.2	11.4	34.8	11.5	17.5	12.4
日本	178.1	10.3	136.9	12.1	52.9	17.4	30.9	21.9
德国	118.3	6.8	86.0	7.6	21.0	6.9	8.9	6.3
澳大利亚	108.2	6.2	52.4	4.6	6.9	2.3	4.2	3.0
韩国	103.8	6.0	68.0	6.0	23.4	7.7	11.0	7.8
中国台湾	72.9	4.2	52.1	4.6	25.2	8.3	10.8	7.7
俄罗斯	64.2	3.7	33.9	3.0	5.7	1.9	2.2	1.5
巴西	40.3	2.3	23.9	2.1	2.7	0.9	1.0	0.7
法国	38.7	2.2	29.7	2.6	7.6	2.5	4.4	3.1
加拿大	36.7	2.1	24.6	2.2	5.4	1.8	3.1	2.2
印度尼西亚	36.6	2.1	16.1	1.4	4.9	1.6	3.3	2.3
意大利	34.4	2.0	22.7	2.0	7.5	2.5	4.6	3.3
英国	34.2	2.0	23.8	2.1	9.2	3.0	5.0	3.5
荷兰	24.6	1.4	15.9	1.4	5.9	2.0	2.1	1.5

续表

国家和地区＼年份	2011		2008		2002		1995	
	总额	占比	总额	占比	总额	占比	总额	占比
印度	23.7	1.4	11.7	1.0	4.4	1.4	0.7	0.5
瑞典	16.3	0.9	10.4	0.9	2.2	0.7	1.0	0.7
比利时	13.6	0.8	8.6	0.8	2.4	0.8	1.6	1.2
奥地利	12.1	0.7	8.3	0.7	1.7	0.5	0.6	0.5
墨西哥	11.8	0.7	6.7	0.6	1.3	0.4	0.4	0.3
西班牙	10.3	0.6	6.8	0.6	4.8	1.6	1.3	0.9

数据来源：WIOTs，笔者依据上述公式测算得出，选取2011年总额在十亿美元以上的国家和地区制作本表。

(3) 中国贸易差额来源结构分解

①1995～2011年中国贸易差额价值来源解构。

如表5－8所示，在总值口径下，中国贸易差额一直表现为顺差状态，且规模不断增长，自1995年的259亿美元上升至2011年的2947亿美元，最大值出现在2008年为4163亿美元，中国整体外贸失衡状况愈加严峻。但是基于贸易增加值的视角，情况有很大变化。表5－8中的FV代表出口中的国外增加值与进口中的国内增加值的差额在总差额中的百分比，表示国外价值净额对中国总值贸易差额的贡献度，该比值大于100%意味着中国总值贸易差额全部由国外价值净额贡献，而中国贸易增加值净额为逆差。中国总值贸易顺差中，国外净值贡献度一直较高，在2000～2005年以及2010～2011年等八个年度贡献值超过了100%，最高值出现在2004年为180.4%。也就是说，在此期间内，中国的外贸顺差并非由进出口中的国内要素价值净额贡献的，而是因为国外要素净额的顺差转移，中国是贸易逆差国。其他年度FV的贡献度也较高，整个样本期间的平均值为99.3%，从这个视角来理解，若剔除国外要素净值的贸易转移影响，1995 ~2011 年，中国大体处于贸易平衡状态。

从国内价值净额的结构分解来看，最终产品净额一直呈现顺差状态，而中间产品净额一直保持逆差状态，这与中国的产品进出口结构有关。因为作为“世界工厂”，中国大批量的自世界各地进口中间产品，经加工成最终品后再出口至各国，因而，最终产品顺差明显，而中间产品呈逆差状态。在中间产品净额中，从最终需求归属地来看，平均有 22.2% 的逆差净额是源于价值转移逆差，6% 源于价值折返逆差，而这两方面将对中国的增加值贸易失衡造成严重影响，我们将在下一章节具体分析。

表 5-8　　中国贸易差额 GVC 分解

年度	总差额（十亿美元）	FDV（%）	INDV（%）	RDV（%）	TDV（%）	FV（%）
1995	25.9	130.9	-97.3	-8.9	-23.6	98.8
1996	27.7	136.8	-104.0	-6.9	-11.6	85.2
1997	54.7	101.1	-43.5	-3.7	-4.6	50.6
1998	55.4	86.1	-30.9	-2.9	2.5	45.3
1999	41.2	110.2	-77.7	-4.4	-1.0	72.8
2000	44.8	116.5	-102.0	-6.7	-8.7	101.6
2001	44.5	113.7	-106.1	-6.5	-4.7	103.1
2002	56.9	105.8	-91.0	-6.3	-14.4	106.0
2003	63.0	119.2	-120.0	-8.9	-41.0	150.6
2004	85.1	130.0	-133.3	-10.9	-66.0	180.4
2005	166.6	102.8	-68.2	-8.3	-45.6	119.7
2006	259.5	89.5	-43.5	-6.7	-34.2	94.9
2007	368.4	88.6	-36.6	-5.5	-28.3	82.0
2008	416.3	88.5	-40.8	-5.2	-20.3	78.1
2009	284.3	113.7	-75.3	-2.8	-15.1	79.2
2010	310.1	117.4	-93.9	-3.8	-25.5	105.7
2011	294.7	149.7	-145.7	-3.6	-35.1	134.7

②中国贸易差额国别（地区）结构分解。

中国与世界主要经济体的贸易增加值净额有以下几个特点（见表5－9）：首先，顺差主要源自欧盟和北美等发达经济体国家，而逆差则来自东亚和新兴经济体国家和地区，部分欧盟国家也呈现逆差状态，但总体规模较小。其次，呈现顺差的国家相对于总值顺差额都有所降低，以美国为例，贸易增加值口径下中国顺差额1178亿美元，相对于总值统计减少了近一半。而呈现逆差的国家则有不同的表现，相对于总值统计额，部分国家（地区）的逆差增加（0<比值<1），比如马耳他、芬兰、韩国和中国台湾等；也有一些国家的逆差减少（比值>1），比如瑞典、澳大利亚以及"其他国家"等；另有9个国家的贸易差额方向发生了逆转，即本来呈现顺差的国家在贸易增加值口径下变成了逆差，巴西、日本、德国（比值<－1）的变动幅度要小一些；所以，总体而言，相对于总值统计结果，增加值统计方式下的国别失衡状况有所好转。最后，比较1995～2011年各年度情况，中国与各国和地区在贸易增加值下的差额方向变动不大，但绝对值呈现明显的增长，基于纵向对比的视角，中国的贸易增加值国别（地区）偏向性失衡有所扩大。

表5－9　基于贸易增加值口径的中国与主要国家贸易差额及其与总值统计比较

国家和地区＼年份	1995		2002		2008		2011	
	增加值	比值	增加值	比值	增加值	比值	增加值	比值
美国	16.8	0.6	42.2	0.6	121.2	0.5	117.8	0.5
印度	0.7	0.6	－0.6	－1.1	21.4	0.7	38.4	0.7
墨西哥	0.1	0.1	2.8	0.6	15.3	0.6	23.6	0.6
土耳其	0.2	0.5	0.4	0.4	9.9	0.7	18.7	0.7

续表

国家和地区＼年份	1995		2002		2008		2011	
	增加值	比值	增加值	比值	增加值	比值	增加值	比值
加拿大	1.4	0.6	2.8	0.5	10.3	0.4	9.1	0.4
英国	0.3	0.2	2.3	0.3	12.4	0.4	8.7	0.3
捷克	0.0	0.3	0.5	0.5	4.8	0.6	8.3	0.6
西班牙	0.1	0.1	-1.6	4.1	11.2	0.6	7.8	0.5
波兰	0.0	0.1	0.4	0.4	6.9	0.6	6.9	0.5
爱尔兰	0.2	0.5	0.1	0.3	2.4	0.5	5.9	0.7
法国	-1.1	-18.9	-1.9	-1.7	-1.0	-0.1	2.8	0.2
希腊	0.2	0.7	0.5	0.6	2.3	0.5	2.5	0.6
荷兰	2.1	0.8	2.9	0.7	7.2	0.5	1.7	0.2
匈牙利	0.0	-0.2	0.6	0.6	2.5	0.5	1.2	0.4
斯洛伐克	0.0	0.3	0.1	0.4	1.0	0.5	0.8	0.5
罗马尼亚	-0.1	1.3	-0.3	1.1	1.0	0.4	0.3	0.2
斯洛文尼亚	0.0	0.0	0.0	0.0	0.3	0.4	0.3	0.3
爱沙尼亚	0.0	0.5	0.2	0.7	0.3	0.5	0.3	0.4
葡萄牙	-0.1	2.6	-0.6	1.4	0.1	0.1	0.1	0.1
塞浦路斯	0.1	0.8	0.1	0.7	1.1	0.8	0.1	0.5
保加利亚	0.0	-1.3	0.1	0.6	0.8	0.6	0.1	0.1
立陶宛	0.0	-1.3	0.0	0.4	0.1	0.1	0.1	0.1
马耳他	0.0	0.2	-0.1	0.7	-0.1	0.4	-0.1	0.4
拉脱维亚	0.0	-2.6	0.0	-0.4	0.0	0.0	-0.1	-1.6
比利时	-0.5	1.6	-0.5	-5.1	-0.3	-0.1	-0.6	-0.3
丹麦	0.6	0.7	-0.3	-4.8	-1.2	-3.5	-0.9	-0.8
意大利	-1.3	2.1	-1.6	-2.7	0.1	0.0	-0.9	-0.1
卢森堡	-0.1	1.0	-0.3	0.4	-1.0	1.9	-1.1	3.9
奥地利	0.0	-0.1	-0.8	3.2	-3.6	2.6	-4.4	3.4

续表

国家和地区 \ 年份	1995		2002		2008		2011	
	增加值	比值	增加值	比值	增加值	比值	增加值	比值
芬兰	-0.3	1.4	-0.9	1.6	-0.9	-1.2	-5.7	0.9
印度尼西亚	-1.2	1.3	-1.2	6.1	-0.3	0.0	-6.3	-0.8
瑞典	-0.4	12.8	-1.2	2.0	-5.6	1.9	-9.2	1.6
巴西	-0.3	-1.1	-1.3	3.4	-8.9	14.0	-11.9	-10.1
韩国	-4.5	0.7	-6.2	0.6	-8.1	0.3	-15.6	0.3
俄罗斯	-0.8	3.3	-2.4	5.4	-4.7	-0.3	-17.2	-1.7
德国	-0.2	-0.1	-9.1	2.1	-21.8	168.5	-23.0	-31.1
日本	-5.0	-3.0	-15.6	3.8	-39.5	3.5	-34.2	-9.7
中国台湾	-8.2	0.6	-19.2	0.6	-31.7	0.5	-43.7	0.5
澳大利亚	-0.5	-1.2	-0.7	-0.5	-23.7	1.8	-53.6	1.4
其他国家	1.9	0.5	7.4	0.8	11.1	0.2	-128.8	2.2
总和	0.1	0.0	-3.2	-0.1	91.6	0.2	-101.9	-0.3

注：本表“增加值”意味着是在增加值口径下的中国与各国贸易差额，等于中国向各国出口中包含的中国价值量减去中国总进口中包含的各国价值量之差。这里的“比值”为贸易增加值差额与总值差额之比。

③2011 年中国贸易差额产业结构分解。

以 2011 年为例说明中国各产业贸易差额的 GVC 来源（见表 5-10）。首先，中国顺差额主要源于制造业，而农业、矿产、油气以及大多数服务业均表现为逆差状态，并且顺差和逆差的产业集中度都比较高。顺差主要来源于电子及光学设备产业（14）和纺织品及服装制造业（4），两者合计顺差额 7428 亿美元，约是总顺差的 2.5 倍，这两个产业分别作为技术密集型制造业和劳动密集型制造业的代表，是中国的传统优势产业，尤其是最终产品在国际市场上的较高占有率为中国赢得了巨额的经常账户盈余。而逆差主要来自采矿业（2），逆差额 3821 亿美元，约是差额的 1.3 倍，上文分析到中国大规模的基建投资需要大量来自海外尤其是巴西和澳大利亚的矿产资源投入。

其次，各产业贸易差额中，国外增加值净额的表现情况差异很大。呈现顺差的产业，其国外净值的贡献一般比较大，比如电子及光学设备（14）等制造业，国外净值的平均贡献率为 40%左右，这说明贸易增加值统计下的产业贸易差额与总值总计差别较大，特别是代码为 9 和 12 的产业，国外净值贡献率更是超过了 100%，金属冶炼与压延加工业（12）的国外净值转移是总顺差的 2.5 倍，因而从贸易增加值这个视角来衡量，该产业并非处于顺差状态，而是逆差比较严重。而呈现逆差的产业，国外净值的贡献额则比较小，比如采矿业（2）的国外净值占比仅有 0.6%，服务业也有相似的情况，平均值仅有 4%，因而逆差额与总值统计相差无几。

再次，从国内净值的产品形态来区分，对于大部分产业，两种形态的贸易净额方向一致，但也有食品饮料烟草业（3）、化工制品（9）、机械制造业（13）等制造业的最终产品表现为顺差，而中间产品呈现逆差的状态，这反映了同一产业不同产品形态的商品在国际上竞争力的差异；服务业部门代码为 18、21、22 的情况与此相反。贸易差额比较显著的几个产业，采矿业的逆差主要体现在中间产品贸易，为 67.9%，远高于最终产品贸易 3.9%；纺织品顺差额则主要源自最终产品贸易净额，高达 59.4%；皮革及鞋类制造业、电子与光学设备产业也有相似的情况。

最后，价值折返净额的影响相对温和，大部分产业都保持在 5%以下，仅有代码为 9 和 12 的产业高于 10%，从而加剧了国外净值的影响程度。价值转移净额的影响比较严重，尤其是服务业，平均值达到35%，其中餐饮服务业（22）更是高达221%；制造业各部门的价值转移净额平均值为10%，石油燃料的比重偏高，达到32%；逆差额最高的采矿业，其比重为23.6%。价值折返和转移净额会影响各产业的增加值贸易净额，我们将在下1章节具体阐释。

表5－10　2011年中国各产业贸易差额GVC分解

产业代码	总差口		各部分价值占比（%）				
	金额（十亿美元）	占比（%）	FDV	INDV	RDV	TDV	FV
1	-52.0	-17.7	6.0	69.7	3.0	19.2	1.9
2	-392.1	-133.1	3.9	67.5	4.4	23.6	0.6
3	28.8	9.8	101.7	-13.4	-0.6	-4.2	16.5
4	230.4	78.2	59.4	14.3	0.5	11.4	14.4
5	48.0	16.3	75.8	7.7	0.1	1.2	15.1
6	4.3	1.5	29.7	36.1	-0.2	1.7	32.6
7	-14.8	-5.0	11.8	63.4	3.2	27.1	-5.7
8	-16.5	-5.6	7.9	87.8	3.5	31.6	-30.9
9	17.0	5.8	21.8	-74.2	10.5	2.9	139.0
10	45.5	15.4	27.5	28.7	1.5	10.0	32.2
11	15.5	5.3	18.6	53.7	1.1	2.9	23.7
12	11.2	3.8	-44.1	-132.4	13.4	9.3	253.8
13	66.9	22.7	63.1	-11.8	1.2	1.7	45.8
14	512.3	173.8	40.9	11.0	2.0	7.4	38.8
15	54.1	18.3	23.7	23.0	1.3	14.1	37.9
16	62.4	21.2	62.6	12.1	0.6	8.6	16.1
17	-32.1	-10.9	16.0	54.8	2.6	21.1	5.5

续表

产业代码	总差口		各部分价值占比（%）				
	金额（十亿美元）	占比（%）	FDV	INDV	RDV	TDV	FV
18	-4.3	-1.5	-18.1	107.5	3.2	42.7	-35.6
19	-10.5	-3.6	22.4	54.2	1.4	22.0	0.0
20	-20.0	-6.8	41.5	39.2	1.4	20.2	-2.8
21	-23.7	-8.0	-4.8	71.0	1.7	33.1	-1.2
22	-0.7	-0.2	-542.9	507.2	22.3	221.1	-105.3
23	-28.7	-9.7	14.7	62.2	2.8	20.7	-0.3
24	31.1	10.6	14.6	28.0	2.9	38.4	16.2
25	16.4	5.6	33.7	24.4	1.3	3.7	36.9
26	-11.7	-4.0	23.8	67.2	1.6	11.2	-3.9
27	-14.3	-4.9	20.7	56.4	2.1	21.1	-0.4
28	-60.1	-20.4	18.3	53.0	2.7	21.6	4.5
29	-33.5	-11.4	19.2	53.6	1.9	22.6	2.8
30	-96.1	-32.6	27.5	51.5	2.8	26.0	-7.6
31	-17.2	-5.8	8.7	63.7	5.0	22.7	-0.2
32	-4.9	-1.7	19.6	57.5	1.1	20.2	1.7
33	-1.3	-0.5	10.1	57.4	3.1	30.4	-0.9
34	-14.4	-4.9	15.9	70.4	3.5	15.9	-5.6

5.1.4　主要结论

本节基于 WIOD 数据库和 MRIO 框架，分析了中国进、出口额及贸易差额的 GVC 来源，研究结论表明：

中国出口国内增加值率呈现 U 型轨迹，自加入 WTO 以来，出口总值的近 1/4 是由国外要素创造的，也就是说，海关统计额夸大了中国的实际外贸收益。因而，在制定贸易政策和进行商务谈判时，应充分重视“增加值”口径的外贸进出口额。出口产品国内价值主要以最终品和中间品的形式被交易国直接消费，转移贸易也占有相当的比重，样本期内始终高于10%，而这部分价值将对双边出口额产生较大影响。比如有证据表明中国至美国的出口额很大一部分应归功于日本、韩国和东盟提供的要素（CCER，2007），从而有可能改变两国之间的贸易失衡关系。国外增加值的国别来源比较稳定，主要是以美国、日本、澳大利亚、韩国、德国、加拿大为代表的发达国家和以俄罗斯、巴西、印度尼西亚为代表的新兴经济体，其贡献总额持续增加，而以发展中国家为主体的其他国家占比也不断上升。这说明中国出口规模的增加既有助于国内经济有所发展，也是对世界经济有所贡献，其中美、日、德等发达经济体占有较大比重。虽然大部分产业的出口国内增加值率都在80%以上，但出口额比重较高的电气与电子机械制造业却仅有71.1%，并且与绝大多数产业一样呈现下降趋势，只有以纺织及服装、皮革及其制品业为代表的劳动密集型产业有所上升。这表明中国在GVC的地位存在低端锁定的风险，因而中国未来的外贸战略应侧重于“贸易质量”，从“贸易大国”走向“贸易强国”。

中国进口额价值几乎全部来自国外，这与出口国内增加值率形成鲜明对比，因而从贸易增加值这个视角，中国的顺差有可能存在较大水分。进口以中间产品为主，且比重不断增加；贸易折返和贸易转移占比虽小幅增加，但所占比重较低，对增加值贸易的影响不大。产业层面的状况比较类似，不过进口集中度比较高，以采矿业、电气电子及光学设备为主；大部分产业主要是中间产品形态的进口，只有食品饮料及烟草业、皮革及鞋类制造业等价值链末端产业的最终产品比重超过40%；部分产业的贸易转移价值高于 20%，这将影响该产业的增加值进口额。进口国外增加值来源地以美、日以及欧盟部分国家为主，新兴经济体也有突出的贡献，但东亚国家和地区的降幅明显。

基于贸易增加值这个视角，虽然最终产品拥有高额顺差，但中间产品一直保持逆差状态。总体而言，1995～2011 年中国进、出口贸易额大体平衡；在不少年份，国外要素价值净额的贡献率超过 100%，也即中国的贸易增加值净额表现为逆差状态，这与总值统计的结果差距很大。国别结果分析表明，中国贸易增加值顺差主要来自欧盟、北美等发达经济体，而逆差则来自东亚和新兴经济体国家和地区，国别偏向性失衡有所扩大。从产业类别来看，顺差额基本来自制造业，而农业、矿产、油气以及大多数服务业均表现为逆差状态，这与总值统计的结果基本一致。

5.2　中美双边贸易利益格局解构

本节通过构建双边贸易增加值分解模型，依据世界投入产出数据，分解中国和美国的进、出口增加值来源，探讨贸易增加值视角下的中美贸易失衡状况。

5.2.1　模型构建

假设世界上有三个国家或地区，每个国家都有 n 个生产部门，则组成的 MRIO 模型可以表示为：

$$\begin{pmatrix} x_r \\ x_s \\ x_t \end{pmatrix} = \begin{pmatrix} A_{rr} & A_{rs} & A_{rt} \\ A_{sr} & A_{ss} & A_{st} \\ A_{tr} & A_{ts} & A_{tt} \end{pmatrix} \begin{pmatrix} x_r \\ x_s \\ x_t \end{pmatrix} + \begin{pmatrix} f_{rr} & f_{rs} & f_{rt} \\ f_{sr} & f_{ss} & f_{st} \\ f_{tr} & f_{ts} & f_{tt} \end{pmatrix}$$

$$=\begin{pmatrix} L_{rr} & L_{rs} & L_{rt} \\ L_{sr} & L_{ss} & L_{st} \\ L_{tr} & L_{ts} & L_{tt} \end{pmatrix}\begin{pmatrix} f_{rr} & f_{rs} & f_{rt} \\ f_{sr} & f_{ss} & f_{st} \\ f_{tr} & f_{ts} & f_{tt} \end{pmatrix} \tag{10}$$

用分块矩阵的形式可以简写为：

$$x = Ax + f = (I - A)^{-1}f = Lf \tag{11}$$

上式中，$x_i \in x$ 表示国家 i 总产出向量（维度 n×1），矩阵 $A_{ij} \in A$（维度 n×n）刻画 j 国生产中 i 国的直接消耗系数。$L_{ij} \in L = (I - A)^{-1}$ 表示里昂惕夫逆矩阵，I 为单位矩阵。$f_{ij} \in f$ 是 i 国生产但由 j 国消费的最终产品，即国家 i 对国家 j 的最终产品出口，$i, j \in (r \quad s \quad t)$。令 $V = (V_r \quad V_s \quad V_t)$ 表示各国增加值行向量（维度 1×3n），而各国增加值率行向量表示为 $v = (v_r \quad v_s \quad v_t)$，其中 $v_r = V_r / X_r{}' = \mu(I - \sum_s A_{sr})$，$\mu$ 表示元素全为 1 的行向量，令 $\hat{v}$ 表示行向量 v 的对角矩阵。于是，r 国对 s 国的出口 E_{rs} 可以用增加值矩阵表示为：

$$E_{rs} = (v_r \quad v_s \quad v_t)\begin{pmatrix} L_{rr} & L_{rs} & L_{rt} \\ L_{sr} & L_{ss} & L_{st} \\ L_{tr} & L_{ts} & L_{tt} \end{pmatrix}\begin{pmatrix} E_{rs} \\ 0 \\ 0 \end{pmatrix} = v_r L_{rr} E_{rs} + v_s L_{sr} E_{rs} + v_t L_{tr} E_{rs} \tag{12}$$

其中，$v_r L_{rr} E_{rs}$ 表示出口中包含的本国（r 国）价值，即出口国内增加值；$v_s L_{sr} E_{rs}$ 表示出口中包含的交易对象国（s 国）价值，即出口的价值折返部分；$v_t L_{tr} E_{rs}$ 表示出口中包含的第三国（t 国）价值，即出口的价值转移部分。$(v_s L_{sr} E_{rs} + v_t L_{tr} E_{rs})$ 表示出口中的国外价值成分。下面我们重点分解本国增加值 $v_r L_{rr} E_{rs}$ 的构成。

根据总值贸易统计原则，r 国对 s 国的出口 E_{rs} 等于最终产品出口 f_{rs} 和中间产品出口 $A_{rs}X_s$ 之和，即：

$$E_{rs} = f_{rs} + A_{rs} X_s \tag{13}$$

而根据式（10），s 国总产出 X_s 依据最终需求国别不同可以细分为三个部分，用公式表示为：

$$X_s = \begin{pmatrix} X_{sr} & X_{ss} & X_{st} \end{pmatrix} = \begin{pmatrix} L_{sr} & L_{ss} & L_{st} \end{pmatrix} \begin{pmatrix} f_{rr} & f_{rs} & f_{rt} \\ f_{sr} & f_{ss} & f_{st} \\ f_{tr} & f_{ts} & f_{tt} \end{pmatrix} \tag{14}$$

于是，式（13）就可以进一步分解为：

$$E_{rs} = f_{rs} + A_{rs}(X_{sr} + X_{ss} + X_{st}) \tag{15}$$

结合式（12）和式（15），可以得到：

$$E_{rs} = \underbrace{v_r L_{rr} f_{rs}}_{(1)} + \underbrace{v_r L_{rr} A_{rs} X_{sr}}_{(2)} + \underbrace{v_r L_{rr} A_{rs} X_{ss}}_{(3)} + \underbrace{v_r L_{rr} A_{rs} X_{st}}_{(4)} + \underbrace{v_s L_{sr} E_{rs}}_{(5)} + \underbrace{v_t L_{tr} E_{rs}}_{(6)} \tag{16}$$

上式中，第（1）部分表示 r 国对 s 国最终产品出口中包含的 r 国增加值，用 FDV_{rs} 表示；第（2）部分表示 r 国出口至 s 国的部分中间产品价值，经 s 国加工后又回流到 r 国，用 RDV_{rs} 表示；第（3）部分表示 s 国自 r 国进口并消费的中间产品价值，用 $INDV_{rs}$ 表示；第（4）部分表示 r 国出口至 s 国的部分中间产品价值，经 s 国加工后被 t 国所消费，用 TDV_{rs} 表示；第（5）部分表示 r 国出口至 s 国的产品中包含的 s 国价值；第（6）部分表示 r 国出口至 s 国的产品中包含的 t 国价值。

此次 r 国对 s 国出口额 E_{rs} 中，站在 r 国的立场，前四部分（1）、（2）、（3）、（4）之和表示出口的国内增加值，用 DV_{rs} 表示。后两部分（5）、（6）之和表示国外增加值，用 FV_{rs} 表示。第（1）、（3）、（4）部分之和是本国（r 国）成功输出的价值。第（1）、（3）部分之和是 s 国实际从本国（r 国）进口的增加值。

为了模型更具有一般性，我们将国家个数由三国拓展至 M

（M>3）国，则 r 国对 s 国的总值出口额，E_{rs} 的全球价值链分解模型为：

$$E_{rs} = \underbrace{v_r L_{rr} f_{rs}}_{(1)} + \underbrace{v_r L_{rr} A_{rs} X_{sr}}_{(2)} + \underbrace{v_r L_{rr} A_{rs} X_{ss}}_{(3)} + \underbrace{v_r L_{rr} A_{rs} \sum_{t \neq s,r}^{m} X_{st}}_{(4)} + \underbrace{v_s L_{sr} E_{rs}}_{(5)} + \underbrace{\sum_{t \neq s,r}^{m} v_t L_{tr} E_{rs}}_{(6)} \tag{17}$$

式（17）各部分的含义与式（16）基本相同，只是第（4）部分的出口价值转移和第（6）部分的国外增加值来源不再局限于一国之内，而是拓展至除 r 和 s 之外的所有国家。

5.2.2 数据来源

本书数据来自欧盟委员会资助开发的 1995～2011 年世界投入产出表（World Input－Output Tables，WIOTs），各年度的表格均涵盖了 41 个国家和地区 35 个产业部门的中间产品投入产出数据以及最终产品消费来源数据，间接给出了各个国家之间的中间品和最终品贸易数据，从而保证了数据口径的一致性，进而可以在上述模型框架下进行多区域投入产出分析。具体参见本书 5.1.2。

5.2.3 实证结果

全球价值链分工背景下，产品的生产链条和价值链条在多个国家（区域）间完成和实现，贸易利益的识别就不能依赖于总值进出口额，而必须建立在增加值的视角上；其国别分配也不再局限于交易国双方，而必须考虑第三国的影响。本部分将基于 GVC 分解的视角，从总量、国别、产业三个层面解构中美双边贸易利益分配格局。

（1）中国对美国出口额 GVC 分解

1995～2011年，中国对美国出口额（简称：中美出口额）快速增长，自416.6亿美元增加到4128.4亿美元，年均增长15.4%，中国出口导向发展战略取得显著成效（见表5－11）。样本期间，中国国内增加值率呈现“U”型轨迹，由1995年的82.4%下降为2005年的72.3%，达到最低值后开始反弹，至2011年为77.1%。这表明对外开放之初，中美单位商品和服务出口的获利能力急剧下降，国外要素的投入占比大幅增加，而随着全球价值链嵌入程度的增加，国内要素竞争能力开始提升，出口国内要素占比也有所增加。美国自中国直接进口的价值，仍以最终产品形态为主，但所占比重大幅降低，2011年为40.6%，相对1995年下降了近18个百分点；而中间产品形态的比重持续增加，2011年达到36.5%，相对于样本初期提高了12.5%；但其中的部分中间产品经美国加工后，再转移至第三国消费，其价值比重变动不大，由3.4%增加到5.7%；还有部分中间产品的价值再次回流至中国，虽然占比也不高，但增长速度很快。这表明中国出口至美国的部分中间产品价值，因为贸易转移和贸易折返问题的影响而未在美国实现，在出口额中所占的比重也愈加突出。

从总量层面解构国外增加值国别来源：首先，中美出口额的国外增加值率整体保持上升态势，尤其是1995～2005年间就增加了10个百分点，2011年比重达到22.9%；17年间平均而言，中美出口额的21%是由国外贡献的价值；这表明，以“总值”口径来统计中美出口额，显著高估了真实水平。其次，国外增加值的主要来源，2008年之前是日本，之后变为美国，从这个意义上讲，中美出口规模不断扩大的第二大受益者就是美国自身。再次，中美出口额的不断增长对于日本、韩国、中国台湾等距离较近的东亚国家和地区的利好影响最大，但其所占比重有小幅下降；而对于距离较远的美国、德国、澳大利亚等国的带动作用却不断增强，至2011年已与东亚诸国规模相当；这反映了中美出口规模的扩大，已是全球主要经济体共同努力的结果，也反映了中国参与全球化的深入，逐步从最佳国外市场寻求技术、资源及其他中间要素。最后，值得说明的是，金融危机之后，许多国家尤其是主要经济体采取了相对保守的外贸政策，贸易壁垒的提高也限制了国外中间要素的进口。

表5-11　1995~2011年中国对美国出口额GVC结构分解

类型/年度	出口总额（亿美元）	DV（%）	其中（%）				FV（%）	其中（%）					
			FDV	INDV	RDV	TDV		USA	JPN	KOR	TWN	GER	AUS
1995	416.6	82.4	58.4	20.5	0.1	3.4	17.6	2.1	3.8	2.0	1.8	0.7	0.5
1996	424.9	84.4	59.2	21.3	0.1	3.7	15.6	1.8	2.9	1.9	1.8	0.6	0.5
1997	524.6	84.3	59.0	21.3	0.1	4.0	15.7	1.9	3.1	1.9	1.9	0.7	0.6
1998	582.8	85.7	57.5	24.2	0.1	3.9	14.3	1.7	2.9	1.7	1.8	0.6	0.5
1999	599.0	83.9	56.0	24.0	0.1	3.8	16.1	1.9	3.2	1.8	1.9	0.7	0.5
2000	745.2	81.2	53.4	23.8	0.1	3.9	18.8	2.1	3.4	1.9	1.9	0.8	0.5
2001	771.3	82.0	54.3	23.9	0.2	3.7	18.0	2.0	3.1	1.6	1.8	0.9	0.5
2002	955.3	80.6	53.2	23.9	0.2	3.3	19.4	2.2	3.4	1.7	2.1	1.0	0.4
2003	1201.3	76.9	52.7	21.0	0.2	3.0	23.1	2.5	4.0	2.0	2.3	1.4	0.5
2004	1646.7	72.6	44.0	24.3	0.3	4.0	27.4	3.0	4.6	2.3	2.5	1.7	0.7
2005	2105.9	72.3	43.9	24.0	0.3	4.1	27.7	3.1	4.3	2.5	2.5	1.6	0.9
2006	2545.8	73.0	43.2	24.8	0.4	4.6	27.0	3.2	3.9	2.3	2.3	1.6	0.9
2007	3007.9	73.8	43.9	24.6	0.4	4.9	26.2	3.2	3.6	2.1	2.1	1.6	1.0
2008	3288.0	76.1	43.3	26.8	0.5	5.5	23.9	2.8	2.9	1.6	1.6	1.4	1.2

续表

类型 / 年度	出口总额（亿美元）	DV（%）	其中（%）				FV（%）	其中（%）					
			FDV	INDV	RDV	TDV		USA	JPN	KOR	TWN	GER	AUS
2009	2906.2	79.6	46.9	27.3	0.5	4.9	20.4	2.6	2.5	1.6	1.6	1.1	1.1
2010	3667.0	77.4	41.0	30.3	0.6	5.5	22.6	2.7	2.6	1.8	1.7	1.1	1.4
2011	4128.4	77.1	40.6	30.1	0.7	5.7	22.9	2.6	2.4	1.6	1.5	1.2	1.5

注：USA、JPN、KOR、TWN、GER、AUS 分别表示美国、日本、韩国、中国台湾、德国、澳大利亚。

表 5－12 给出了 2011 年中美出口额大于 5 亿美元的各产品部门的 GVC 分解情况。从中可以发现：第一，国内增加值率大于 90% 的产业，仅有农林牧渔业和零售贸易产业，农林牧渔业位于生产链的上游，受地理影响比较大，嵌入全球化的程度也比较低，因而国外中间要素投入较少；零售贸易业则源于服务业的性质和人员流动的国别限制，本地投入比重比较高。第二，劳动密集型制造业，比如食品饮料烟草、纺织业、皮革制品、造纸印刷出版业、矿产采掘和非金属矿物品，以及资源再循环利用等产业的国内增加值率高于 80%，这是因为一方面中国制造形成了较为完备的产业体系和较强的国际竞争能力，多数中间要素无须进口；另一方面，中国劳动禀赋优势替代了国外资本和先进设备、技术的投入，致使国内投入比重较高。第三，在资本和技术密集型行业，比如化工制品、橡胶制品、机械制造、电子光学制品、运输设备等方面，中国的国内增加值率还不高，普遍在 80% 以下，从而说明这部分商品的制造还要严重依赖国外优质品牌、资本、技术和设备等高级要素的投入，自主性水平比较低；特别要指出的是，电子与光学设备占据中美出口总额的 42.8%，而国内增加值率仅为 71.1%，拉低了出口的整体国内增加值率；而石油精炼及核燃料的国内增加值率还不到 60%，对国外中间

要素的依赖幅度比较严重。第四，美国、日本、韩国、中国台湾等国家和地区的中间要素对中国各部门产品的生产均有较大的贡献，比如对电子及光学设备的贡献度就分别达到3.5%、3.4%、2.5%、2.7%；而德国对运输设备生产的影响力比较大，澳大利亚的中间要素价值在金属冶炼产业的占比高达5.2%。

表5-12　2011年美国对中国主要产业出口额GVC结构分解

类型 产业	出口总额（亿美元）	DV（%）	其中（%）				FV（%）	其中（%）					
			FDV	INDV	RDV	TDV		USA	JPN	KOR	TWN	GER	AUS
农林牧渔	18.2	92.7	25.6	59.8	0.7	6.5	7.3	0.9	0.4	0.3	0.2	0.3	0.4
矿产采掘	5.6	85.5	39.0	37.4	0.8	8.2	14.5	1.2	1.2	0.7	0.4	0.8	1.4
食品饮料烟草	70.6	88.9	82.9	5.4	0.1	0.6	11.1	1.6	0.6	0.4	0.2	0.4	0.6
纺织品及制品	353.7	85.7	70.9	12.7	0.2	1.9	14.3	1.6	1.4	0.9	0.7	0.7	0.6
皮革及皮革制品	166.5	85.6	59.7	22.6	0.3	3.0	14.4	1.6	1.0	0.8	0.5	0.6	0.7
木材及木制品	26.0	83.5	20.1	56.6	0.7	6.0	16.5	1.9	1.0	0.6	0.4	0.7	0.7
造纸、印刷及出版业	24.2	81.7	24.3	50.6	0.7	6.1	18.3	3.7	1.2	0.8	0.5	0.8	0.6
石油精炼及核燃料	13.5	56.9	17.8	32.4	0.7	6.0	43.1	1.2	0.8	0.4	0.2	0.7	1.5
化工原料及化学制品	190.3	76.1	19.9	44.2	1.3	10.7	23.9	1.9	1.6	1.1	0.7	1.0	1.1
橡胶与塑料制品	139.3	77.2	33.6	36.5	0.7	6.5	22.8	2.3	2.1	1.4	0.9	1.2	0.9
非金属矿物品	49.1	83.5	21.4	55.7	0.7	5.6	16.5	1.8	1.2	0.7	0.4	0.8	1.1
金属冶炼及压延加工业	189.7	73.2	19.8	40.8	1.4	11.1	26.8	2.5	1.6	0.8	0.5	0.9	5.2
机械制造业	312.9	77.3	53.3	19.1	0.5	4.4	22.7	2.6	2.5	1.3	0.9	1.7	2.1
电子及光学设备	1769.2	71.1	41.8	23.2	0.7	5.2	28.9	3.5	3.4	2.4	2.7	1.5	1.6
交通运输设备	120.3	77.8	20.2	43.2	1.3	13.1	22.2	2.3	3.0	1.5	0.8	2.0	1.6
资源再循环利用	156.0	85.6	78.7	5.8	0.1	1.0	14.4	2.1	1.1	0.7	0.5	0.6	0.9
除机动车辆外的零售贸易	19.9	92.7	64.2	26.4	0.2	1.9	7.3	1.1	0.6	0.4	0.2	0.5	0.4

续表

产业 \ 类型	出口总额（亿美元）	DV（%）	其中（%）				FV（%）	其中（%）					
			FDV	INDV	RDV	TDV		USA	JPN	KOR	TWN	GER	AUS
内陆运输	7.2	88.4	16.6	61.6	1.1	9.1	11.6	0.9	0.8	0.5	0.2	0.6	0.5
航空运输	63.9	77.3	24.9	46.9	0.6	5.0	22.7	2.1	1.4	1.0	0.4	1.1	1.1
租赁和其他商业服务业	424.8	85.4	6.3	70.2	0.9	8.0	14.6	1.8	1.6	1.0	0.7	0.9	0.8

注：USA、JPN、KOR、TWN、GER、AUS 分别表示美国、日本、韩国、中国台湾、德国、澳大利亚。

（2）美国对中国出口额 GVC 分解

表 5－13 是 1995～2011 年美国对中国出口额（简称：美中出口额）的 GVC 分解，与表 5－11 比较分析发现：第一，美国对中国出口额显著小于进口额，但增长速度很快，17 年间增加了 11.4 倍，年均增长 17%。第二，国内增加值率在 17 年间的平均值为 87.4%，高于中国 8.4 个百分点，且保持基本稳定，2011 年相对 1995 年仅下降了 2.6%，这表明美国对华出口拥有更强的本国获利能力。第三，国内增加值率以中间产品为主要形态，这与中国截然不同，且中间产品的贡献值稳中有升；最终产品对出口额的贡献度呈现倒 U 型结构，以 2001 年中国加入 WTO 为转折点，2011 年占比 17.7%，相对于 2001 年下降了近 18%；贸易（价值）折返问题更为严重，2011 年为 4.9%，与期初相仿，样本期内平均值为 5.64%，呈现倒 U 型轨迹；贸易（价值）转移问题也远大于中国，平均值为 13.4%，高出中国 9.2 个百分点。由此可见，美国出口至中国的中间产品价值，约 30% 经加工后再次出口海外，中国吸收的美国价值也存在被高估的状态。第四，国外增加值的主要贡献者是加拿大、日本和墨西哥三国，美、加、墨地理位置十分接近，又都是北美自由贸易区的成员，相对成本有很大优势，加拿大的贡献度基本保持稳定，墨西

哥虽有所上升，但总体幅度不高，日本经济水平和制造业水平也比较发达，在电子、光学、影像设备、汽车等多领域居于全球领先地位，可为美国相关产业发展提供中间产品，因而所占份额较高，但呈现出持续下降的趋势，至 2011 年为 0.8%，相对于 1995 年下降了 1 个百分点；而中国的贡献度则急速上升，1995 年时仅为 0.3%，至 2008 年已达到 1.9%，超越加拿大位居第一位，并且贡献度持续上升，2011 年为 2.0%，高于加拿大 0.3 个百分点，但相对于美国对中国出口的贡献度仍落下风；德国和英国也是美国的重要经济伙伴和中间产品供应者，但所占份额基本保持不变。

表 5-13　1995~2011 年美国对中国出口额 GVC 结构分解

类型／年度	出口总额（亿美元）	DV（%）	其中（%）				FV（%）	其中（%）					
			FDV	INDV	RDV	TDV		CHN	JPN	GER	MEX	UK	CAN
1995	141.0	88.8	27.9	45.7	4.4	10.7	11.2	0.3	1.8	0.8	0.6	0.6	1.5
1996	138.0	88.7	30.5	44.9	3.8	9.3	11.3	0.3	1.5	0.8	0.6	0.7	1.6
1997	162.9	88.8	27.9	46.6	4.3	10.0	11.2	0.4	1.5	0.8	0.7	0.8	1.6
1998	152.7	89.1	33.2	42.7	4.5	8.7	10.9	0.5	1.5	0.7	0.6	0.8	1.6
1999	164.9	88.2	32.9	41.9	4.6	8.9	11.8	0.5	1.5	0.7	0.7	0.8	1.6
2000	192.7	87.2	32.9	39.8	4.9	9.6	12.8	0.6	1.5	0.8	0.8	0.8	1.7
2001	226.0	87.9	35.6	38.6	4.5	9.2	12.1	0.6	1.3	0.8	0.7	0.8	1.7
2002	240.9	88.7	32.3	40.3	5.5	10.7	11.3	0.7	1.1	0.7	0.7	0.8	1.5
2003	310.5	88.5	28.9	40.8	6.1	12.8	11.5	0.8	1.0	0.8	0.7	0.8	1.6
2004	421.7	86.3	21.2	42.2	7.3	15.6	13.7	1.3	1.2	0.9	1.0	0.7	1.7
2005	503.9	85.7	19.9	40.4	8.0	17.4	14.3	1.5	1.2	0.9	1.0	0.7	1.8
2006	671.8	85.4	18.0	40.3	8.1	19.0	14.6	1.7	1.1	0.9	1.1	0.6	1.8
2007	836.5	85.3	16.3	41.3	7.6	20.0	14.7	1.8	1.0	0.9	1.1	0.6	1.9

续表

年度＼类型	出口总额（亿美元）	DV（%）	其中（%）				FV（%）	其中（%）					
			FDV	INDV	RDV	TDV		CHN	JPN	GER	MEX	UK	CAN
2008	1049.3	84.9	16.3	43.3	6.3	19.0	15.1	1.9	0.9	0.9	1.1	0.6	1.8
2009	1029.5	88.3	19.0	48.4	5.5	15.5	11.7	1.7	0.7	0.7	0.9	0.5	1.4
2010	1374.8	87.1	18.0	47.3	5.5	16.2	12.9	2.0	0.8	0.7	1.0	0.5	1.6
2011	1753.4	86.2	17.7	48.1	4.9	15.5	13.8	2.0	0.8	0.7	1.1	0.5	1.7

注：CHN、JPN、GER、MEX、UK、CAN分别表示中国、日本、德国、墨西哥、英国、加拿大。

如表5-14所示，就产业层面而言，第一，美国对华出口各产业比较均衡，出口额最多的是电子及光学设备，占总出口的20%，其他各产业均低于10%。第二，服务业出口增加值率最高，如邮政通信、金融、租赁、公共管理、居民服务等均超过92%，这显示了美国服务业高超的水平和国际竞争力，商业服务业多以中间产品形态出口至中国并被消费。第三，农业、矿产及各制造业的国内增加值水平也保持在高位，普遍超过80%，多数产业是以中间投入品的形态出口至中国；只有食品饮料烟草、交通运输设备、皮革制品、机械制造业的最终产品贡献率超过了30%，其中食品饮料烟草更是达到了59.4%，当然这与产品的性质有很大关系；石油精炼及核燃料的国内增加值率仅为55.9%，这与中国的情况相似，说明两国战略性资源和能源的外部依赖性均比较高。第四，贸易折返和转移问题也较为严重，由于中国是制造业大国，又有着“世界工厂”的美誉，美国出口至中国的中间产品中，有大概1/3经加工处理后再出口至其他国家，其中约1/12是返回到美国。第五，中国成为美国各部门中间要素的主要来源国之一，在皮革制品、纺织品、交通运输设备、电子及光学设备等产业表现得尤为突出；加拿大和墨西哥的表现也不错，尤其是在石油精炼及核燃料产业方面；日本、德国、英国在各产业的贡献度都非常相似。

表 5－14　2011 年美国对中国主要产业出口额 GVC 结构分解

类型 / 产业	出口总额（亿美元）	DV（%）	其中（%）				FV（%）	其中（%）					
			FDV	INDV	RDV	TDV		CHN	JPN	GER	MEX	UK	CAN
农林牧渔	128.4	87.5	9.5	60.8	3.5	13.7	12.5	0.9	0.4	0.5	0.9	0.5	1.6
矿产采掘	16.8	87.7	0.3	62.4	5.3	19.7	12.3	0.9	0.4	0.5	1.1	0.4	1.7
食品饮料烟草	44.4	86.5	59.4	21.7	1.1	4.2	13.5	1.3	0.4	0.5	1.1	0.5	2.0
纺织品及制品	11.2	81.2	23.0	31.6	5.8	20.8	18.8	4.1	0.9	0.9	0.8	0.7	1.9
皮革及皮革制品	0.6	83.5	39.6	23.8	5.0	15.0	16.5	6.3	0.4	0.5	0.6	0.4	1.1
木材及木制品	12.4	86.6	0.2	66.2	4.9	15.4	13.4	1.7	0.5	0.5	0.7	0.4	2.4
造纸、印刷及出版业	40.0	88.5	5.5	58.4	6.0	18.5	11.5	1.8	0.5	0.6	0.6	0.5	2.0
石油精炼及核燃料	15.0	55.9	4.3	37.2	3.1	11.2	44.1	0.6	0.3	0.4	5.4	0.7	5.7
化工原料及化学制品	133.6	80.7	12.5	47.7	4.6	15.8	19.3	2.0	0.8	1.1	1.0	1.0	2.5
橡胶与塑料制品	21.0	81.6	9.0	47.6	6.0	19.0	18.4	2.6	0.9	1.1	0.9	0.9	2.4
非金属矿物品	11.3	87.2	1.3	77.3	2.0	6.7	12.8	1.8	0.6	0.6	0.9	0.5	2.2
金属冶炼及压延加工业	138.7	80.9	1.7	55.8	5.6	17.9	19.1	2.1	0.9	1.1	1.9	0.6	3.2
机械制造业	154.0	83.1	30.9	38.1	3.2	10.9	16.9	2.8	1.2	1.1	1.4	0.6	2.1
电子及光学设备	350.6	88.6	26.7	35.4	7.1	19.4	11.4	3.0	0.7	0.6	0.9	0.3	0.9
交通运输设备	146.6	73.0	44.4	20.2	1.9	6.6	27.0	4.5	2.7	1.9	2.9	0.9	3.3
资源再循环利用	19.0	86.6	22.8	45.5	4.5	13.7	13.4	2.1	0.6	0.7	0.9	0.5	1.9

续表

产业＼类型	出口总额（亿美元）	DV（%）	其中（%）				FV（%）	其中（%）					
			FDV	INDV	RDV	TDV		CHN	JPN	GER	MEX	UK	CAN
内陆运输	37.7	88.0	16.7	56.0	3.4	12.0	12.0	0.8	0.4	0.4	1.1	0.4	1.6
航空运输	60.1	84.9	8.9	59.8	3.9	12.3	15.1	0.7	0.3	0.4	1.3	0.6	2.0
邮政通信	10.1	93.7	9.3	65.7	4.1	14.5	6.3	1.4	0.3	0.3	0.4	0.3	0.6
金融（间接）	18.3	95.9	18.2	59.8	4.0	13.9	4.1	0.6	0.1	0.3	0.1	0.4	0.4
租赁和其他商业服务业	161.7	95.8	7.1	67.3	4.8	16.6	4.2	0.7	0.2	0.2	0.2	0.3	0.5
公共管理和社会保障	154.0	92.6	0.6	63.5	6.7	21.8	7.4	1.1	0.4	0.3	0.5	0.3	0.9
居民服务与其他服务业	56.1	95.0	9.2	62.4	5.4	17.9	5.0	0.8	0.2	0.3	0.2	0.3	0.7

注：CHN、JPN、GER、MEX、UK、CAN分别表示中国、日本、德国、墨西哥、英国、加拿大。

（3）中国与美国贸易差额GVC分解

表5-15　　　　中美贸易顺差额GVC分解

年度＼类型	顺差总额（亿美元）	DV（%）	其中（%）				FV（%）	其中（%）							
			FDV	INDV	RDV	TDV		JPN	KOR	TWN	GER	AUS	UK	CAN	MEX
1995	275.7	79.1	73.9	7.6	-2.1	-0.3	20.9	4.8	2.8	2.5	0.7	0.7	0.4	-0.2	-0.2
1996	286.9	82.3	73.0	10.0	-1.7	1.0	17.7	3.6	2.5	2.5	0.6	0.7	0.3	-0.3	-0.2
1997	361.8	82.3	73.0	9.9	-1.8	1.3	17.7	3.8	2.6	2.6	0.6	0.7	0.3	-0.3	-0.2
1998	430.1	84.5	66.1	17.6	-1.4	2.2	15.5	3.4	2.2	2.3	0.6	0.6	0.3	-0.2	-0.2
1999	434.1	82.3	64.7	17.3	-1.6	1.9	17.7	3.8	2.3	2.4	0.7	0.6	0.5	-0.3	-0.2
2000	552.5	79.1	60.5	18.2	-1.5	1.9	20.9	4.1	2.4	2.5	0.8	0.7	0.4	-0.1	-0.2

续表

类型 年度	顺差总额（亿美元）	DV（%）	其中（%）				FV（%）	其中（%）							
			FDV	INDV	RDV	TDV		JPN	KOR	TWN	GER	AUS	UK	CAN	MEX
2001	545.3	79.6	62.1	17.8	-1.6	1.4	20.4	3.8	2.1	2.3	0.9	0.6	0.4	-0.2	-0.2
2002	714.3	77.8	60.2	18.4	-1.6	0.8	22.2	4.1	2.2	2.7	1.1	0.5	0.4	-0.1	-0.1
2003	890.8	72.8	61.0	14.1	-1.9	-0.4	27.2	5.0	2.6	3.0	1.6	0.7	0.5	-0.1	-0.1
2004	1225.0	67.9	51.8	18.1	-2.1	0.1	32.1	5.8	3.0	3.2	2.0	0.9	0.6	0.0	-0.1
2005	1602.0	68.1	51.4	18.9	-2.1	-0.1	31.9	5.2	3.1	3.1	1.8	1.1	0.5	0.1	-0.1
2006	1874.0	68.5	52.3	19.2	-2.4	-0.6	31.5	4.9	3.0	2.9	1.9	1.2	0.6	0.0	-0.2
2007	2171.4	69.4	54.6	18.2	-2.4	-1.0	30.6	4.5	2.8	2.7	1.9	1.2	0.7	0.0	-0.2
2008	2238.7	72.0	56.0	19.1	-2.3	-0.8	28.0	3.8	2.2	2.2	1.6	1.6	0.3	-0.2	-0.3
2009	1876.8	74.9	62.3	15.7	-2.2	-1.0	25.1	3.5	2.3	2.4	1.4	1.5	0.2	-0.2	-0.3
2010	2292.2	71.6	54.8	20.1	-2.3	-1.0	28.4	3.6	2.7	2.5	1.4	2.1	0.2	-0.3	-0.4
2011	2375.0	70.3	57.4	16.9	-2.4	-1.6	29.7	3.6	2.5	2.4	1.6	2.4	0.2	-0.5	-0.6

注：JPN、KOR、TWN、GER、AUS、UK、CAN、MEX 分别表示日本、韩国、中国台湾、德国、澳大利亚、英国、加拿大、墨西哥。

表 5－15 给出了中美贸易差额的 GVC 分解，从中可以发现：第一，总值统计方式下的中美顺差总额规模巨大，至 2011 年达到 2375 亿美元，且在样本期内不断增加，年均增长 14.4%。第二，顺差利益并未尽归中国所有，其中约 1/4 是国外价值创造的①，中美顺差额的高估幅度②在 2001 年之前并不高，平均值为 18.7%，而之后，由于国内出口价值的贡献快速下滑，在 2007

① 从出口额国内增加值（DV）的角度来衡量，17 年间，平均 75.4% 的顺差总额归于中国的净出口价值；但如果从价值吸收（FDV + INDV）的视角，则平均值上升为 77.2%，即便如此，国内价值顺差额被夸大的幅度也接近 1/4。

② 下文无特别说明，均以贸易增加值的视角来衡量比较。

年高估幅度已超过 30%；虽然金融危机后稍稍降低，但 2011 年也基本达到 30%，这说明中国“被顺差”的幅度有恶化的趋势。第三，增加值净额主要源自最终产品的贡献，FDV 与 DV 所占比重的变动轨迹基本一致，而 INDV、RDV 与 TDV 的变动幅度很小，这与两国贸易的商品结构有关，中美出口额以最终产品为主，美中出口额却以中间产品为主，因而最终产品增加值净额就成为顺差的主力，但就绝对额而言，中国在中间产品贸易上也占有优势地位。第四，中美顺差额的国外贡献源主要集中于东亚国家和地区，比如日本、韩国、中国台湾等，但整体占比有所降低，上述三国的贡献度在 2004 年为 10.5%，而 2011 年下降为 8.6%；澳大利亚、德国的贡献度有显著提升，比如澳大利亚的贡献度就由 1995 年的 0.7% 上升至 2011 年的 2.4%；英国也有小幅贡献，但加拿大和墨西哥的表现拉低了国外贡献度，显然这与两国与中国、美国之间的空间距离和经济联系密切相关。

就产业层面而言，呈现以下几个特征：①中美贸易顺差主要来自制造业部门，大部分服务业以及农林、矿产业呈现逆差状态，表 5－16 给出的 26 个产业中，贸易净额表现为正值的产业，除了租赁和其他商业服务业、零售贸易、航空运输等服务业外，全部为制造业各部门。制造业顺差主要集中于电子及光学设备产业，其顺差额占据顺差总额的 60%；也有个别服务业保持高额顺差，比如租赁和其他商业服务业为 263.1 亿美元；逆差表现最为突出的是公共管理与社会服务产业，2011 年逆差 154 亿美元。②贸易顺差的利益并非尽归中国所有，大部分制造业部门的国内增加值净额比重位于 80% ～90% 之间；个别部门的国外增加值净额占比很高，比如顺差额最高的电子及光学设备，其顺差额的 33.2% 也即是 471 亿美元的价值是由国外创造的，而金属冶炼及压延加工业更是有近一半的顺差价值与中国无缘；因而中美制造业顺差额的全部利益并非由中国独享，很大一部分要与其他国家分享。而逆差部门的国内增加值净值比重相对较高，大部分服务业部门在90%以上，以公共管理、居民服务、金融保险、邮政通信等为代表，农林牧渔业以及矿产业也高于86%，因而，逆差额部分主要由中国承担；航空运输业更是体现出“表面顺差、实质逆差”的特征，国内增加值净额贡献率为-44.6%，只是绝对额并不高。所以，虽然“被顺差”和“被逆差”的情况同时存在，但前者幅度显然较大，又由于绝对额较高，因而中国顺差总额大幅下降。③纵向比较而言，大部分产业差额的国内增加值净额贡献度变化不大，2011年相对于2008年的波动幅度在5%以内，这说明经济全球化对各国的影响是双向的，在国内商品进口中间投入要素增加的同时，国外商品的本国要素投入也有所增加；而金属冶炼与压延加工业、石油精炼及核燃料、交通运输设备、航空运输等产业下降幅度高于15%，也说明这些产业的外需依赖度比较高，国内要素获利能力有恶化的倾向。总体而言，中美顺差额主要源自制造业，且过度集中于电子及光学设备等国内价值净额占比相对不高的部门，国外要素的价值转嫁影响比较严重；而大部分服务业部门呈现逆差状态，且国内比重较高，国际竞争力亟待提升。

表5-16　　中美各产业贸易差额GVC分解

产业＼类别	2011年				2008年			
	顺差总额（亿美元）	DV（%）	其中（%）		顺差总额（亿美元）	DV（%）	其中（%）	
			FDV	INDV			FDV	INDV
电子及光学设备	1418.7	66.8	45.6	20.2	1104.9	65.3	49.3	16.7
纺织品及制品	342.5	85.9	72.5	12.1	288.9	84.8	78.8	5.6
租赁和其他商业服务业	263.1	79.0	5.8	72.0	170.8	77.7	5.6	73.3

续表

类别 产业	2011 年				2008 年			
	顺差总额（亿美元）	DV（%）	其中（%）		顺差总额（亿美元）	DV（%）	其中（%）	
			FDV	INDV			FDV	INDV
皮革及皮革制品	165.9	85.6	59.8	22.6	142.8	84.1	66.5	14.7
机械制造业	159.0	71.6	74.9	0.6	168.3	76.7	58.2	17.7
资源再循环利用	137.0	85.5	86.4	0.3	167.6	85.7	71.8	11.6
橡胶与塑料制品	118.3	76.4	37.9	34.5	90.7	76.5	37.1	35.5
化工原料及化学制品	56.7	65.5	37.3	36.0	47.9	70.2	53.7	33.6
金属冶炼及压延加工业	51.0	52.2	69.1	0.1	116.9	70.8	27.2	40.9
非金属矿物品	37.8	82.3	27.4	49.3	28.0	83.4	31.3	48.1
食品饮料烟草	26.2	93.2	122.8	-22.3	24.9	91.4	111.9	-14.4
除机动车辆外的零售贸易	19.9	92.7	64.2	26.4	16.8	92.4	63.6	26.8
木材及木制品	13.6	80.6	38.3	47.8	19.3	83.6	29.3	54.2
航空运输	3.7	-44.6	283.6	-161.0	28.1	72.4	40.5	39.2
石油精炼及核燃料	-1.5	46.4	-118.1	81.2	3.6	61.8	51.8	29.1
住宿餐饮业	-3.9	93.3	4.3	62.5	-2.3	93.3	4.8	56.3
其他辅助运输方式及旅游	-7.3	92.5	11.8	67.9	-3.3	92.8	11.1	65.8
邮政通信	-10.1	93.7	9.3	65.7	-5.8	94.5	9.3	62.4
矿产采掘	-11.2	88.9	-19.1	74.8	5.3	85.4	47.1	34.6
金融（间接）	-14.6	96.1	17.6	57.6	-2.2	96.1	15.2	40.2
造纸、印刷及出版业	-15.8	98.9	-23.1	70.5	-8.7	103.1	-40.5	61.4
交通运输设备	-26.3	51.1	154.8	-85.2	10.9	91.3	-25.4	132.6
内陆运输	-30.5	88.0	16.8	54.7	-10.1	86.6	16.3	49.5
居民服务与其他服务业	-54.5	95.2	8.6	62.7	-30.6	95.4	7.5	57.4

续表

产业＼类别	2011 年				2008 年			
	顺差总额（亿美元）	DV（%）	其中（%）		顺差总额（亿美元）	DV（%）	其中（%）	
			FDV	INDV			FDV	INDV
农林牧渔	-110.2	86.7	6.9	60.9	-59.5	86.2	-2.2	64.5
公共管理和社会保障	-154.0	92.6	0.6	63.5	-77.9	92.7	0.5	56.8

5.2.4 主要结论

本节在世界投入产出框架下，基于全球价值链的视角，从总量、国别和产业三个层面分解了中美双边贸易的进、出口额及其差额，探讨了两国的贸易利益分配格局，主要结论如下：第一，由于日本、韩国、中国台湾、德国、英国、加拿大、墨西哥等国家和地区贸易转移的影响，相对于总值统计额，中美进、出口额及其差额中的国内价值在 1995～2011 年均存在严重高估，高估幅度平均值分别为 23%、13% 和 25%，贸易额与贸易价值错配问题严重。第二，纵向来看，中国出口获利能力降幅明显，而美国基本保持不变，贸易顺差额的国内增加值净额占比也朝着不利于中国的方向发展。第三，大部分产业的出口国内增值率，中国低于美国；双方在 2011 年互为最重要的中间要素支持国，而出口中间商品的价值折返层面，美国高于中国，双方贸易体现出越来越强的互补关系，从而贸易利益也相互交织。第四，中美各部门贸易净额均有所下降，而顺差主要来自制造业，下降幅度明显，比如电子及光学设备，其他国家的贡献度高达 33.2%；中国多数服务产品部门呈现逆差状态，基本由国内价值差额构成。

基于上述结论，本书认为：首先，全球价值链分工背景下，中美贸易已不单是两国的利益关系，日本等国家（地区）的利益更大幅度地参与进来，因而，双边贸易谈判必须顾及多边贸易利益的客观存在，而增加值口径有助于贸易利益关系的厘清与界定。其次，国外增加值占比的增加说明中国外贸对世界经济的影响力和感应力都在增强，中国有义务建立和维护有利于外贸发展的国际贸易环境，尤其是周边贸易环境，这符合各国的整体利益。再次，中国传统优势产业，比如劳动密集型制造业和技术密集型制造业的发展并没有总值出口额显示得那么有竞争力，许多高增加值率的关键要素还必须依赖进口，这不符合中国的贸易利益，制造业产业升级和技术革新是未来发展的应有之义；多数服务业部门的国际竞争力相对较低，而服务业国内价值投入较高，因而有必要成为重点发展的方向。最后，全球价值链分工背景下，自由开放的贸易环境符合各国的共同利益，各国应努力推进贸易自由化和便利化的改革，通过基础设施、制度环境、金融支持、信息通信等方面的互联互通，创造有利于外贸发展的更好环境。

第6章 中国对外贸易利益统计——基于增加值贸易视角

本章将在世界投入产出框架下，通过构建增加值贸易单边和双边统计模型，基于1995～2011年WIOD数据分别测度中国对世界以及中美两国的增加值进、出口额，实证分析中国的增加值贸易规模以及中美增加值贸易失衡情况。

6.1 中国单边贸易利益统计——生产法

本节在Foster et al.（2010）、Robert Stehrer（2010）、李昕和徐滇庆（2013）等相关文献的基础上，通过逻辑演绎阐释增加值贸易

(Trade in Value - added)[①] 统计的基本思路，初步探讨其与总值统计[②]的区别与联系；依据世界投入产出表构建两国增加值贸易统计模型和总值统计模型，并作进一步拓展，比较分析两种统计模式下进口额、出口额、贸易总额、贸易差额之间的关系；基于 1995 ~ 2011 年世界投入产出表，测度和比较分析两种统计方式下中国的对外贸易利益。

6.1.1　基本思路

(1) 逻辑假设

世界上只有两个开放型国家 C 和 W[③]。贸易流程如下：首先，W 向 C 同时出口最终产品 a 和中间产品 b；[④] 其次，C 消费进口的全部最终产品 a，并利用中间产品 b 制作贸易品 $(d+b)$ 出口至 W，同时将中间产品 e 出口至 W；最后，W 消费全部 $(d+b)$，将包含 C 国中间产品价值 e 的最终品 $(e+f)$ 出口至 C。至此，两个国家间分别展开了一个回合包含最终产品和中间产品的

① 贸易增加值和增加值贸易是两个密切相关却又截然不同的概念。我们应用出口贸易增加值和增加值出口贸易两个常用且易混淆的概念来辨析：出口贸易增加值主要衡量一国出口到另一国的商品价值中有多少来自本国，又有多少来自其他国家；而增加值出口贸易则是衡量被另一国最终消费的一国的全部商品和要素价值，区分为直接进口和间接进口两种形式。两种方法都致力于测度一国出口中本国要素的价值含量，因而同时剔除了一国出口中国外价值的影响；不同之处在于增加值贸易充分考虑了折返贸易的影响，而贸易增加值无法剔除这一部分，存在错误加总。详细分析见 Stehrer . R. (2012)。

② 由于后文模型测度和比较的数据来源于 WIOD，因而在表示传统统计方式时，应用“总值”口径指代，这样更符合事实，不至于引起误解。

③ 在现实中，W 可以理解为世界上除 C 以外的所有国家。

④ 这里的最终产品和中间产品是以产品的价值“是否被另一国接受”来区分的，如果价值被另一国接受则认为出口的是最终产品，而不考虑该产品是否作为另一国生产过程中的中间要素投入。

贸易往来，并以最终产品结束①，如图 6-1 所示。

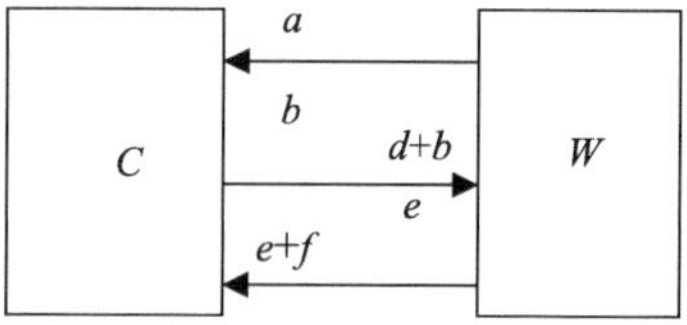

图 6-1　两国模型下的全球生产网络简图

注：图中大写英文字母代表国家，小写字母代表产品价值，箭头表示贸易方向，箭头上方表示最终品贸易、下方表示中间品贸易。

(2) 逻辑分析

如表 6-1 所示，按照总值统计法，进、出口贸易额将忠实于两国间商品的进出关记录，分别为 $a+b+e+f$ 和 $d+b+e$，因而贸易总额为 $a+d+2(b+e)+f$，贸易差额是 $d-(a+f)$。但如果依据增加值贸易核算方法，用于加工贸易折返的中间产品价值将不再计入进、出口贸易。以 b 为例，对 C 国而言它并不是本国生产的，其增加值应归于 W，因而在增加值统计时应从最终产品出口额中减去，即 $d+b-b=d$；对 W 国而言，这部分要素“去而复返”，并未在 C 国实现增加值，因而应在第一回合出口中予以剔除，即 $a+b-b=a$；同理可作为对 C 国中间折返要素 e 的解释，此时贸易进、出口额分别为 $a+f$ 和 d，而相应的贸易总额和差额分别为 $a+f+d$ 和 $d-(a+f)$。

比较两种统计方法的结果：两国中间要素折返值之和 $(b+e)$ 同时增大了总值统计方式下的进口额和出口额，从而双倍 $2(b+e)$ 增大了贸易总额，但是对于贸易差额没有影响（差值为

① 现实贸易中，尽管每一个回合中 W 出口至 C 的贸易不可能全部是最终品，但那不过是对第一个回合的重复，而每个回合的中间贸易都将以成为最终品被消费而结束，因而做出上述抽象假设。

表6-1　　两种统计方法下C国外贸指标及其比较

类型	总值统计法	增加值贸易统计法	两种方法的差额
出口	$d+b+e$	d	$b+e$
进口	$a+b+e+f$	$a+f$	$b+e$
贸易总额	$a+d+2(b+e)+f$	$a+f+d$	$2(b+e)$
贸易差额	$d-(a+f)$	$d-(a+f)$	0

注：笔者参考李昕、徐滇庆（2013）制作本表。

0)。即可以得出这样的结论：相对于增加值贸易法，总值统计虽然不会改变一国与世界的贸易差额，但会以相同的绝对额夸大一国的进、出口规模。

6.1.2　模型设计

（1）两国投入产出模型

如表6-2所示，首先，仍然假设世界上只有两个开放型国家C和W，但为了与投入产出表结构相符合，另假设每个国家生产N种商品，即V_c、V_w都是$1\times N$行向量，而X_c、X_w为$N\times 1$列向量。其次，用$A=\begin{pmatrix} a_{cc} & a_{cw} \\ a_{wc} & a_{ww} \end{pmatrix}$表示维度$2N\times 2N$的直接消耗系数矩阵，其中$a_{cc}=X_{cc}/X_c'$表示在$C$国总产出中，$C$国中间产品的直接消耗矩阵，类似的解释适用于$a_{CW}$、$a_{WC}$和$a_{WW}$；于是里昂惕夫逆矩阵为$L=(I-A)^{-1}=\begin{pmatrix} l_{cc} & l_{cw} \\ l_{wc} & l_{ww} \end{pmatrix}$，其中$I$为单位矩阵。最后，在测度$C$国和$W$国增加值率行向量$v_c=V_C/X_C'$、$v_w=V_W/X_W'$的基础上，直接生成增加值率对角矩阵为$\hat{V}=\begin{pmatrix} v_c & 0 \\ 0 & v_w \end{pmatrix}$。

表 6-2　两国模型下的世界投入产出简表

投入＼产出		中间使用 国家 C	中间使用 国家 W	最终使用 国家 C	最终使用 国家 W	总产出
中间投入	国家 C	X_{cc}	X_{cw}	F_{cc}	F_{cw}	X_c
	国家 W	X_{wc}	X_{ww}	F_{wc}	F_{ww}	X_w
增加值		V_c	V_w			
总投入		X_c'	X_w'			

注：X_c'、X_w'分别代表总产出列向量 X_c、X_w 的转置矩阵。X_{wc}、X_{cw}分别代表 C 国向 W 国中间要素的进、出口，而 F_{wc}、F_{cw}分别代表 C 国在最终产品上对 W 国的进、出口。

（2）总值统计模式

基于投入产出表结构，在总值统计方式下，C 国对 W 国的出口、进口、总额和差额分别用下列四个式子表示：

$$t_{cw} = (F_{cw} + X_{cw}) \tag{1}$$

$$t_{wc} = (F_{wc} + X_{wc}) \tag{2}$$

$$t_{c-\text{total}} = t_{cw} + t_{wc} = (F_{cw} + X_{cw}) + (F_{wc} + X_{wc}) \tag{3}$$

$$t_{c-\text{net}} = t_{cw} - t_{wc} = (F_{cw} + X_{cw}) - (F_{wc} + X_{wc}) \tag{4}$$

（3）增加值贸易统计

为了计算的便捷，先将 C 国对 W 国的出口和进口纳入一个对角矩阵 $\widehat{T} = \begin{pmatrix} t_{cw} & 0 \\ 0 & -t_{wc} \end{pmatrix}$，其中进口用负值表示，依据投入产出技术，经测算得到 C 国从 W 国进、出口的增加值分解矩阵 T_V^C：

$$T_V^C = \widehat{V}^* L^* \widehat{T} = \begin{pmatrix} v_c l_{cc} t_{cw} & -v_c l_{cw} t_{wc} \\ v_w l_{wc} t_{cw} & -v_w l_{ww} t_{wc} \end{pmatrix} \tag{5}$$

矩阵中，$v_c l_{cc} t_{cw}$表示国家 C 向 W 出口 t_{cw}为 C 国带来的增加值，即出口的国内增加值含量。$v_w l_{wc} t_{cw}$表示 C 向 W 出口 t_{cw}为 W

国带来的增加值，即出口的国外增加值含量；对于 W 国而言，这是进口的增加值折返部分。$v_c l_{cw} t_{wc}$ 表示 C 从 W 进口 t_{wc} 含有的 C 国的增加值，即进口的国内增加值，也即是价值折返部分。$v_w l_{ww} t_{wc}$ 表示 C 从 W 进口 t_{wc} 含有的 W 国的增加值，即进口的国外价值含量。对矩阵中各项汇总处理，得到 C 国的增加值贸易净额：

$$T^C_{V-\text{net}} = \tau T^C_V \tau' = \underbrace{(v_c l_{cc} t_{cw} - v_c l_{cw} t_{wc})}_{\text{增加值出口额}} - \underbrace{(v_w l_{ww} t_{wc} - v_w l_{wc} t_{cw})}_{\text{增加值进口额}}$$

$$= T^C_{V-\text{ex}} - T^C_{V-\text{im}} \tag{6}$$

其中，τ 是元素全为1的行向量，在这里特殊为 $\tau = (1\ 1)$。$T^C_{V-\text{ex}} = (v_c l_{cc} t_{cw} - v_c l_{cw} t_{wc})$ 意味着 C 国向 W 国出口的国内增加值减去进口的折返价值，从而代表了 C 国向 W 国增加值出口额；而 $T^C_{V-\text{im}} = (v_w l_{ww} t_{wc} - v_w l_{wc} t_{cw})$ 意味着 W 国向 C 国出口的国内增加值减去进口的折返价值，从而代表了 C 国自 W 国的增加值进口额，因而 $T^C_{V-\text{net}}$ 构成 C 国的增加值贸易净额。

（4）两种统计方式比较分析

根据投入产出技术，$V = \tau(I - A) = \tau \hat{V}$，其中 $\hat{V}$ 是增加值率行向量 V 的对角矩阵，由式（5）和式（6）进一步推导得出：

$$T^C_{V-\text{net}} = \tau T^C_V \tau' = \tau \hat{V}^* L^* \hat{T} \tau' = \tau (I - A)(I - A)^{-1} \begin{pmatrix} t_{cw} & 0 \\ 0 & -t_{wc} \end{pmatrix} \tau'$$

$$= t_{cw} - t_{wc} \tag{7}$$

即 C 国的增加值贸易净额等于总值统计的贸易净额，这与逻辑演绎的结论是一致的。

在式（7）的基础上，结合式（6）可进一步得出：

$$\underbrace{\underbrace{T^C_{V-\text{ex}}}_{\text{增加值出口额}} - \underbrace{t_{cw}}_{\text{海关出口额}}}_{\text{两种统计方式比较时出口的变动额}} = \underbrace{\underbrace{T^C_{V-\text{im}}}_{\text{增加值进口额}} - \underbrace{t_{wc}}_{\text{海关进口额}}}_{\text{两种统计方式比较时进口的变动额}} \tag{8}$$

式（8）可推论得出：两种统计方式相比较时，进口和出口变动的绝对额是一致的，而这种变动额双倍增大了贸易总额的差异。

(5) 模型拓展

为了使模型更贴近于现实，我们进一步放松假设，令 W 分解为 M 个国家，则 C 向 M 个国家的出口总额为 $\sum t_{ci}$①，而进口分别为 t_{ic}；与上述推导过程相似，首先可以得到总值统计方式下 C 国贸易净额总和：

$$t_{c-\text{net}} = \underbrace{\sum_{i \in w} t_{ci}}_{\text{海关出口总额}} - \underbrace{\sum_{i \in w} t_{ic}}_{\text{海关进口总额}} \tag{9}$$

其次，得到 C 国增加值贸易净额的总和：

$$T^{C}_{V-\text{net}} = \underbrace{\Big(\underbrace{\sum v_c l_{cc} t_{ci}}_{C\text{国出口国内增加值}} - \underbrace{\sum v_c l_{ci} t_{ic}}_{C\text{国进口国内折返值}}\Big)}_{C\text{国对世界的增加值出口额}} - \underbrace{\Big(\underbrace{\sum\sum v_i l_{ij} t_{jc}}_{C\text{国进口国外增加值}} - \underbrace{\sum\sum v_i l_{ic} t_{ci}}_{C\text{国出口国外折返值}}\Big)}_{C\text{国自世界的增加值进口额}} \tag{10}$$

其中，$i,j \in m$ 代表世界其他国家中的任意两个，当 $i=j$ 时代表同一个国家。式中前半部分表示世界其他国家消费的最终产品中包含的 C 国价值之和，它等于 C 国出口的国内增加值之和减去全部中间产品的折返贸易额；后半部分表示 C 国消费的最终产品中包含的世界其他国家的价值之和，它等于 C 国进口为其他国家创造的增加值之和剔除他国的折返贸易值；两部分之差即得到 C 国的增加值贸易净额。

6.1.3 数据来源

本书数据主要来自 WIOD。截至目前，该数据库涵盖了 1995 ~ 2011 年 41 个国家和地区的 35 个产业部门在中间产品和最终产

① 这里 i 是 M 中的代表性国家。

品上的投入产出数据，具体介绍参见本书 5.1.2。因而中间消耗系数矩阵的维度是 1435 × 1435。在 WIOTs 中，中间投入总和行向量（1 × 1435）[①]、总产出行向量（1 × 1435）可以直接获取，中间产品进出口额、最终产品进出口额由中间投入矩阵、最终使用矩阵经简单转化后得到，上述各向量通过投入产出技术可直接转化为对角矩阵（1435 × 1435）。由此，应用上述模型对中国进、出口的增加值来源进行分解，并在此基础上测度和比较分析增加值贸易和总值统计方式下的进口额、出口额、贸易总额、贸易差额，主要运算过程在软件 Stata12.0 中实现。

6.1.4　实证结果

（1）外贸增加值分解分析

如表 6 – 3 所示，中国进、出口额被分解为出口国内增加值、出口国外增加值、进口国内增加值、进口国外增加值等四个部分，2011 年分别为 16309.4 亿美元、4532.7 亿美元、574.7 亿美元、17308.6 亿美元，较 1995 年增长了 10.6 倍、16.3 倍、61.6 倍和 11.4 倍。分期来看，1995 ~ 2002 年，四个部分年均增长率分别是 1.8%、5.7%、23.8%、2.1%，进口国内增加值增长率虽然显著高于其他三项，但其绝对值较低，2002 年仅 50.2 亿美元，这说明加入 WTO 之前，中国参与国际分工的程度不高，外贸发展比较平稳。而加入 WTO 之后，出口国内增加值和进口国外增加值增长迅速，至 2008 年已分别达到 12201 亿美元和 11270.7 亿美元，较之 2003 年增长了 2.2 倍和 1.7 倍；出口国外增加值与进口国内增加值虽然绝对值不高，但仍保持较高的增长率，5 年间均值为 20.3% 和 27.9%，这反映了中国参与国际生

① 括号内代表向量或者矩阵的维度。

产分工的程度在加深。美国金融危机爆发之后，中国外贸各项增加值指标急剧下调，2009 年分别下降了 1448.5 亿美元、1033.1 亿美元、43.1 亿美元、1121 亿美元，凸显了世界经济波动对中国外贸的强烈影响；出口国外增加值下降幅度高达 28.8%，这可能与当时中国政府采取“扩大内需”的政策密切相关；2010 年，各种宏观经济政策调整的效果开始显现，四项外贸增加值指标快速回调，至 2011 年均创出新高。

前文分析到，进口国内折返值与出口国外增加值之和构成了总值统计下进、出口被高估的绝对额，那么究竟以哪一部分为主呢？虽然进口国内折返值的增长率非常高，但其绝对值并不大，2011 年仅为 574.7 亿美元，17 年间，在进口中的比例虽一直在增加，但始终维持在 3% 以下。与此相对应，出口国外增加值就比较显著，2011 年为 4532.7 亿美元，在出口中的比重由 1995 年的 15.7% 上升至 2005 年的高点 25.7%，之后有所回落，到 2011 年为 21.7%，稍高于 17 年间的均值 19.4%。两者之间的差距却是逐年拉大，比较 1995 年和 2011 年，绝对额由 252.1 亿美元增加至 3958 亿美元，相对指标来看，出口国外增加值占据两者之和的比重由 96.6% 下降到 88.7%，仍占据主要地位。由此可见，总值统计重复计算的部分主要来自出口国外增加值，这也说明中国出口商品的生产对国外要素的依赖程度较高，与加工贸易比重较高的现实相吻合。

（2）进出口额比较分析

总体而言，两种统计方法下，中国进出口额均呈现持续上升的趋势，只是在 2008 年出现一定幅度的震荡。如表 6 - 3 所示，总值统计额始终大于增加值贸易额，但两者的差距在加入 WTO 之前并不显著，由 1995 年的 270.5 亿美元增加至 2002 年的 695.9 亿美元；相对于总值统计，增加值出口额下降幅度平均保持为 16%，而进口额平均下降幅度为 20%。但入世之后，两种统计方式下的进、出口额差距开始增大，至 2007 年达到最高值 3598 亿美元，相对应降幅分别为 37.1% 和 26.8%。2008 年有了显著的回落，2009 年达到谷底，之后企稳回升，至 2011 年，增加值进、出口贸易额分别为 15735 亿美元和 12776 亿美元，虽然创出新高，但相对总值统计值分别下降了 28.6% 和 24.5%。

表 6－3　1995～2011 年两种统计方式下中国进出口贸易额

单位：十亿美元

时间	A	B	C	D	E = A + B	F = C + D	H = A − C	I = D − B	J = 1 − H/E	K = 1 − I/F
1995	140.22	26.13	0.92	139.73	166.35	140.65	139.30	113.60	0.163	0.192
1996	145.80	24.19	1.02	141.41	169.99	142.42	144.79	117.22	0.148	0.177
1997	176.79	28.62	1.41	149.50	205.41	150.90	175.38	120.88	0.146	0.199
1998	179.39	26.19	1.47	149.00	205.58	150.47	177.92	122.80	0.135	0.184
1999	185.45	31.30	1.71	173.84	216.75	175.56	183.73	142.54	0.152	0.188
2000	229.87	47.77	2.78	230.17	277.64	232.96	227.09	182.40	0.182	0.217
2001	248.68	48.88	3.45	249.52	297.56	252.97	245.23	200.64	0.176	0.207
2002	298.84	64.57	5.02	301.38	363.41	306.40	293.82	236.81	0.191	0.227
2003	380.84	102.16	8.01	411.83	483.00	419.84	372.83	309.67	0.228	0.262
2004	488.41	165.12	12.46	555.89	653.54	568.35	475.95	390.76	0.272	0.312
2005	620.06	214.48	16.29	651.28	834.54	667.57	603.77	436.79	0.277	0.346
2006	790.97	268.38	22.92	776.57	1059.35	799.49	768.05	508.19	0.275	0.364
2007	1009.33	330.30	29.50	941.32	1339.62	970.82	979.83	611.02	0.269	0.371
2008	1220.10	359.19	35.37	1127.07	1579.28	1162.44	1184.73	767.89	0.250	0.339
2009	1075.25	255.87	31.05	1014.97	1331.12	1046.03	1044.19	759.10	0.216	0.274
2010	1368.51	372.86	46.49	1383.93	1741.37	1430.42	1322.02	1011.07	0.241	0.293
2011	1630.94	453.27	57.47	1730.86	2084.20	1788.32	1573.47	1277.59	0.245	0.286

注：A、B 分别表示出口国内、外增加值，C、D 分别表示进口国内、外增加值，E、F 分别表示总值统计下出口额、进口额，H、I 分别表示增加值统计下出口额、进口额，J、K 分别表示相对于总值统计，增加值贸易的出口降幅、进口降幅。

值得说明的是，相对于总值统计，增加值进、出口额的降幅是不断增大的，1995 年分别为 16.3% 和 19.2%，分别低于 2011 年 8.2 个百分点和 9.4 个百分点，这反映了总值统计确实高估了真实贸易值，且程度不断加深。但高估幅度并不是无限制的，这表现在两类降幅都存在“天花板”效应，进口降幅于 2007 年达到最高值 37.1%，之后快速下降，而出口降幅在 2005 年达到最大值 27.7%，随后开始回调。另外，出口降幅始终低于进口降幅，这主要是因为进、出口降低的绝对额是一致的，而贸易差额始终保持顺差状态。

（3）贸易总额、差额比较分析

如图 6－2 所示，总值统计总额一直大于增加值贸易总额，表现在贸易总额在两种统计方式下的差额曲线始终位于横坐标轴之上，这是因为中国与世界存在双向的中间产品贸易，而这些只充当载体而不在进口国实现价值的成分，在增加值贸易统计中被剔除掉了。两种统计方式下的贸易总额差距基本保持增大的态势，由 1995 年的 541 亿美元增加至 2011 年的 10214.7 亿美元，年均增长 19.8%，这说明总值统计额高估了中国真实的外贸规模，高估比例在 1995 年为 21.4%，加入 WTO 之前维持在 25% 以下；而 2002 年之后，高估比例快速增高，至 2006 年已达到 45.6%，之后有所回落；经历 2008 年“过山车”式的调整后，保持在 36.0% 左右。

增加值贸易并没有改变中国的贸易差额，两种统计方式的差额曲线完全重叠，这与前文逻辑演绎和模型推导的结果是一致的。中国外贸差额总体保持增加趋势，2002 年为 570.1 亿美元，较 1995 年增加了 1.2 倍，年均增长仅 2.9%；2008 年达到最高值 4168.4 亿美元，比 2002 年增加了 6.31 倍；金融危机之后有所降低，至 2011 年为 2958.8 亿美元。

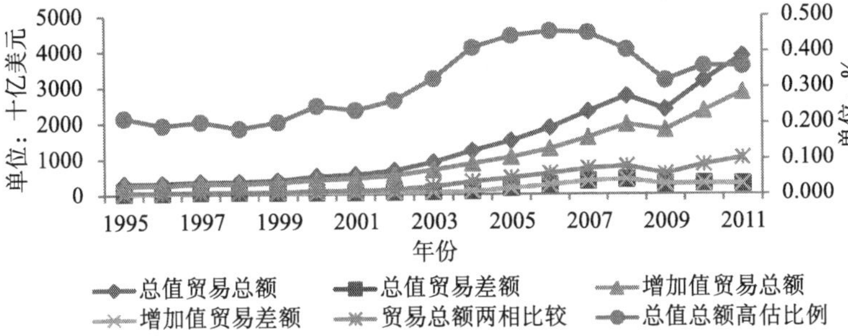

图 6－2　1995～2011 年中国外贸总额、差额在两种统计方式下的比较

6.1.5　基本结论

生产网络全球化背景下，许多商品的价值链条由一国延伸至世界，中间要素和投入品在国际贸易中占有越来越大的比例，贸易折返、贸易转移等诸多新现象改变了单纯的进、出口贸易方向。因而，以原产地准则为条件的海关统计，应用“商品总值”的统计口径往往会导致“重复加总”等问题的出现，进而虚高一国的进、出口贸易额。中国由于加工贸易比重较高，表现得尤为严重。

本节将进出口贸易国内、外增加值同时引入贸易利益分析框架，通过阐释增加值贸易核算的基本思路及构建两国间投入产出模型，探讨了增加值贸易统计与总值统计的区别与联系，结果表明：增加值贸易统计方式下的进、出口规模都小于总值统计值，差异来自一国进、出口中的折返贸易之和，而这种差异双倍增大了一国的外贸总额，但是并不改变一国在总值统计下的贸易差额。通过比较两种统计方法下中国与世界的贸易关系，结果发现：首先，相对于 1995～2011 年的总值统计均值，增加值进口、出口和贸易总额分别下降了 29.8%、23.8% 和 26.5%，这表明总值统计确实高估了实际贸易状况。其次，增加值贸易差额与总值统计差额相等，这说明两种统计方法的差异对贸易差额不构成影响。再次，金融危机之前，出口降幅和进口降幅总体呈上升状态，表明总值统计高估进、出口贸易值的程度在加深，也说明中国参与国际分工的深化，对世界的影响力以及感应力都在增强；而金融危机之后，进、出口降幅缓慢下降，说明总值统计高估程度存在一个“瓶颈”，不会无限制地提高。最后，总值统计高估金额主要来源于出口国外增加值，即中国出口产品中含有更多国外投入要素。

基于上述分析和结论，我们认为以“总值”为口径的海关统计体系精确应用的前提条件与当前国际分工持续细化的时代背景严重相背离，统计结果往往会高估一国真实的进、出口和贸易总额，而基于此类数据基础上的理论分析、政策制定和贸易谈判等方面容易产生较大偏差，因而有必要重视以价值增值为统计口径的增加值贸易核算方法。

6.2 中国对外贸易利益统计——消费法

本节在投入产出框架下，基于最终消费品价值来源分解的视角构建了“增加值”统计口径下的单、双边贸易模型，在世界投入产出数据的基础上，与“总值”统计口径方式下的单、双边贸易额比较分析发现：中国对世界的单边贸易净额并未发生变化，基本保持增长态势；而与主要经济体的双边贸易失衡发生了较大幅度调整，整体趋向于收敛，但美国仍是贸易顺差的主要来源国。

6.2.1　基本思路

上节从进、出口额全球价值链分解的角度区分了贸易产品各个环节的价值贡献，本节将通过另外一个视角，即分解一国最终消费品的价值来源国别（地区）构成来衡量该国的进、出口规模。如图 6－3 中三国模型所示，世界总产出价值以最终消费品的形式在 *A*、*B*、*C* 三国分配，*B* 国最终消费品的价值来源既有本国的价值投入（初始投入和中间投入），也有 *A* 国和 *C* 国的价值投入，那么来自 *A*、*C* 两国的投入（既可能来自最终产品进口，也有可能通过中间产品贸易进口）价值就可以计入增加值贸易方式下 *B* 国的总进口，而 *B* 国为 *A*、*C* 两国最终产品消费所提供的价值则计入 *B* 国的增加值总出口，由此就得到了增加值贸易下 *B* 国的单边进、出口额。同理，*B* 国对 *A* 国的双边增加值进口额意味着 *B* 国最终消费品中包含的 *A* 国价值，出口额意味着 *A* 国最终消费品中包含的 *B* 国价值。下文我们将引入投入产出框架进行具体分析。

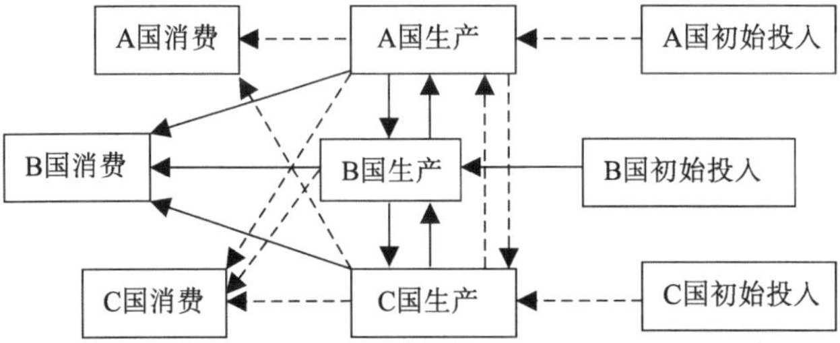

图 6－3　全球价值链分工背景下一国最终产品消费的价值来源分解

注：笔者参考樊茂清、黄薇（2014）制作本图。图中消费对象是最终产品，生产涵盖中间产品和最终产品，初始投入一般指资本和劳动要素等增加值的来源。图中实线表示与 B 国消费和生产相关的链条。

6.2.2 模型设计

(1) 投入产出分析框架

首先，假设世界上只有三个国家 A、B、C,[①] 每个国家都生产和消费 N 种商品。如表 6-4 所示，$V=(V_a,V_b,V_c)$ 表示各国增加值行向量（维度 $1\times3N$），$X=(X_a,X_b,X_c)'$ 表示各国总产出列向量（维度为 $3N\times1$），由此测算出各国增加值率行向量为 $v=(v_a,v_b,v_c)$，其中 $v_i=V_i/X_i'$。其次，用 A^* 表示直接消耗系数矩阵（维度 $3N\times3N$），则里昂惕夫（Wassily Leontief）逆矩阵表示为 $L=(I-A^*)^{-1}=\begin{pmatrix}L_{aa} & L_{ab} & L_{ac}\\ L_{ba} & L_{bb} & L_{bc}\\ L_{ca} & L_{cb} & L_{cc}\end{pmatrix}$，其中 $A^*=\begin{pmatrix}A_{aa} & A_{ab} & A_{ac}\\ A_{ba} & A_{bb} & A_{bc}\\ A_{ca} & A_{cb} & A_{cc}\end{pmatrix}$，$A_{ij}=X_{ij}/X_j$ 表示 j 国总产出中 i 国中间产品的直接消耗系数，I 为单位矩阵。

表 6-4　　世界投入产出框架（三国模型）

投入 \ 产出		中间产出			最终消费（最终产出）			总产出
		国家 A	国家 B	国家 C	国家 A	国家 B	国家 C	
中间投入	国家 A	X_{aa}	X_{ab}	X_{ac}	F_{aa}	F_{ab}	F_{ac}	X_a
	国家 B	X_{ba}	X_{bb}	X_{bc}	F_{ba}	F_{bb}	F_{bc}	X_b
	国家 C	X_{ca}	X_{cb}	X_{cc}	F_{ca}	F_{cb}	F_{cc}	X_c

① 文中表示国家的英文字母，如 A、B、C 等在文中叙述时用大写表示，而在矩阵运算时用小写字母表示，两者是一一对应关系，下文同。

续表

投入＼产出	中间产出			最终消费（最终产出）			总产出
	国家 A	国家 B	国家 C	国家 A	国家 B	国家 C	
增加值（初始投入）	V_a	V_b	V_c				
总投入	X_a	X_b	X_c				

注：X_{ij}表示j国总产出X_j时i国的中间投入价值，F_{ij}表示j国最终消费中包含的i国最终产品，V_i表示i国的增加值，X_j表示j国的总产出，$i,j \in \{a,b,c\}$。

基于投入产出技术和世界投入产出框架，可以得到下列恒等式：

$$\begin{pmatrix} X_a \\ X_b \\ X_c \end{pmatrix} = \begin{pmatrix} A_{aa} & A_{ab} & A_{ac} \\ A_{ba} & A_{bb} & A_{bc} \\ A_{ca} & A_{cb} & A_{cc} \end{pmatrix} \begin{pmatrix} X_a \\ X_b \\ X_c \end{pmatrix} + \begin{pmatrix} F_{aa} + F_{ab} + F_{ac} \\ F_{ba} + F_{bb} + F_{bc} \\ F_{ca} + F_{cb} + F_{cc} \end{pmatrix}$$

$$= \begin{pmatrix} L_{aa} & L_{ab} & L_{ac} \\ L_{ba} & L_{bb} & L_{bc} \\ L_{ca} & L_{cb} & L_{cc} \end{pmatrix} \begin{pmatrix} F_{aa} + F_{ab} + F_{ac} \\ F_{ba} + F_{bb} + F_{bc} \\ F_{ca} + F_{cb} + F_{cc} \end{pmatrix} \tag{11}$$

我们令$f_a = (F_{aa}, F_{ba}, F_{ca})'$、$f_b = (F_{ab}, F_{bb}, F_{cb})'$、$f_c = (F_{ac}, F_{bc}, F_{cc})'$分别表示$A$、$B$、$C$三国最终消费列向量，记$f = (f_a, f_b, f_c)$为世界最终消费矩阵。

（2）总值贸易统计模型

根据投入产出框架，在总值统计口径下，A国对B国的进口额等于A国生产中投入的B国中间品价值X_{ba}与A国消费中包含的B国最终品价值F_{ba}之和；同理可得到A国对B国的出口额；进一步推导出A国对B国的贸易净额，分别用以下三个公式表示：

$$IM_{AB}^{G} = X_{ba} + F_{ba} \tag{12}$$

$$EX_{AB}^{G}=X_{ab}+F_{ab} \tag{13}$$

$$NET_{AB}^{G}=EX_{AB}^{G}-IM_{AB}^{G}=(X_{ab}+F_{ab})-(X_{ba}+F_{ba}) \tag{14}$$

基于上述思路，可以得到 A 国对世界（B 国和 C 国）的单边总值贸易进、出口额以及贸易净额模型：

$$IM_{AW}^{G}=IM_{AB}^{G}+IM_{AC}^{G}=X_{ba}+X_{ca}+F_{ba}+F_{ca} \tag{15}$$

$$EX_{AW}^{G}=EX_{AB}^{G}+EX_{AC}^{G}=X_{ab}+X_{ac}+F_{ab}+F_{ac} \tag{16}$$

$$\begin{aligned}NET_{AW}^{G}&=EX_{AW}^{G}-IM_{AW}^{G}\\&=(X_{ab}+X_{ac}+F_{ab}+F_{ac})-(X_{ba}+X_{ca}+F_{ba}+F_{ca})\end{aligned} \tag{17}$$

（3）双边增加值贸易统计

在增加值贸易统计方式下，A 国对 B 国的出口额表示 B 国总消费中包含的 A 国价值，用下式表示：

$$\begin{aligned}EX_{AB}^{V}&=v_a^{*}Lf_b\\&=(v_a\quad 0\quad 0)\begin{pmatrix}L_{aa}&L_{ab}&L_{ac}\\L_{ba}&L_{bb}&L_{bc}\\L_{ca}&L_{cb}&L_{cc}\end{pmatrix}\begin{pmatrix}0+F_{ab}+0\\0+F_{bb}+0\\0+F_{cb}+0\end{pmatrix}\\&=v_aL_{aa}F_{ab}+v_aL_{ab}F_{bb}+v_aL_{ac}F_{cb}\end{aligned} \tag{18}$$

其中，$v_a^{*}=(v_a\quad 0\quad 0)$。同理，$A$ 国对 B 国的增加值进口额用式（19）表示。

$$\begin{aligned}IM_{AB}^{V}&=v_b^{*}Lf_a\\&=(0\quad v_b\quad 0)\begin{pmatrix}L_{aa}&L_{ab}&L_{ac}\\L_{ba}&L_{bb}&L_{bc}\\L_{ca}&L_{cb}&L_{cc}\end{pmatrix}\begin{pmatrix}F_{aa}+0+0\\F_{ba}+0+0\\F_{ca}+0+0\end{pmatrix}\\&=v_bL_{ba}F_{aa}+v_bL_{bb}F_{ba}+v_bL_{bc}F_{ca}\end{aligned} \tag{19}$$

其中，$v_b^{*}=(0\quad v_b\quad 0)$，$v_bL_{ba}F_{aa}$表示 A 国本国生产并消费的最终品中包含的 B 国价值，$v_bL_{bb}F_{ba}$表示 A 国自 B 国进口的最终消费品中包含的 B 国价值，$v_bL_{bc}F_{ca}$表示 A 国自 C 国（第三国）

进口的最终消费品中包含的 B 国价值。于是，贸易净额公式为：

$$NET_{AB}^{V}=EX_{AB}^{V}-IM_{AB}^{V}$$
$$=(v_aL_{aa}F_{ab}+v_aL_{ab}F_{bb}+v_aL_{ac}F_{cb})-(v_bL_{ba}F_{aa}+v_bL_{bb}F_{ba}+v_bL_{bc}F_{ca}) \tag{20}$$

为了使模型设计更符合现实，我们将三国模型扩展至 M 国模型，P 和 Q 是其中任意两个国家，r 表示世界上的一个代表性国家，那么 P 国对 Q 国的增加值贸易净额为：

$$NET_{PQ}^{V}=EX_{PQ}^{V}-IM_{PQ}^{V}=v_p\sum_{r}^{m}L_{pr}F_{rq}-v_q\sum_{r}^{m}L_{qr}F_{rp} \tag{21}$$

（4）单边增加值贸易统计

依据上文思路，A 国对世界（B 国和 C 国）的增加值出口额用式（22）表示为：

$$EX_{AW}^{V}=v_a^{*}L(f-f_a)^{*}=v_a^{*}L(f_b+f_c)$$
$$=(v_a\quad 0\quad 0)\begin{pmatrix}L_{aa} & L_{ab} & L_{ac}\\ L_{ba} & L_{bb} & L_{bc}\\ L_{ca} & L_{cb} & L_{cc}\end{pmatrix}\begin{pmatrix}0+F_{ab}+F_{ac}\\ 0+F_{bb}+F_{bc}\\ 0+F_{cb}+F_{cc}\end{pmatrix}$$
$$=v_aL_{aa}(F_{ab}+F_{ac})+v_aL_{ab}(F_{bb}+F_{bc})+v_aL_{ac}(F_{cb}+F_{cc}) \tag{22}$$

其中，$(f-f_a)^{*}=(f_b+f_c)$ 表示除 A 国以外的全部最终消费。同理，A 国的单边增加值进口额，用式（23）表示：

$$IM_{AW}^{V}=(v-v_a)^{*}Lf_a=(v_b+v_c)^{*}Lf_a$$
$$=(0\quad v_b\quad v_c)\begin{pmatrix}L_{aa} & L_{ab} & L_{ac}\\ L_{ba} & L_{bb} & L_{bc}\\ L_{ca} & L_{cb} & L_{cc}\end{pmatrix}\begin{pmatrix}F_{aa}+0+0\\ F_{ba}+0+0\\ F_{ca}+0+0\end{pmatrix}$$
$$=(v_bL_{ba}+v_cL_{ca})F_{aa}+(v_bL_{bb}+v_cL_{cb})F_{ba}+(v_bL_{bc}+v_cL_{cc})F_{ca} \tag{23}$$

其中，$(v-v_a)^* = (v_b+v_c)^* = (0 \quad v_b \quad v_c)$ 意味着投入产出增加值率行向量中 v_a 部分全为 0 要素，即仅保留 v_b 和 v_c 部分。$(v_bL_{ba}+v_cL_{ca})F_{aa}$ 表示 A 国国内生产并消费的最终产品中包含的 B 国和 C 国价值，$(v_bL_{bb}+v_cL_{cb})F_{ba}+(v_bL_{bc}+v_cL_{cc})F_{ca}$ 表示 A 国分别自 B 国和 C 国进口的最终产品中包含的 B 国和 C 国的价值。

结合式（22）和式（23），可以测度 A 国的单边增加值贸易净额：

$$
\begin{aligned}
NET_{AW}^V &= EX_{AW}^V - IM_{AW}^V \\
&= (v_a \quad 0 \quad 0)L(f_b+f_c) - (0 \quad v_b \quad v_c)Lf_a \\
&= (v_a \quad 0 \quad 0)L(f_b+f_c) + (v_a \quad 0 \quad 0)Lf_a - (v_a \quad 0 \quad 0) \\
&\quad Lf_a - (0 \quad v_b \quad v_c)Lf_a \\
&= (v_a \quad 0 \quad 0)L(f_a+f_b+f_c) - (v_a \quad v_b \quad v_c)Lf_a \\
&= (v_a \quad 0 \quad 0)Lf - vLf_a
\end{aligned}
\tag{24}
$$

根据投入产出框架和投入产出技术，增加值率行向量 $v=\tau(I-A^*)$，其中，τ 为元素全为 1 的行向量，三国模型中 $\tau=(1,1,1)$；又因为 $X=Lf$，$L=(I-A^*)^{-1}$，上式写为：

$$
NET_{AW}^V = (v_a \quad 0 \quad 0)X - \tau(I-A^*)(I-A^*)^{-1}f_a = V_a - \tau f_a
\tag{25}
$$

其中，V_a 表示 A 国总产出价值，即面向世界范围内的价值总供给，τf_a 表示 A 国消费的总价值，即面向世界的价值总需求，其差额代表了 A 国的增加值贸易净额。另外，由投入产出结构可以得到下列恒等式：

$$
X_{aa}+X_{ba}+X_{ca}+V_a = X_a \tag{26}
$$

$$
X_{aa}+X_{ab}+X_{ac}+F_{aa}+F_{ab}+F_{ac} = X_a \tag{27}
$$

由式（25）、（26）和（27），可以进一步推导出下列等式：

$$
\begin{aligned}
V_a - \tau f_a &= V_a - (F_{aa}+F_{ba}+F_{ca}) \\
&= (X_{aa}+X_{ab}+X_{ac}+F_{aa}+F_{ab}+F_{ac}) - (X_{aa}+X_{ba}+X_{ca})
\end{aligned}
$$

$$-(F_{aa}+F_{ba}+F_{ca})$$
$$=(X_{ab}+X_{ac}+F_{ab}+F_{ac})-(X_{ba}+X_{ca}+F_{ba}+F_{ca}) \tag{28}$$

结合式（17），进一步推论得到：

$$NET_{AW}^{V}=NET_{AW}^{G} \tag{29}$$

式（19）表明增加值贸易和总值贸易两种统计方式下，A 国对世界的贸易净额是一致的，即再次证明了增加值贸易统计并不改变总值统计下的单边贸易净额。

为了使模型设计更符合现实状况，我们将国家总数由三国扩展至 M 国，那么依据投入产出技术，国家1对世界其他国家的增加值贸易净额 NET_{1W} 为：

$$NET_{1W}^{V}=EX_{1W}^{V}-IM_{1W}^{V}=\sum_{s=1}^{m}\sum_{t=2}^{m}v_1 l_{1s}f_{ts}-\sum_{s=2}^{m}\sum_{t=1}^{m}v_s l_{st}f_{t1} \tag{30}$$

其中，s 和 t 为世界上的两个代表性国家，$EX_{1W}^{V}=\sum_{s=1}^{m}\sum_{t=2}^{m}v_1 l_{1s}f_{ts}$ 表示国家1对世界的增加值出口额；$IM_{1W}^{V}=\sum_{s=2}^{m}\sum_{t=1}^{m}v_s l_{st}f_{t1}$ 表示国家1自世界的增加值进口额。

6.2.3　数据来源

本书应用的投入产出数据和贸易数据均来自世界投入产出表（World Input – Output Tables，WIOTs）。具体参见本书5.1.2。在世界投入产出表中，各国最终产品消费矩阵（维度为1435×41）经简单加总[①]可以得到，而中间投入矩阵（维度是1435×1435）、中间投入总和行向量（维度为1×1435）和总产出行向量（维度

① 在世界投入产出表中，最终消费包含有家庭消费、政府消费、非营利组织消费、固定资本形成和存货五部分，在模型中不再区分，统一合并为一国的最终消费。

为 1 ×1435）可以直接获取，进而利用投入产出技术得到中间投入消耗系数矩阵（维度为 1435 ×1435）和增加值率行向量（维度为 1 ×1435）。由此可应用上述模型对各国增加值贸易状况进行分别测度，主要运算结果在 Matlab 2014b 软件中实现。

6.2.4 中国单边贸易利益统计

（1）中国增加值进口额及其国别（区域）来源

由表 6 –5 可以发现，1995 ~2011 年中国增加值出口额快速增长，从 1403.4 亿美元增加至 15744.2 亿美元，年均增长 16.3%，这主要得益于中国坚持出口导向的外贸政策。尤其是 2011 年加入 WTO 以来，中国增加值出口额大幅增长，2011 年相对于 2001 年增长了 13279.3 亿美元，占整个研究期间总增长量的 92.6%。仅仅在美国金融危机后的 2009 年，相对于上一年下降了 1405.2 亿美元，降幅 11.8%，反映了外部经济环境恶化对中国外贸的强大冲击。而后由于世界经济的缓慢复苏、中国外贸政策和出口企业经营方式的调整，中国增加值出口额快速反弹。

表 6 –5　1995 ~2011 年中国增加值出口额及其国别（区域）流向

时间	出口总额	增加值出口额国别（区域）流向（%）					
	（十亿美元）	美国	欧盟	日本	ACKT	BRIITM	其他区域
1995	140.43	26.26	22.96	18.56	10.41	4.99	16.82
1996	146.01	26.47	21.93	18.48	11.42	4.98	16.72
1997	176.70	27.08	20.67	16.72	12.28	5.17	18.07
1998	179.29	30.14	23.22	14.58	10.16	4.71	17.19
1999	184.99	29.93	24.80	16.21	11.44	4.66	12.97
2000	228.39	30.13	22.29	14.43	10.85	4.99	17.31
2001	246.49	29.35	22.17	14.40	10.38	5.30	18.41
2002	295.12	29.79	20.97	12.58	10.74	5.77	20.14

续表

时间	出口总额（十亿美元）	增加值出口额国别（区域）流向（%）					
		美国	欧盟	日本	ACKT	BRIITM	其他区域
2003	374.05	28.48	22.13	12.33	10.83	5.90	20.33
2004	477.25	28.49	22.43	11.71	10.90	6.29	20.19
2005	604.92	28.41	21.53	10.99	10.68	7.14	21.26
2006	769.17	27.19	22.16	9.71	10.18	8.36	22.39
2007	981.03	25.04	23.03	8.29	9.98	9.68	23.97
2008	1185.89	23.24	22.89	7.77	9.74	11.22	25.14
2009	1045.37	24.11	22.67	8.88	10.41	11.56	22.37
2010	1323.11	23.29	21.97	8.19	10.64	13.23	22.69
2011	1574.42	21.97	21.54	8.64	11.01	14.36	22.48

注：ACKT 代表澳大利亚、加拿大、韩国、中国台湾等四个国家和地区；BRIITM 包括巴西、俄罗斯、印度、印度尼西亚、土耳其、墨西哥等六个国家；其他区域是指除了表中所列国家（地区）以外的区域。后表同增加值贸易出口额国别（区域）流向的数值是当年中国向各国增加值贸易出口额占总出口额的百分比。

从增加值出口的国别（区域）分布特征来看，美国、欧盟、日本这三个主要经济体的占比由 1995 年的 67.8% 下降到 2011 年的 52.2%，仍然占据绝对份额；巴西、俄罗斯、印度、印度尼西亚、墨西哥、土耳其等新兴经济体和发展中国家的比重快速上升，2011 年达到 11.4%，相对于 1995 年上升了 9.4 个百分点；出现这种变化的可能原因在于以新兴经济体为代表的发展中国家在世界经济版图上的格局越来越大。

如表 6－6 所示，中国增加值进口额在 1995～2011 年间也同样快速增长，由 1146 亿美元增加至 12796.9 亿美元，增长了 11.2 倍，仅在 2009 年有小幅震荡，重要的原因在于中国经济规模的不断扩大以及各国对中国市场的重视程度增加。从增加值进口国别来看，欧盟是中国最主要的增加值进口来源地区，占比在

2011 年为 21.73%，高于日本、美国等国家。日本所占份额下降幅度较大，2011 年相对于 1995 年降低了 11.6%，仅为 10.38%，略低于美国。美国的贡献度整体有小幅降低。澳大利亚、加拿大、韩国、中国台湾是中国的主要进口来源地之一，且幅度基本保持稳定，可能的原因是自这些国家进口的矿产资源、农产品、电子产品等与中国的经济规模和市场容量相关性比较高。中国自新兴经济体的增加值进口额占比有小幅上涨，但整体仍然不高，这有可能是由于双方的产品存在高度同质化，贸易替代效应十分显著。而中国自其他发展中经济体的增加值进口额大幅提升，从而说明中国通过自己的发展对发展中国家的经济带动作用在增强。

表 6-6　1995～2011 年中国增加值进口额及其国别（区域）来源

时间	进口总额	增加值进口额国别（区域）流向（%）					
	（十亿美元）	美国	欧盟	日本	ACKT	BRIITM	其他区域
1995	114.60	12.54	24.48	21.99	19.25	5.48	16.26
1996	118.28	12.41	23.15	19.85	21.43	6.09	17.06
1997	121.93	13.67	22.90	20.10	22.94	6.49	13.90
1998	123.89	13.18	24.46	20.01	21.43	6.02	14.90
1999	143.75	12.54	24.43	19.47	20.48	5.38	17.71
2000	183.59	12.01	21.71	18.38	20.11	5.71	22.07
2001	201.99	12.63	24.14	16.89	18.60	5.90	21.85
2002	238.18	11.62	24.56	17.51	19.18	6.33	20.79
2003	311.06	10.92	26.01	17.56	18.34	6.15	21.01
2004	392.16	10.69	26.01	17.04	17.95	6.65	21.66
2005	438.26	10.84	23.23	15.60	18.29	7.37	24.68
2006	509.72	11.54	24.12	14.51	17.64	7.73	24.45
2007	612.65	11.64	24.82	13.52	17.24	8.11	24.67

续表

时间	进口总额（十亿美元）	增加值进口额国别（区域）流向（%）					
		美国	欧盟	日本	ACKT	BRIITM	其他区域
2008	769.52	11.38	23.75	12.35	16.24	8.37	27.90
2009	761.03	12.34	23.37	12.23	17.54	8.50	26.02
2010	1013.02	11.90	22.16	11.93	18.01	9.16	26.84
2011	1279.69	11.70	21.73	10.38	17.55	10.54	28.11

注：增加值贸易进口额国别（区域）流向的数值是当年中国自各国增加值贸易进口额占总进口额的比重（%）。

通过对表 6－5 和表 6－6 对比可以发现，1995～2011 年中国增加值贸易始终为顺差，且顺差幅度基本保持扩大趋势，顺差额在 2001 年为 445 亿美元，而在 2008 年达到 4163.7 亿美元，之后有所下降，至 2011 年为 2947.3 亿美元，这主要是因为中国增加值出口额受到美国金融危机的影响较大。从相对降幅来看，中国增加值进口额与出口额的比值在 1995 年、2003 年、2011 年分别为 1.23、1.20、1.23，而在 1998 年和 2007 年分别为 1.45、1.60，因而其波动呈现“正弦式”周期趋势，如图 6－4 所示，而目前处于“谷底”状态，即中国增加值贸易整体失衡状况有所缓解。

中国对他国的国别（区域）失衡状况有很大差异，最显著的是美国，出口与进口的比值在大部分年份都大于 3，2011 年为最低值 2.31，但仍高于其他经济体；与欧盟也一直保持顺差状态，自 2007 年达到最大值 1.49 后开始下降，整体失衡度并不高；而与日本基本保持了贸易平衡。中国对新兴经济体还保持着一定幅度的顺差，但与其他区域的状况趋向于平衡，尤其是国际金融危机以来，出口与进口的比值迅速下降，至 2011 年为 0.98，显示轻微的逆差。逆差还来自澳大利亚、加拿大、韩国和中国台湾等区域，主要的原因之一在于中国经济的发展需要大量来自上述地区的原材料、农产品、电子产品等。

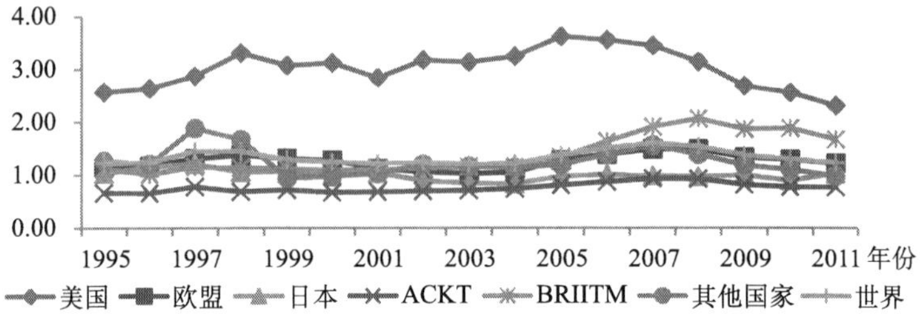

图 6－4　1995～2011 年中国与主要经济体增加值进出口额差异及其变动趋势

数据来源：笔者根据 WIOD 数据库和前文模型经过测度得到。图中的比值等于中国与各主要经济体增加值贸易出口额除以进口额。

（2）中国增加值进、出口额的主要产业部门来源

如图 6－5 所示，中国增加值出口主要来源于制造业，首先“电子及光学设备”在 2011 年占比最高，为 12.31%，较 1995 年增长了 4 个百分点，样本期间呈现连续增长的态势，这反映了中国在全球价值链中的地位有了可喜的变化；其次为“金属冶炼加工业”和“纺织业”，分别作为资源密集型和劳动密集型产业的代表，与中国的要素禀赋是相符的，而“纺织业”的比重有了明显的下降，也说明中国的产业链升级有了一定幅度改善。近些年来，由于“农林牧渔”和“矿产采掘业”作为初级产品和基础资源产品的供给者，其对增加值出口额的贡献度基本保持稳定，而服务业的贡献度有所上升，尤其是“租赁服务业”，由 1995 年的 1.39% 上升至 2011 年的 4.65%。这些都说明中国出口增加值部门结构有了积极的变化。

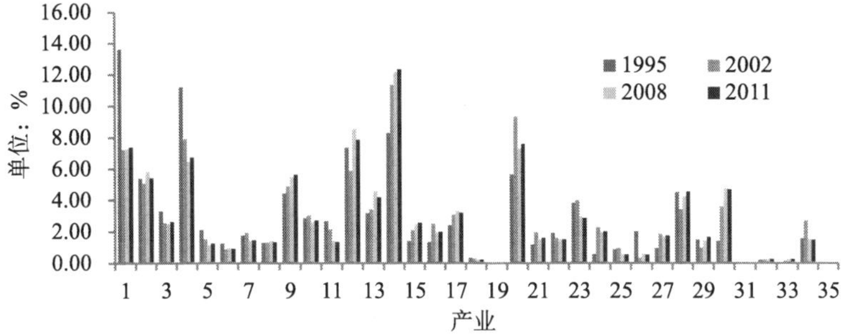

图 6-5　中国各部门增加值出口额所占比重及其变动趋势

注：横坐标轴各数字所代表的产业参见表 5-1。

如图 6-6 所示，在中国增加值进口部门中，“矿产采掘业”几乎“一枝独秀”，2011 年在总进口额中的占比达到 22.02%，远高于其他产业，相对于 1995 年也增长了 15.58 个百分点，而自加入 WTO 以来，就增加了 13%，这反映了“入世”之后，中国作为“世界工厂”和从事基础设施建设对海外矿产资源的巨大需求。“电子及光学设备”贡献度比较稳定，大部分年份略高于 10%；“租赁服务业”的增长势头明显，较之 1995 年的 6.63%，2011 年增加了近 3 个百分点。

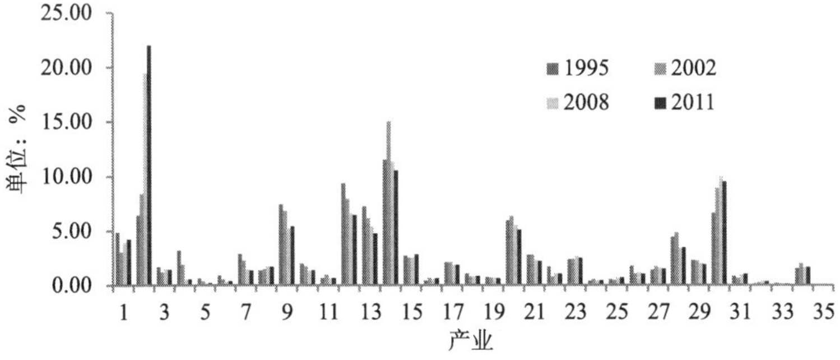

图 6-6　中国各部门增加值进口额所占比重及其变动趋势

注：横坐标轴各数字所代表的产业参见表 5-1。

对比图6－5和图6－6可以发现，在中国增加值进、出口总额中占比排名前十的产业基本相同，这反映了当前全球生产网络背景下产业内贸易占主导地位的分工模式。不同之处在于纺织业在增加值出口额中的占比较高，反映了中国在劳动密集型制造业方面的比较优势，而交通运输业在进口额中的比重虽然进入前十，但份额并不高，从侧面反映了中国增加值进口的产业集中度比较高。

从产业失衡的视角来看，如图6－7所示，大部分的产业处于顺差状态，2011年，仅有11个产业呈现逆差现象，不足总体样本的1/3。绝大部分产业的失衡状态稳健，仅有“造纸、印刷出版业”等几个产业在样本期内发生了失衡状态的变化，但这些产业普遍的特点是失衡状况并不严重，因而，在外部经济环境发生变化时极易发生失衡状态的改变。而呈现顺差状态的产业中，“纺织品制造业”的失衡状况最为严重，在2011年时失衡系数为14.53，仍较2008年低了2.5，主要的原因在于中国作为劳动密集型产品制造业大国，纺织品具有较强的国际竞争力，一方面大规模满足海外需求，另一方面也对海外产品产生了较强的替代效应；其次是“皮革及皮革制品”“水路运输”等产业，失衡系数普遍大于5，“皮革及皮革制品”作为劳动密集型制造业的代表，一直是中国传统的比较优势产业，而“水路运输”的发展得益于中国出口规模和出口市场的扩大。

从要素禀赋来看，中国增加值贸易出口额主要来源在于制造业，在总出口额中的比重始终保持在52%左右（见表6－7）。这其中，劳动密集型制造业比重不断下降，由1995年的15.86%下降至2011年的10.82%；资本密集型制造业也有小幅下降，但知识密集型制造业有大幅提高，2011年达到27.34%，相对于1995年提高了7.2个百分点；以上说明中国制造业增加

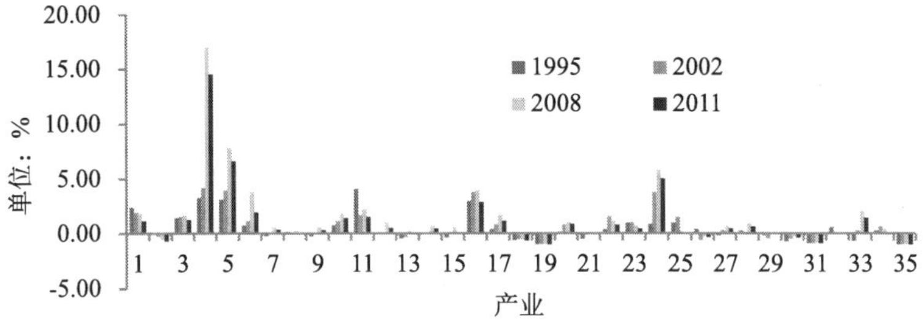

图 6-7　中国各产业增加值贸易失衡状况及其趋势

注：增加值贸易失衡状况等于出口额与进口额的比值再减去 1，大于 0 意味着顺差，小于 0 意味着逆差，绝对值越大意味着失衡状况越严重。横坐标轴各数字所代表的产业参见表 5-1。

值出口产业结构有显著的改善，要素禀赋也有了可喜的变化。初级产品和资源产品的占比有不小的下降，样本期内下降了 6.2%，至 2011 年为 12.79%，对出口增加值的贡献度进一步降低，这与中国的产业结构升级是密切相关的；服务业出口整体占比变化幅度不大，主要来自知识密集型制造业，样本期内增加了 3.3%。以上分析说明，中国增加值出口的产业结构有了显著改善，也说明中国的要素禀赋正在朝着积极的方向转变。

表 6-7　1995～2011 年中国八大行业增加值出口额所占份额

单位：%

年份	初级产品和资源产品	劳动密集型制造业	资本密集型制造业	知识密集型制造业	劳动密集型服务业	资本密集型服务业	知识密集型服务业	教育健康公共服务业
1995	19.00	15.86	16.29	20.08	11.00	10.02	5.89	1.85
1996	18.12	16.63	16.46	21.27	10.76	9.53	5.37	1.86
1997	16.21	15.49	15.87	21.11	14.36	9.50	5.49	1.96
1998	14.77	14.95	15.27	22.07	14.08	10.18	6.57	2.11
1999	13.98	14.69	14.82	23.14	13.79	10.78	6.58	2.23

续表

年份	初级产品和资源产品	劳动密集型制造业	资本密集型制造业	知识密集型制造业	劳动密集型服务业	资本密集型服务业	知识密集型服务业	教育健康公共服务业
2000	13.76	13.89	14.65	24.16	13.36	11.30	6.50	2.38
2001	12.97	13.50	14.30	24.26	13.41	12.14	6.73	2.69
2002	12.29	12.82	13.75	24.66	13.43	13.00	7.00	3.05
2003	12.57	12.18	14.13	26.08	12.62	12.62	7.16	2.64
2004	14.03	10.74	14.95	25.65	11.78	13.33	7.17	2.34
2005	14.27	10.73	14.86	26.09	11.19	13.21	7.42	2.22
2006	13.83	11.11	15.09	26.87	10.83	12.23	7.93	2.12
2007	13.44	10.66	15.20	27.18	10.67	12.11	8.72	2.01
2008	13.13	10.46	15.26	27.22	11.06	11.85	8.93	2.09
2009	13.15	10.95	14.29	26.88	11.16	11.77	9.59	2.21
2010	12.77	10.68	14.45	27.48	11.30	11.90	9.37	2.06
2011	12.79	10.82	14.55	27.34	11.38	11.93	9.18	2.01

注：根据樊茂清和黄薇（2014）的方法，将世界投入产出表35个产业依据要素密集度划分为8大行业，具体见表6-13。

如表6-8所示，中国增加值进口额与出口额的行业结构形成了鲜明对比。中国对初级产品和资源产品的进口份额大幅度上升，由1995年的11.32%增长到2011年的26.25%，增加了近15个百分点，成为中国增加值进口额的主要来源。这主要源于中国经济规模和国内市场的扩大，对国外农产品和资源品的需求不断增加。而对国外制造业的需求份额在样本期内由51.8%下降至38.1%，可能的原因之一在于，中国国内制造业通过发展，不断提高竞争力，可以更多地替代国外制成品；降幅顺序依次为知识密集型制造业6%、资本密集型制造业4.3%、劳动密集型制造业3.4%，这与出口占比增加幅度的排序是一直的，从而说明中国知识密集型制造业有了更强的国际竞争力。服务业进口整体份额变化不大，由 1995 年的 36.83% 下降到 2011 年的 35.62%，各禀赋类型也没有很大幅度调整，只是劳动密集型制造业下降了 3.22%，其他基本稳定，这反映了增加值进口行业结构也有了积极变化，偏向于知识和公共健康服务业，而国内在劳动、资本密集型服务业方面有了更强的竞争力。

表 6－8　1995～2011 年中国八大行业增加值进口额所占份额　单位:%

年份	初级产品和资源产品	劳动密集型制造业	资本密集型制造业	知识密集型制造业	劳动密集型服务业	资本密集型服务业	知识密集型服务业	教育健康公共服务业
1995	11.32	5.12	15.82	30.90	14.01	9.06	11.09	2.68
1996	11.94	5.09	15.86	30.85	13.71	9.07	11.17	2.31
1997	11.66	5.17	16.43	30.48	13.20	9.13	11.66	2.28
1998	10.10	4.77	16.17	31.84	12.50	9.10	12.91	2.62
1999	10.98	4.74	15.58	31.72	12.37	8.82	13.20	2.59
2000	14.28	4.09	14.55	30.72	12.19	8.78	12.83	2.56
2001	12.49	3.88	14.14	30.95	12.68	9.32	13.72	2.81
2002	11.48	3.44	13.90	32.35	12.49	9.50	13.82	3.03
2003	12.05	2.73	13.89	32.62	12.04	9.56	14.12	3.00
2004	14.51	2.34	13.61	32.01	11.70	9.47	13.43	2.94
2005	17.03	2.09	13.28	30.69	11.45	9.32	13.17	2.98
2006	18.23	1.89	12.61	30.41	11.40	9.16	13.22	3.08
2007	19.10	1.87	12.58	28.86	11.62	9.17	13.70	3.09
2008	23.35	1.65	11.92	25.90	11.53	9.19	13.37	3.08
2009	21.35	1.73	11.89	27.26	11.46	9.33	13.74	3.25
2010	23.49	1.72	11.66	26.85	10.98	8.93	13.27	3.10
2011	26.25	1.73	11.54	24.88	10.79	8.78	12.94	3.11

6.2.5　中美双边贸易利益统计

（1）中美贸易总体状况

通过表6－9可以发现，进、出口额在总值统计方式下均小于增加值贸易统计方式，突出表现在进、出口的相对降幅均为正值，但程度各异，美国的降幅显著低于韩国、日本、欧盟、澳大利亚等发达国家和地区，也低于印度等一些发展中国家，与加拿大和巴西的水平相仿。由于在总值统计方式下中美贸易额规模巨大，因而，即便增加值统计方式下有所降低①，中国向美国出口额仍占中国出口总额的22%，位居第一位；而中国自美国进口额占中国进口总额的11.7%，仅次于欧盟位居第二位；中美贸易顺差额在中国贸易总顺差中占比66.5%，远高于其他国家和地区，保持着绝对优势。

表6－9　2011年两种统计方式下中国与世界主要经济体双边贸易额及其比较

类型 国家和地区	增加值贸易统计（十亿美元）			总值贸易统计（十亿美元）			相对降幅（%）		
	出口	进口	净额	出口	进口	净额	出口	进口	净额
美国	345.8	149.6	196.2	412.8	175.3	237.5	0.16	0.15	0.17
日本	135.9	132.7	3.2	183.5	180.0	3.5	0.26	0.26	0.08
欧盟	338.0	276.6	61.4	445.0	323.8	121.20	0.24	0.15	0.49
澳大利亚	54.0	77.7	－23.7	68.7	107.8	－39.2	0.21	0.28	0.39
韩国	56.4	73.8	－17.4	111.9	157.5	－45.6	0.50	0.53	0.62

① 相对于总值统计额，中美增加值贸易出口额减少了670亿美元，低于欧盟排在第二位；进口额减少了257亿美元，低于韩国、日本、欧盟、澳大利亚等发达国家和地区排在第五位；贸易净额减少了413亿美元，仅次于欧盟。

续表

类型 国家和地区	增加值贸易统计（十亿美元）			总值贸易统计（十亿美元）			相对降幅（%）		
	出口	进口	净额	出口	进口	净额	出口	进口	净额
加拿大	48.1	27.5	20.6	57.9	32.2	25.8	0.17	0.15	0.20
俄罗斯	53.4	46.0	7.4	57.6	47.7	10.0	0.07	0.03	0.26
印度	58.1	18.6	39.5	77.5	23.0	54.5	0.25	0.19	0.28
巴西	31.4	30.2	1.2	37.6	36.5	1.2	0.17	0.17	0.00
其他国家	451.4	444.7	6.7	632.4	706.2	-73.9	0.29	0.37	1.09

注：出口相对降幅 = 1 - 增加值出口/总值出口，进口相对降幅 = 1 - 增加值进口/总值进口，净额相对降幅 = 1 - 增加值净额/总值净额。“其他国家”是指除了中国以及上述9个国家和地区之外的所有国家和地区，主要为发展中经济体。

数据来源：作者根据 WIOD 的数据和上文公式测度得到。

如表 6 - 10 所示，在增加值贸易统计体系下，中美贸易净额有三个特征：第一，始终保持顺差，最小值是 1995 年的 225 亿美元，最大值是 2011 年的 1962 亿美元。第二，除 2009 年前后有所震荡外，一直处于增长状态，17 年间增长了 8.7 倍，年均增幅 13.6%。第三，始终高于进口额，平均而言，贸易净额是进口额的 2 倍。

表 6 - 10　　1995 ~ 2011 年两种统计方式下中国与美国双边贸易额及其比较

类型 年份	增加值贸易统计（十亿美元）			总值贸易统计（十亿美元）			相对降幅（%）		
	出口	进口	净额	出口	进口	净额	出口	进口	净额
1995	36.8	14.3	22.5	41.7	14.1	27.6	0.12	-0.02	0.18
1996	38.6	14.6	23.9	42.5	13.8	28.7	0.09	-0.06	0.17
1997	47.8	16.6	31.2	52.4	16.2	36.2	0.09	-0.02	0.14

续表

类型 年份	增加值贸易统计（十亿美元）			总值贸易统计（十亿美元）			相对降幅（%）		
	出口	进口	净额	出口	进口	净额	出口	进口	净额
1998	53.9	16.3	37.7	58.2	15.2	43.0	0.07	-0.07	0.12
1999	55.3	18.0	37.3	59.9	16.5	43.4	0.08	-0.09	0.14
2000	68.7	22.0	46.7	74.5	19.3	55.2	0.08	-0.14	0.15
2001	72.2	25.4	46.8	77.1	22.6	54.5	0.06	-0.13	0.14
2002	87.8	27.6	60.2	95.5	24.1	71.4	0.08	-0.15	0.16
2003	106.4	33.9	72.5	120.1	31.0	89.1	0.11	-0.09	0.19
2004	135.8	41.8	94.0	164.6	42.1	122.5	0.17	0.01	0.23
2005	171.7	47.4	124.3	210.6	50.4	160.2	0.18	0.06	0.22
2006	209.0	58.8	150.2	254.6	67.2	187.4	0.18	0.13	0.20
2007	245.6	71.2	174.3	300.8	83.6	217.2	0.18	0.15	0.20
2008	275.5	87.5	188.0	328.8	104.9	223.9	0.16	0.17	0.16
2009	251.9	93.8	158.1	290.6	102.9	187.7	0.13	0.09	0.16
2010	308.1	120.4	187.7	366.7	137.5	229.2	0.16	0.12	0.18
2011	345.8	149.6	196.2	412.8	175.3	237.5	0.16	0.15	0.17

注：表中概念解释及其来源同表6-9。

增加值贸易净额始终低于总值净额，绝对差额自1995年的51亿美元上升至2011年的413亿美元，最大值出现在2007年，为429亿美元；相对下降幅度在1995年为18%，2011年为17%，17年间以1998年和2008年为拐点周期波动，平均值为17%；总体而言，总值统计高估了中美贸易差额，平均幅度为20%。[①]

① 当增加值统计额相对于总值统计额下降幅度为a时，总值统计相对于增加值统计高估程度为1/（1-a）-1。

总值统计之所以会高估中美顺差额，从表 6－9 来看，是因为出口相对降幅始终高于进口相对降幅，进而导致两种统计方式下，净额相对降幅始终为正值；尤其在 1995～2003 年，进口相对降幅为负值，也就是说，总值进口额低估了中国自美国实际进口的价值，即便在出口价值不变的情况下，总值统计也存在高估中美贸易顺差的情况。

中国对美国的出口额之所以受到增加值贸易统计方式的影响更大，是因为就出口额国内增加值占比而言，中国更低。我们依据 Koopman 等（2010）测度了 1995～2011 年双方出口额的国内增加值占比，结果如图 6－8 所示。样本期内，中国出口额的国内增加值占比始终低于美国，平均值为 79%，较美国低了 8.4%，这说明在中国出口额中存在更多别国的价值，即贸易转移现象更为严重。以 2011 年为例，中国向美国出口额中有 23% 的价值来自其他国家，而同期美国向中国的出口额中仅有 14%，相差 9 个百分点，其他年份也存在类似的情况。另外，总值统计方式下，中国对美国的出口额始终大于进口额，导致出口额中被“挤出的水分”远多于进口额。因而，总值统计下中国对美国贸易顺差的现状以及双方相互出口额中国外增加值的不对称转移，导致了增加值贸易统计方式下中美顺差额的大幅减少。

（2）各产业贸易失衡状况分析

如表 6－11 所示，2011 年的中美增加值贸易净额中，仅有 5 个产业（代码为 1、18、23、26、32）① 表现为逆差状态，其中逆差额最大的是建筑业（18），达到 224.87 亿美元。其余各产业均呈现顺差状态，最大额来自电气、电子及光学设备产业（14），金额为 661.04 亿美元，对贸易总顺差的贡献度达到

① 括号内阿拉伯数字为产业代码，下文同。

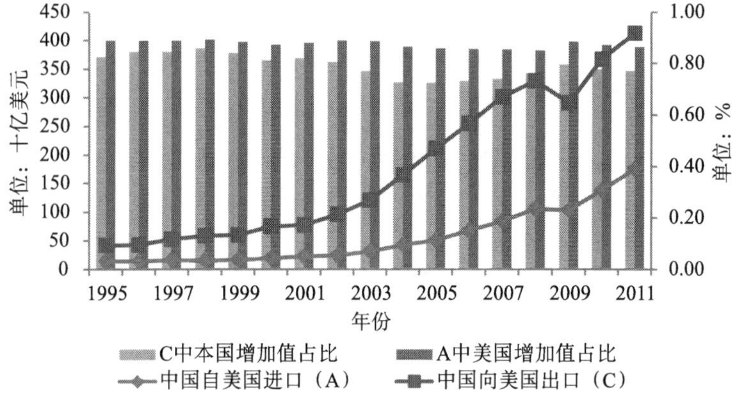

图 6－8　中国自美国进、出口总额及其增加值占比

数据来源：作者依据 WIOD 测算得到。

34%；第二位为纺织品及服装制造业（4），贡献度为 15%，第三位的是公共管理和社会保障业（31），贡献度 13%，其余各产业的贡献度均低于 5%。

表 6－11　2011 年两种统计方式下中美各产业贸易净额及其比较

净额单位：百万美元

占比单位：%

方式	增加值贸易		总值统计		相对	方式	增加值贸易		总值统计		相对
代码	净额	占比	净额	占比	净额	代码	净额	占比	净额	占比	净额
1	-3658	-0.02	-11023	-0.05	3.01	9	5995	0.03	5670	0.02	0.95
2	1604	0.01	-1119	0.00	-0.70	10	4929	0.03	11835	0.05	2.40
3	1974	0.01	2618	0.01	1.33	11	1073	0.01	3784	0.02	3.53
4	28872	0.15	34248	0.14	1.19	12	2900	0.01	5103	0.02	1.76
5	9334	0.05	16593	0.07	1.78	13	7782	0.04	15893	0.07	2.04
6	560	0.00	1356	0.01	2.42	14	66104	0.34	141865	0.60	2.15
7	2907	0.01	-1582	-0.01	-0.54	15	5779	0.03	-2629	-0.01	-0.45
8	1657	0.01	-147	0.00	-0.09	16	17788	0.09	13700	0.06	0.77

续表

方式	增加值贸易		总值统计		相对	方式	增加值贸易		总值统计		相对
代码	净额	占比	净额	占比	净额	代码	净额	占比	净额	占比	净额
17	137	0.00	196	0.00	1.43	26	-276	0.00	-727	0.00	2.63
18	-22487	-0.11	0	0.00	0.00	27	1857	0.01	-1016	0.00	-0.55
19	2491	0.01	0	0.00	0.00	28	3568	0.02	-1465	-0.01	-0.41
20	1190	0.01	0	0.00	0.00	29	3577	0.02	0	0.00	0.00
21	8910	0.05	1991	0.01	0.22	30	4229	0.02	26309	0.11	6.22
22	3719	0.02	-391	0.00	-0.11	31	26352	0.13	-15404	-0.06	-0.58
23	-47	0.00	-3049	-0.01	64.70	32	-3129	-0.02	-16	0.00	0.01
24	41	0.00	-6	0.00	-0.15	33	6777	0.03	7	0.00	0.00
25	1760	0.01	369	0.00	0.21	34	1894	0.01	-5454	-0.02	-2.88

注：相对净额 = 总值统计净额/增加值贸易净额。由于中美两国间代码为 35 的“私人雇佣的家庭服务业”增加值贸易额和总值统计额均为 0，因而在本表中未予以显示。

相对于海关统计值，中美增加值贸易差额有以下几个特征：第一，16 个海关统计顺差的产业仍然呈现顺差状态，但顺差额变动明显，有 11 个产业（代码为 3、4、5、6、10、11、12、13、14、17、30）的顺差额减少，减少额度最大的是电气、电子及光学设备产业（14），为 758 亿美元，减少幅度最大的租赁和其他商业服务业（30）仅为海关统计值的 16%；另外 5 个产业（代码为 9、16、21、25、33）的顺差额增加，但增加值均不高，最高值 69 亿美元来自机动车外的零售贸易（21）。第二，14 个海关统计逆差的产业中，有 4 个在增加值贸易下仍是逆差状态，其中 3 个产业（代码为 1、23、26）逆差减少，农业（1）减少额最大，为 74 亿美元，有 1 个产业（32）增加了 31 亿美元，增加幅度为原来的 196 倍；另外 10 个产业（代码为 2、7、8、15、22、24、27、28、31、34）贸易净额全部转为顺差，变化额最大的是公共管理和社会保障（31）为 418 亿美元。第三，在海关统计下净额为 0 的产业，增加值贸易净额却十分显著，其中代码为 18 的建筑业产生高额逆差（224.9 亿美元）；代码为 19、20、29 的产业产生较高的贸易顺差。

为了检验上述结论的稳健性，我们在表 6－12 中给出了 1995 年（样本初期）、2002 年（中国加入 WTO）、2008 年（美国金融危机）、2011 年（样本末期）以及 2010 年（邻近年份）的增加值贸易净额值以及相对净额系数，比较分析发现：各年度增加值贸易净额的方向基本一致，即 2011 年表现为顺差的产业在其他年份也基本为顺差，只有 1995 年的四个产业（代码为 3，13，20，30）、2011 年和 2002 年的各一个产业（代码分别为 23 和 24）与其他年份不同。相对净额的正负方向也基本一致，以 2011 年为参照，其余四个年份共有 18 个相对净额的系数方向不相符合，占比约 14%。相对净额的系数值也基本一致，绝对值大于 2 的个数在 2011 年为 10 个，2010 年为 11 个，其余三年均为 8 个；共有 18 个产业的系数绝对值在五个年份里始终小于 2。以上分析说明，本书测算得到的 2011 年增加值贸易净额及其方向非常稳健，海关统计确实扭曲了中美的产业贸易失衡状态，且这种扭曲存在一定的长期性和稳定性。

表 6－12　中美各产业在主要年份的增加值贸易净额及相对净额

单位：百万美元

时间	2011		2010		2008		2002		1995	
产业代码	附加值净额	相对净额（%）	附加值净额	相对净额（%）	附加值净额	相对净额（%）	附加值净额	相对净额（%）	附加值净额	相对净额（%）
1	-3658	3.01	-2372	3.76	-1691	3.52	-861	0.25	-996	0.97
2	1604	-0.70	1116	-0.05	1337	0.40	36	10.62	49	4.88
3	1974	1.33	2808	1.19	2675	0.93	1106	0.37	-27	-10.71
4	28872	1.19	26850	1.17	27635	1.05	10866	0.97	7747	1.10
5	9334	1.78	7977	1.79	9163	1.56	5472	1.51	2726	1.93

续表

时间	2011		2010		2008		2002		1995	
产业代码	附加值净额	相对净额（%）	附加值净额	相对净额（%）	附加值净额	相对净额（%）	附加值净额	相对净额（%）	附加值净额	相对净额（%）
6	560	2.42	552	2.96	604	3.19	379	1.75	542	1.43
7	2907	-0.54	2634	-0.41	1982	-0.44	762	0.89	441	-0.12
8	1657	-0.09	1417	-0.17	1842	0.20	397	0.64	122	-0.21
9	5995	0.95	5443	0.46	5149	0.93	1084	0.12	343	-2.62
10	4929	2.40	4243	2.30	3658	2.48	1420	2.21	889	2.13
11	1073	3.53	1030	3.07	916	3.06	786	2.35	732	1.73
12	2900	1.76	2994	2.45	2861	4.09	1238	3.32	971	2.11
13	7782	2.04	5569	2.64	9351	1.80	1747	1.60	-334	0.37
14	66104	2.15	61141	2.16	58781	1.88	14537	1.47	4996	1.52
15	5779	-0.45	5939	-0.31	7380	0.15	2638	-0.04	575	-0.72
16	17788	0.77	15180	0.98	16298	1.03	8734	1.14	1901	1.05
17	137	1.43	259	0.66	547	0.44	202	0.39	56	1.42
18	-22487	0.00	-15319	0.00	-4141	0.00	-559	0.00	-567	0.00
19	2491	0.00	2335	0.00	2053	0.00	504	0.00	185	0.00
20	1190	0.00	1263	0.00	613	0.00	145	0.00	-172	0.00
21	8910	0.22	8069	0.23	5484	0.31	1525	0.51	415	0.00
22	3719	-0.11	3288	-0.09	2560	-0.09	677	-0.01	224	-0.07
23	-47	64.70	95	-24.81	312	-3.24	23	-12.28	-7	-2.16
24	41	-0.15	51	-0.08	154	0.24	-47	1.26	2	0.00
25	1760	0.21	1749	0.59	1711	1.64	445	2.44	230	1.92
26	-276	2.63	-204	2.86	-156	2.14	-41	0.80	-70	4.20
27	1857	-0.55	1846	-0.46	1024	-0.57	138	-3.98	65	-3.90
28	3568	-0.41	3394	-0.34	3490	-0.06	559	-0.44	62	-0.31
29	3577	0.00	3419	0.00	2060	0.00	706	0.00	192	0.00
30	4229	6.22	3956	6.06	2862	5.97	369	17.20	-131	-3.74
31	26352	-0.58	25141	-0.43	16910	-0.46	3628	-0.05	1179	-0.14
32	-3129	0.01	-2129	0.01	-2092	0.00	-387	-0.01	-161	0.00
33	6777	0.00	6079	0.00	5126	0.01	1428	0.00	216	0.00
34	1894	-2.88	1856	-2.36	1543	-1.99	531	0.54	112	-0.59

注：相对净额 = 总值统计净额/增加值贸易净额。

总值统计方式下，各产业贸易失衡状况之所以扭曲。一方面是由于忽视了产业间的价值转移和价值循环带来的影响，导致产业的总值进出口额与真实价值相背离。以建筑业为例，其本身不能参与跨国流动，因而总值进、出口额皆为0，但是建筑业可以作为其他产业的中间投入，其价值以间接的形式融入进出口商品中；进一步，由于产业间的循环效应，其作为中间投入的价值也得以提升，如图6-9所示，2011年，中国建筑业作为其他产业中间投入的完全消耗系数都大于直接消耗系数，各产业对美出口额中都不同程度地包含建筑业的价值，电子及光学设备产业（14）表现最为显著，为2.35亿美元；其他各产业也有相似的情况，只不过背离程度不同。另一方面是由于中美各产业在出口额和国内增加值率方面的不对称，国内增加值率的差异决定了总值统计方式下单位进出口商品额的扭曲程度，而进出口规模的不对称则有可能放大这种扭曲状况。如图6-10所示，在35个产业中，中国仅有6个产业的国内增加值率高于美国，但优势幅度均不明显；美国35个产业的国内增加值率算术平均值为49.0%，高于中国近14个百分点。中美总值贸易顺差额最大的前10个产业，美国在国内增加值率方面全部占优，以电子及光学设备产业（14）为例，中美顺差额1105亿美元，但中、美两国在此产业的国内增加值率分别为17.1%和50.0%，相差近33个百分点，中国相对美国较高的出口额与较低的国内增加值率综合作用导致中国在该产业的增加值贸易顺差额减少了53.4%。

（3）八大行业贸易失衡状况

为了纵向比较各产业增加值贸易差额的变动，基于分析便利性的考虑，本书根据樊茂清和黄薇（2014）的方法，将世界投入产出表35个产业依据要素密集度划分为8大行业，具体见表6-13。

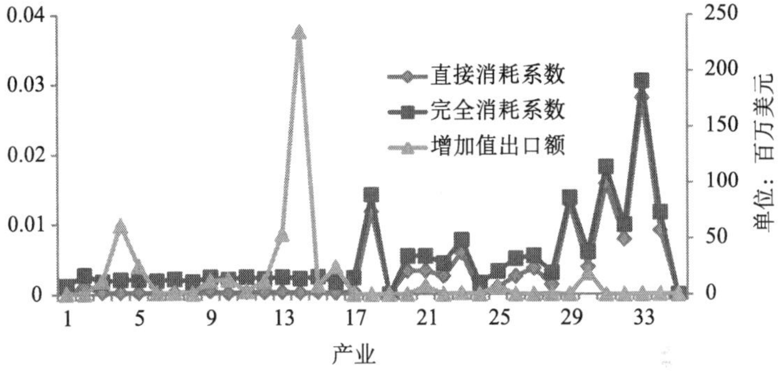

图 6-9　2011 年中国建筑业中间投入系数和增加值出口额

注：笔者依据投入产出技术和 WIOD 数据库制作本图。横坐标轴各数字所代表的产业参见表 5-1。

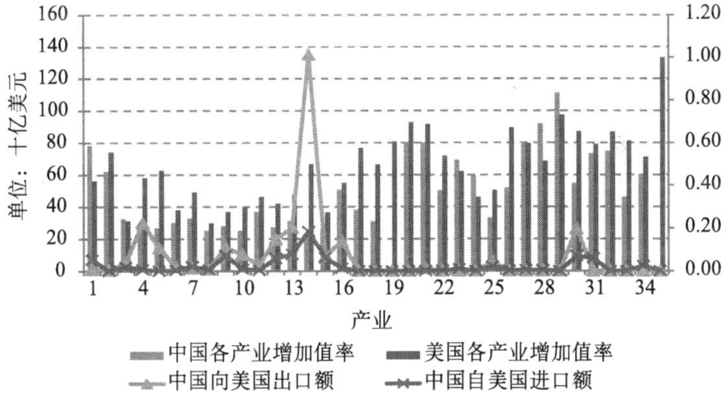

图 6-10　中美各产业进出口额及两国增加值率

注：中美双方的各产业进、出口额皆为总值统计方式；增加值率，是指单位最终产品价值中初始投入价值的占比。横坐标轴各数字所代表的产业参见表 5-1。笔者依据 WIOD 制作本图。

表 6－13　产业部门按要素禀赋和产品性质归为八大行类

行业代码	行业名称	包含的产业代码
(1)	初级产品和资源产品	1、2
(2)	劳动密集型制造业	4、5、6、16
(3)	资本密集型制造业	3、7、8、11、12
(4)	知识密集型制造业	9、10、13、14、15
(5)	劳动密集型服务业	18、19、20、21、22、26、35
(6)	资本密集型服务业	17、23、24、25、27、29
(7)	知识密集型服务业	28、30
(8)	教育健康公共服务业	31、32、33、34

注：笔者根据樊茂清和黄薇（2014）制作本表。

表 6－14 汇报了八大行业的中美贸易净额，从中可以发现：①制造业仍是顺差的主体。1995 年，制造业顺差额 216.3 亿美元，占比 96.1%；至 2011 年，顺差绝对额 1576.5 亿美元，占比 80.4%；这与中国“世界工厂”的地位相吻合，也反映了中国产业升级的艰巨性。②顺差额的产业结构有所改善。2003 年，知识密集型制造业超越劳动密集型制造业成为中美顺差额的最大贡献源，且这种优势持续扩大；遗憾的是，中国在资本密集型制造业的出口竞争优势并不明显，虽然顺差绝对额在增加，但在总额中的占比有所下降，这也成为中国制造业产业升级的一个重要方向。③公共服务业异军突起，在顺差总额中的占比，由 1995 年的 6% 上升至 2011 年的 16.3%；尤其在中国加入 WTO 之后，成为中美贸易顺差的第三大来源，这也是与总值统计结果迥然不同的一个方面。④服务业贡献率在低位保持平稳，在大多数年度里不足 10%，2011 年贡献率仅为 4.4%；但资本密集型和知识密集型服务业顺差额一直保持增加趋势，后者的增加幅度更为明

显，而劳动密集型服务业在 2008 年之后转为逆差状态，凸显了劳动力成本提高带来的不利影响；而服务业位于“微笑曲线”的两端，从而说明中国产业链升级和价值链攀升还需要一个长期的过程。(5) 初级产品和资源产品虽然一直是逆差，但其在贸易差额中的占比很低，多数年份在 1% 左右；然而，中国是人口大国，也是制造业大国，对美国初级产品和资源产品的依赖，反映了中国在粮食安全方面存在一定的风险，依靠资源投入和消耗的发展模式也急需改变。

表 6-14　1995~2011 年中美八大类产业贸易差额 单位：十亿美元

年份＼产业	(1)	(2)	(3)	(4)	(5)	(6)	(7)	(8)
1995	-0.95	12.92	2.24	6.47	0.02	0.54	-0.07	1.34
1996	-0.84	13.01	2.61	7.12	0.16	0.60	-0.10	1.38
1997	-1.02	15.17	3.63	10.62	0.49	0.72	-0.06	1.63
1998	-0.84	16.43	4.07	12.33	1.74	0.91	0.44	2.59
1999	-0.72	16.28	3.65	12.98	1.45	0.84	0.40	2.44
2000	-0.83	19.82	4.23	16.61	1.76	1.27	0.61	3.24
2001	-0.79	21.26	3.87	15.24	1.67	1.30	0.54	3.71
2002	-0.82	25.45	4.29	21.43	2.25	1.47	0.93	5.20
2003	-0.94	28.96	4.75	30.47	1.84	1.37	0.97	5.10
2004	-1.27	33.17	6.46	39.01	4.26	2.39	2.10	7.90
2005	-0.75	42.16	8.36	51.64	6.27	3.61	2.79	10.24
2006	-0.37	48.63	9.53	64.00	7.54	4.55	3.41	12.96
2007	-0.41	53.83	10.07	79.03	6.08	4.79	4.87	16.06
2008	-0.35	53.70	10.28	84.32	6.41	5.81	6.35	21.49
2009	-1.13	50.10	7.70	70.18	-0.30	5.09	6.12	20.34
2010	-1.26	50.56	10.88	82.33	-0.57	7.42	7.35	30.95
2011	-2.05	56.55	10.51	90.59	-6.45	7.33	7.80	31.89

第7章 中国对外贸易利益影响因素分析

本章从两个层面来探讨中国对外贸易利益的影响因素，一方面基于 SDA 技术分解中国增加值进、出口额的驱动因素，另一方面利用 FGLS 模型实证检验中国制造业出口增加值率的影响因素。

7.1 中国增加值贸易驱动因素分析

本节在 6.2 节的基础上，采用结构分解技术（Structural Decomposition Analysis，SDA）探讨了中国增加值进、出口额变动的驱动因素，不但考察了规模、技术和结构等效应，还进一步探讨了国际产业关联效应、国别结构效应和其他经济体需求结构效应的影响。

7.1.1 模型设计

(1) 多区域投入产出模型及增加值贸易

额测度

假设世界上有 m 个国家或地区，每个国家都有 n 个生产部门，则组成的 MRIO 模型可以表示为：

$$
\begin{pmatrix} x_1 \\ x_2 \\ \vdots \\ x_m \end{pmatrix} = \begin{pmatrix} A_{11} & A_{12} & \cdots & A_{1m} \\ A_{21} & A_{22} & \cdots & A_{2m} \\ \vdots & \vdots & \ddots & \vdots \\ A_{m1} & A_{m2} & \cdots & A_{mm} \end{pmatrix} \begin{pmatrix} x_1 \\ x_2 \\ \vdots \\ x_m \end{pmatrix} + \begin{pmatrix} f_{11} + \sum_{i \neq 1} f_{1i} \\ f_{21} + \sum_{i \neq 1} f_{2i} \\ \vdots \\ f_{m1} + \sum_{i \neq 1} f_{mi} \end{pmatrix}
$$

$$
= \begin{pmatrix} L_{11} & L_{12} & \cdots & L_{1m} \\ L_{21} & L_{22} & \cdots & L_{2m} \\ \vdots & \vdots & \ddots & \vdots \\ L_{m1} & L_{m2} & \cdots & L_{mm} \end{pmatrix} \begin{pmatrix} f_{11} + \sum_{i \neq 1} f_{1i} \\ f_{21} + \sum_{i \neq 1} f_{2i} \\ \vdots \\ f_{m1} + \sum_{i \neq 1} f_{mi} \end{pmatrix} \tag{1}
$$

用分块矩阵的形式可以简写为：

$x = Ax + f = Lf = L(f_1 + f_w)$

上式中，$x = (x'_1, x'_2, \cdots, x'_m)'$是世界总产出列向量（维度 mn×1），$x_i$ 表示国家 i 总产出向量（维度 n×1），这里 x_i'表示向量（矩阵）x_i 的转置。矩阵 A（维度 mn×mn）代表世界生产体系，对角线上的子矩阵 A_{ii}（维度 n×n）刻画 i 国国内各产业直接消耗系数，对角线外的子矩阵 A_{ij}（维度 n×n）是 j 国各产业部门在生产过程中所需要 i 国各部门的中间产品投入系数，刻画不同国家生产部门的直接相互需求程度，而 $A_{ij}x_j$ 则反映了国家 i 对国家 j 的中间产品出口。$L = (I - A)^{-1}$是列昂惕夫逆矩阵，I 为单位矩阵。f 是世界最终需求列向量（维度 mn×1），f_{ii} 表示国家 i 自产自销的最终需求产品，而 $f_{ij}(i \neq j)$ 是国家 i 生产但由国家 j 消费的最终产品，即国家 i 对国家 j 的最终产品出口，$f_1 =$

$(f_{11}',f_{21}',\cdots,f_{m1}')'$代表国家 1 的最终需求列向量；同理，$f_2=(f_{12}',f_{22}',\cdots,f_{m2}')'$代表国家 2 的最终需求列向量；而 $f_w=(\sum_{i\neq 1}f_{1i}',\sum_{i\neq 1}f_{2i}',\cdots,\sum_{i\neq 1}f_{2i}')'$ 表示世界上除国家 1 之外的所有国家最终需求产品之和列向量。

令 $V=(V_1,V_2,\cdots,V_m)$表示各国增加值行向量（维度 $1\times mn$），那么各国增加值率行向量就可以用 $v=(v_1,v_2,\cdots,v_m)$来表示，其中 $v_i=V_i/X_i'$。假设国家 1 为中国，那么根据增加值贸易额“消费法”测度公式，则可以定义中国的增加值率行向量为 $v_1^*=(v_1,0,\cdots,0)$，v_1^* 中只包含中国的增加值率，其他元素均为 0；同理，国家 2 的增加值率行向量为 $v_2^*=(0,v_2,\cdots,0)$；世界其他国家的增加值率行向量为 $v_w=(0,v_2,\cdots,v_m)$，也就是仅有中国的增加值率元素为 0。

基于 MRIO 模型和“消费法”测度公式，中国的增加值进口额测度公式分别为：

$$IM_{1w}=v_wLf_1=\sum_{i\neq 1}v_i'x_{i1}=\underbrace{\sum_{i\neq 1}v_i'L_{ii}A_{i1}x_{11}}_{\text{直接进口中间产品}}+\underbrace{\sum_{i\neq 1}v_i'L_{ii}f_{i1}}_{\text{直接进口最终产品}}+\underbrace{\sum_{i\neq 1}(v_i'L_{ii}\sum_{j\neq 1,j\neq i}A_{ij}x_{j1})}_{\text{引致的他国间国际贸易}}\qquad(2)$$

该式表示中国最终消费中包含的世界其他国家的价值，主要包括三部分：直接进口中间产品里所含有的他国价值；直接进口最终产品中包含的他国价值；由于中国最终消费间接引起的其他国家间贸易所导致的价值增加[①]。上述三部分综合反映了中国最终产品消费对世界他国经济增长的贡献额。

① 比如，中国自日本进口一台电脑，而电脑的芯片是日本自美国进口的，虽然中国没有直接从美国进口芯片，但这些芯片满足了中国的消费，因而从附加值贸易视角，这些芯片的价值仍然属于中国的进口，并且是计入自美国的进口额。

同理，得到中国增加值出口额公式：

$$EX_{1w} = v_1^* Lf_w \quad (3)$$

（2）中国增加值贸易额驱动因素结构分解

为了理解中国增加值进出口的变动原因，一般可以对其公式进行结构分解分析（SDA）。在进行 SDA 之前，将中国的最终需求列向量进一步分解 $f_1 = (P_1 \circ Q_1)y_1$。其中 P_1（nm*1）是由41个相同的列向量 θ 堆叠而成，而 θ 中的元素是中国各产品部门最终消费品所占总消费的份额，反映了最终消费的产品结构。列向量 Q_1（nm*1）是由41个不同的向量 η_r（m*1）组成，η_r 的元素 $\eta_{r,i}$ 表示中国消费的各部门最终产品中各国（包括中国）各部门所占的比重，反映了最终消费产品来源的国别（地区）结构。符号∘表示两个列向量中对应元素相乘计算。标量 y_1 表示中国最终消费额，即对 f_1 所有元素的加总。

根据以上设定，中国对世界的增加值贸易进口额的变化可以进行如下分解：

$$\begin{aligned}\Delta IM_{1w} &= \Delta v_w L_t(P_{1,t} \circ Q_{1,t})y_{1,t} + v_{w,t-1}\Delta L(P_{1,t} \circ Q_{1,t})y_{1,t} + v_{w,t-1} \\ &\quad L_{t-1}(\Delta P_1 \circ Q_{1,t}y_{1,t} + v_{w,t-1}L_{t-1}(P_{1,t-1} \circ \Delta Q_1)y_{1,t} + v_{w,t-1} \\ &\quad L_{t-1}(P_{1,t-1} \circ Q_{1,t-1})\Delta y_1 \\ &= C(\Delta v_w) + C(\Delta L) + C(\Delta P_1) + C(\Delta Q_1) + C(\Delta y_1) \quad (4)\end{aligned}$$

上式将中国增加值贸易进口额驱动分解为五部分：其他各国初始结构投入效应 $C(\Delta v_w)$；世界各国生产技术结构效应 $C(\Delta L)$；中国最终消费的产品结构效应 $C(\Delta P_1)$；消费产品的国别结构效应 $C(\Delta Q_1)$；最终消费的规模结构效应 $C(\Delta y_1)$。

上式虽然是一种没有残余项的完全分解方法，但却不是唯一的方式，研究认为当 X 的变化有 n 种影响因素时，可以得到 $n!$

种分解方法（Dietzenbacher & Los，1998）①，而其中与上式对称的一种方式为：

$$\Delta IM_{1w}=\Delta v_{w}L_{t-1}(P_{1,t-1}\circ Q_{1,t-1})y_{1,t-1}+v_{w,t}\Delta L(P_{1,t-1}\circ Q_{1,t-1})y_{1,t-1}+v_{w,t}L_{t}(\Delta P_{1}\circ Q_{1,t-1})y_{1,t-1}+v_{w,t}L_{t}(P_{1,t}\circ\Delta Q_{1})y_{1,t-1}+v_{w,t}L_{t}(P_{1,t}\circ Q_{1,t})\Delta y_{1} \tag{5}$$

不同的分解方式，各部分得值会有差异，较好的处理方式是将所有分解结果进行平均化处理，但运算量将十分庞大。常用的替代方式是对以上两式各部分进行平均化处理，以近似反映各部分的影响系数（张友国，2010；彭水军、张文城，2015）。本书也借鉴这种方法，则中国增加值进口额变动的驱动因素可分解为：

$$\begin{aligned}\Delta IM_{1w}=&\frac{1}{2}[\Delta v_{w}L_{t}(P_{1,t}\circ Q_{1,t})y_{1,t}+\Delta v_{w}L_{t-1}(P_{1,t-1}\circ Q_{1,t-1})y_{1,t-1}]\\&+\frac{1}{2}[v_{w,t-1}\Delta L(P_{1,t}\circ Q_{1,t})y_{1,t}+v_{w,t}\Delta L(P_{1,t-1}\circ Q_{1,t-1})y_{1,t-1}]\\&+\frac{1}{2}[v_{w,t-1}L_{t-1}(\Delta P_{1}\circ Q_{1,t})y_{1,t}+v_{w,t}L_{t}(\Delta P_{1}\circ Q_{1,t-1})y_{1,t-1}]\\&+\frac{1}{2}[v_{w,t-1}L_{t-1}(P_{1,t-1}\circ\Delta Q_{1})y_{1,t}+v_{w,t}L_{t}(P_{1,t}\circ\Delta Q_{1})y_{1,t-1}]\\&+\frac{1}{2}[v_{w,t-1}L_{t-1}(P_{1,t-1}\circ Q_{1,t-1})\Delta y_{1}+v_{w,t}L_{t}(P_{1,t}\circ Q_{1,t})\Delta y_{1}]\\=&C(\Delta v_{w})+C(\Delta L)+C(\Delta P_{1})+C(\Delta Q_{1})+C(\Delta y_{1})\end{aligned} \tag{6}$$

另外，由 $L=(I-A)^{-1}$ 可以得到：$\Delta L=L_{t}\Delta AL_{t-1}$　（7）

依据上式，世界各国生产技术结构效应 ΔL 完全取决于 ΔA，由于 A 可进一步分解为：

① Dietzenbacher, E., and B. Los, 1998, "Structural Decomposition Techniques: Sense and Sensitivity", Economic Systems Research, Vol. 10 (4), 307 - 323.

$$A = A_{11}^{*} + A_{1i}^{*} + A_{i1}^{*} + A_{ii}^{*} + A_{ij}^{*} \tag{8}$$

$$A_{11}^{*} = \begin{pmatrix} A_{11} & 0_{n\times[n(m-1)]} \\ 0_{[n(m-1)]\times m} & 0_{[n(m-1)]^2} \end{pmatrix},\ A_{1i}^{*} = \begin{pmatrix} 0_{n\times n} & A_{1i} \\ 0_{[n\times(m-1)]\times n} & 0_{[n\times(m-1)]^2} \end{pmatrix},$$

$A_{i1}^{*} = \begin{pmatrix} 0_{n\times n} & 0_{n\times[n(m-1)]} \\ A_{i1} & 0_{[n(m-1)]^2} \end{pmatrix}$这里 $A_{i1} = (A_{21}', A_{31}', \cdots, A_{m1}')'$，$A_{1i} = (A_{12}, A_{13}, \cdots, A_{1m})$。$A_{11}^{*}$表示中国产品生产的国内消耗系数矩阵（本国技术效应）；A_{1i}^{*}反映了其他国家生产中对中国中间品的投入程度（前向关联效应）；A_{i1}^{*}反映了中国生产中对其他国家中间品的投入情况（后向关联效应）；A_{ii}^{*}反映了外国产品生产中对国内中间产品的投入结构，其对角线上是其他国家的技术矩阵 $A_{ii}(i\neq 1)$（他国技术效应）；$A_{ij}^{*} = A - (A_{11}^{*} + A_{1i}^{*} + A_{i1}^{*} + A_{ii}^{*})$反映了其他国家间的投入产出关系（他国关联效应）。

于是 $\Delta A = \Delta A_{11}^{*} + \Delta A_{1i}^{*} + \Delta A_{i1}^{*} + \Delta A_{ii}^{*} + \Delta A_{ij}^{*}$ (9)

于是得到中国增加值进口额变动的 9 个驱动因素：

$$\Delta IM_{1w} = C(\Delta v_w) + C(\Delta A_{11}^{*}) + C(\Delta A_{1i}^{*}) + C(\Delta A_{i1}^{*}) + C(\Delta A_{ii}^{*}) + C(\Delta A_{ij}^{*}) + C(\Delta P_1) + C(\Delta Q_1) + C(\Delta y_1) \tag{10}$$

中国增加值出口额计算公式与进口额相仿，也可进行相似的分解，限于篇幅，不再一一赘述（具体见表 7－1）。

表 7－1　　中国增加值贸易额驱动因素结构分解

影响因素	含义
$C(\Delta v_w)$或者 $C(\Delta v_1)$	世界其他各国或者中国的初始投入强度
$C(\Delta A_{11}^{*})$	中国产品生产的国内消耗系数矩阵（本国技术效应）
$C(\Delta A_{1i}^{*})$	其他国家生产中对中国中间品的投入程度（前向关联效应）
$C(\Delta A_{i1}^{*})$	中国生产中对其他国家中间品的投入情况（后向关联效应）

续表

影响因素	含义
$C(\Delta A_{ii}^*)$	外国产品生产中对国内中间产品的投入结构（他国技术效应）
$C(\Delta A_{ij}^*)$	其他国家间在产品生产中的投入产出关系（他国关联效应）
$C(\Delta P_1)$或者$C(\Delta P_w)$	中国或者世界其他国家最终消费的产品结构效应
$C(\Delta Q_1)$或者$C(\Delta Q_w)$	中国最终需求来源地国别结构效应或者出口价值国别结构效应
$C(\Delta y_1)$或者$C(\Delta y_w)$	中国或者世界其他国家最终消费的规模效应

注：本表参考彭水军、张文城（2015）制作。

7.1.2 数据来源

本书应用的投入产出数据和贸易数据均来自世界投入产出表（World Input - Output Tables，WIOTs），详细介绍参见本书5.1.2，主要运算过程在软件 Matlab2012a 中实现。

7.1.3 结果分析

（1）中国增加值进口额驱动因素分析

表7-2汇报了1995~2011年影响中国增加值进口额变动的各种因素。结果表明，中国最终需求规模的扩大是导致增加值进口上升的最主要因素，其占比始终保持在90%以上。与此同时，正向影响因素还有本国技术效应，即中国对国内中间产品的使用结构改善，可以带动和消化更多国外要素价值，其贡献的份额为5.07%。与此相仿的是中国对国外中间产品的使用结构变化，后向关联效应越明显意味着生产过程中国外中间要素的使用也越多，则进口的增加值贸易额越大，样本期间贡献度为6.29%。他国交叉效应系数反映了中国最终需求变动的间接影响程度，虽然为正值，但程度并不高，均值为2.86%。中国中间出口中往

往包含其他国家的要素投入，因而中间产品出口额的提高会增加中国的增加值进口额。但是，国外初始投入强度提高并不利于中国增加值进口，可能的原因在于中国本身是人口大国和“世界工厂”，能够提供众多高价值产品的替代品，因而，当国外增加产品的要素价值含量时，中国就选择在国内寻找“物美价廉”的替代品。而产品结构优化和进口来源国优化也有相同的解释，即中国企业在全球范围内通过寻求更优质的替代产品和更合适的进口来源国，来降低增加值进口额，因此，这两项系数在样本期间为负值。

非常有意思的是，在 2008～2011 年间，不少指标的方向与其他样本期间相反，笔者认为这反映了美国金融危机对包括中国在内的世界各国经济的强烈冲击，也反映了在危机发生后各国经济环境和外贸政策的调整。后金融危机时代，由于一系列货币政策（4 万亿元的刺激）和“法律法规”（最低工资法、劳动法）的出台，中国劳动力货币成本迅速上升，而单位产出中，国内、外中间投入品所占份额不断下降，因而导致本国技术效应和后向关联效应系数均为负值。美国、欧盟、日本等发达经济体受到金融危机的影响更为直接和迅速，大量工人失业导致工资水平下降，进而降低了国外制造业产品的增加值率，从而替代了中国生产的最终消费品，因而他国初始投入强度的下降对中国增加值进口额的增加产生了积极的影响；同时，最终消费产品结构的国外产品替代，引起中国最终消费品进口规模的大幅扩张，也为增加值进口变动产生了积极效应。另外，身处危机的各国为了促进就业、恢复经济，采取了不同程度的“贸易保护主义”措施，相互提高了中间产品贸易门槛，这些举动一方面鼓励国内企业大幅提高本国中间产品的投入，从而增加最终品出口的国内价值含量，导致他国技术效应为正值；另一方面降低了各经济体对他国中间产品的使用，因而他国交叉效应显著为负值。

表 7－2 1995～2011 年中国增加值进口额变化的 SDA 分解 单位:%

驱动效应	1995～2002	2002～2008	2008～2011	1995～2011
他国初始投入强度	－3.10	－5.88	2.15	－4.06
本国技术效应	2.90	7.38	－0.11	5.07
前向关联效应（出口效应）	0.30	0.66	0.20	0.52
后向关联效应（进口效应）	3.67	5.19	－0.96	6.29
他国技术效应	－1.46	－2.46	5.22	－1.13
他国交叉效应	2.99	6.04	－8.26	2.86
产品结构效应	－0.08	1.21	0.11	－0.56
来源地国别效应	0.92	－3.68	－3.45	－2.73
规模效应	93.87	91.53	105.09	93.74

（2）中国增加值出口额的驱动因素分析

表 7－3 报告了不同期间中国增加值出口额变动的驱动因素，与影响进口额变动情况不同的是，各因素在总样本期和细分样本期的驱动方向基本是一致的，从而说明各影响因素的贡献度基本稳健。在 1995～2011 年间，驱动因素主要来自中国与世界其他国家间产业前向关联效应、中国出口市场国别结构效应、中国出口规模效应的调整，贡献度分别为 41.35%、36.25%、35.58%。各细分小样本区间也基本得到一致结论，不同之处在于 1995～2002 年前向关联效应和目的地国别效应贡献度远远大于规模效应，这说明在加入 WTO 之前，中国新增增加值出口的来源主要集中于原材料和中间产品的进口，其次是通过调整出口产品国别结构实现的；而在入世之后，世界经济总量增加和消费规模扩大成为中国增加值出口增长的首要因素，这一特征在美国金融危机之后也未发生改变，只不过贡献度有所下降。

在整个样本期内，中国初始投入强度对增加值出口额的贡献度是负向的，可能的原因在于加工贸易在中国对外贸易的主要方式之一，国内、外中间产品价值的提高快于劳动者报酬的改善以及资本的回报率，致使单位产出的增加值率不断降低，从而导致其对增加值出口增长的贡献率为 -10.07%；但从各细分期间来看，这种贡献度经历了一个“U”形变化。可能的原因在于，入世之前，资本和劳动等要素在单位产出的比重越来越高；而 2002 年之后，随着参与国际分工的程度不断加深，国外中间投入品的价值比重增加，而国内投入要素的占比反而不断下降，因而对增加值出口增加额的贡献度也就表现为负值；但随着要素禀赋结构的逐步调整，国内初始投入要素的价值得以体现，单位产出的增加值率向积极的方向转变，在美国金融危机后，中国初始投入强度与增加值出口额的变动方向几乎一致。

表 7-3　1995～2011 年中国增加值出口额变化的 SDA 分解　单位：%

驱动效应	1995～2002	2002～2008	2008～2011	1995～2011
中国初始投入强度	0.68	-13.79	-0.16	-10.07
本国技术效应	-2.54	7.58	3.71	4.10
前向关联效应（出口效应）	55.94	33.61	33.75	41.35
后向关联效应（进口效应）	0.05	-0.09	-0.44	-0.02
他国技术效应	-3.34	-1.21	1.37	-2.75
他国交叉效应	2.28	1.96	-4.36	1.73
产品结构效应	-15.55	0.29	-3.03	-6.16
目的地国别效应	49.10	29.36	31.81	36.25
规模效应	13.37	42.29	37.35	35.58

在加入 WTO 之后，由于出口产品中，国内中间投入品的占比不断增加，因而其对增加值出口额的贡献一直为正。而国外中

间产品的情况与此相反，这反映了中国生产要素国际竞争力的不断增强，对国外要素的替代性也大为增加，从而导致后向关联效应为负值，并且从细分期间比较来看，还有进一步恶化的趋势。其他国家之间的产业关联效应在2008年之前表现为正值，这是经济全球化不断深入的结果；但是后金融危机时代，贡献度迅速转变为负值-4.36%，从而进一步证实了金融危机面前，“各人自扫门前雪，莫管他家瓦上霜”的现状。在样本期间，贡献度-6.16%说明中国出口产品结构一直偏向于增加值率降低的产业，中国整体的出口专业化水平还没有改善，仅仅在2002~2008期间呈现为正向影响，可能的原因在于由于外资和许多高质量中间产品的大量引入，中国出口产品结构发生了大幅度调整，特别是“电子和光电信息产业”获得了迅速发展，但是调整的产业结构不够广泛，时间也过于仓促，导致对增加值出口额的增长贡献度快速回落。

7.1.4　主要结论

中国国内最终需求规模的扩大对增加值进口产生了最重要的推动力，国内、外中间产品投入份额的变动也作出了积极的贡献，但是国外初始投入强度的变动、产品消费结构和国别来源结构的变动却减少了增加值进口额的增长。中国增加值出口的增长主要源于世界其他国家（区域）需求规模的不断扩大、需求结构的调整、中国中间产品国际竞争力的不断提高三个因素。

上述结论表明，“中国离不开世界，世界也离不开中国”，中国与世界经济“同呼吸、共命运”，紧紧地联系在一起。世界经济的增长是“中国制造”被接受的有力保障，中国产品严重依赖于国际经济环境的变化。而中国经济规模和需求规模的扩大也有力地促进了其他国家增加值的实现，从这个意义上讲，中国发展好自己的经济，就是对世界经济的巨大贡献。

世界其他经济体国别需求结构调整的正效应表明，物美价廉的中国商品和服务已成为越来越多国家的最佳选择，这一点在中间产品市场上表现得尤为突出。当然，中国产品在全球市场不断提升的国际竞争力才是夺取市场份额的根本保障。

7.2　中国出口增加值率影响因素分析

本节将深入到产业层面，探讨中国对外贸易利益的影响因素。由于我们关注的重点是出口的获利能力，因而将视角集中于出口国内增加值率的变化；考虑到各变量的数据可得性，选择制造业各部门出口国内增加值率作为代理变量。

7.2.1　计量模型

本节借鉴 Upward 等（2013）的方法，在贸易理论和相关文献的基础上，构建计量模型考察中国制造业出口增加值率的影响因素，重点考察全球价值链嵌入程度、分工地位指数的影响：

$$VAD_{it} = \alpha + \beta_1 GVC_{it} + \beta_2 POS_{it} + \gamma X_{it} + \varphi I_{it} + \varepsilon_{it} \tag{11}$$

其中，i 表示产业部门，t 表示年份；VAD 是被解释变量出口国内增加值率；GVC 和 POS 为核心解释变量，分别代表全球价值链嵌入程度和分工地位指数。具体测度公式见本书 5.1 节，全球价值链嵌入程度从供给和需求两个层面影响出口国内增加值率，一般对发展中国家而言，全球价值链嵌入程度越高，则国内要素被替代的份额越多，因而有可能与出口增加值率成反向发展；而依据“微笑曲线”，国际分工地位决定着一国出口商品的获利程度，与出口增加值率成正相关关系。X_{it}是控制变量，包括出口技术复杂度 $Tech_{it}$、市场化水平 $Mark_{it}$、外商投资水平 FDI_{it}、产业税负水平 Tax_{it}、规模经济水平 $Scal_{it}$、人均工资水平 $Wage_{it}$、人均资本存量 $Capp_{it}$、是否加入 WTO_{it}、金融危机发生与否 $Cris_{it}$等；I_{it}为行业个体控制变量；ε_{it}为随机误差项。β_1、β_2、γ、φ 为各变量的系数值。

7.2.2 变量说明

（1）出口技术复杂度 $Tech_{it}$

就一般贸易而言，出口技术复杂度的提高表示了产品国际竞争力能力的提高，从而有助于国内增加值的获取；但加工贸易并不一定如此，这要看主要技术要素是来自进口还是本土。所以，出口技术复杂度影响贸易增加值率的方向尚不明确。本书关于出口技术复杂度的测度模型来自 Hausmann et al.（2007），r 国 i 产业的技术复杂度为各国人均国内生产总值的加权平均，权重为显示性比较优势指数，具体公式为：

$$Tech_{ir} = \sum_r \frac{E_{ir}/E_{r*}}{\sum_r (E_{ir}/E_{r*})} \times y_r \tag{12}$$

其中，E_{ir}表示 r 国 i 产业出口额，E_{r*}表示 r 国出口总额，为了保持数据统计口径一致性，我们采用 WIOTs 测度 E_{ir}和 E_{r*}。y_r表示 r 国人均生产总值，各国数据来自 BVD 宏观经济数据库。

（2）市场化水平 $Mark_{it}$

国家竞争优势理论认为，某产业较高的国内市场竞争水平有助于该产业整体国际竞争能力的培育，而在中国，国有企业处于国民经济的主导地位。本书用各产业国有企业主营业务收入在全部企业的占比来刻画市场化水平，数据来自各年度《中国统计年鉴》。

（3）外商投资水平 FDI_{it}

随着中国对外开放的深入，外商直接投资规模不断扩大，资本的大量注入影响了要素禀赋状况，进而影响到出口产品的国内增加值率（林玲、余娟娟，2012）。本书应用各产业外资固定资产原价在总资产中的占比来刻画，数据来自各年度《中国统计年鉴》。

（4）产业税负水平 Tax_{it}

根据中国投入产出表结构，增加值的来源在于初始投入，主要包括劳动者报酬、资本回报、政府税收、固定资产折旧等四部分，因而本书分别添加了产业税负水平、人均工资水平、人均资本存量等三个变量。其中，产业税负作为企业盈余的一部分，其水平高低影响着企业的经营决策，也是政府调控外贸发展的主要手段之一。因而，我们在模型中控制各产业税负水平的影响，用各产业全部收入中税金和增值税的占比来表示，数据来自各年度《中国统计年鉴》。

（5）人均资本存量 $Capp_{it}$

资本是初始投入的两大要素之一，也是增加值的主要来源。要素禀赋理论认为资本劳动比将直接影响一国各产业的国际分工。这里用各产业固定资产总量与雇员人数之比来表示，数据来自世界投入产出数据库（WIOD）价值分配（SEA）子数据库，单位是美元。

（6）人均工资水平 $Wage_{it}$

人均工资水平作为劳动力要素报酬的直接体现，是影响劳动力比较优势的重要变量，从而对出口产品的国内增加值率产生直接影响。这里应用各产业劳动者报酬与雇员人数的比值来表示，两项数据均来自世界投入产出数据库（WIOD）价值分配（SEA）子数据库，单位是美元。

（7）规模经济水平 $Scal_{it}$

新贸易理论认为规模经济能够促使参与贸易的国家都获利，能够独立成为国际贸易可能产生的原因之一，但张杰（2013）等指出出口规模扩大抑制了企业增加值率。我们用单位企业的营业收入来表示，具体用某产业的主营业务收入除以企业个数，数据来自中经网年度宏观经济数据库，单位是百万美元。

（8）虚拟变量

为了考察2002年中国加入世界贸易组织（WTO）和2008年美国金融危机对中国出口增加值率的影响，我们增加了虚拟变量 WTO_{it} 和 $Cris_{it}$，在事件发生之前定义为0，事件发生之后定义为1。

7.2.3 数据处理

由于我们使用的变量，其数据来源既有《国民经济分类标准》（GB－2011）也有《国际标准产业分类》（ISIC3.0）标准，两种标准之间存在一些差异，因而我们借鉴向铁梅和黄静波（2008）的方法将两种标准统一起来，具体见表7－4。另外，来自中经网和《中国统计年鉴》的数据单位是亿元，我们依据WIOD提供的各年度汇率调整表全部转换成百万美元。而代码为8、13、14的产业在样本期内由于关键变量数据不可获得，我们将其整体剔除于样本之外。

表7－4　　　　制造业行业分类对照表

序号	国民经济工业行业分类	ISIC3.0代码	中文行业名称
1	13、14、15、16	15t16	食品饮料及烟草加工
2	17、18	17t18	纺织、服装
3	19	19	皮革及皮革制品
4	20、21	20	木材及木制品
5	22、23	21t22	造纸、印刷及出版业

续表

序号	国民经济工业行业分类	ISIC3.0代码	中文行业名称
6	25	23	焦炭、石油精炼及核燃料
7	26、27、28	24	化工原料及化学制品
8	24、29	25	橡胶与塑料制品
9	30	26	其他非金属矿物制品
10	31、32、33	27t28	金属、金属冶炼及压延加工业
11	34、35、38	29	机械、电气设备制造业
12	39、40、41	30t33	电子及光学设备
13	36、37	34t35	交通运输设备
14	42	36t37	资源再循环回收

经过处理后，各变量样本期内的统计性描述见表7-5。

表7-5　　各变量的统计性描述

变量名	均值	标准差	最小值	最大值
vads	0.809	0.074	0.569	0.940
pats	0.385	0.192	0.120	0.930
posi	0.000	0.133	-0.340	0.660
comp	1.286	1.109	0.151	3.879
capp	8969	8027	834	36927
tech	0.745	0.833	0.083	3.903
wagp	2722	2293	208	13787
mark	0.241	0.224	0.004	0.915
fdi	0.317	0.171	0.037	0.794
tax	0.047	0.028	0.012	0.149
scal	20.64	34.16	2.49	292.30
wto	0.769	0.423	0	1
cris	0.308	0.463	0	1

数据来源：笔者根据上文介绍数据库，整理后应用Stata 12.0测算得出。

7.2.4 实证结果

本书采用不同的变量组合方式对出口国内增加值率的影响因素进行考察，重点关注了全球价值链嵌入程度、分工地位指数影响程度，并通过比较不同变量、不同估计方式的一致性来保证回归结果的稳健性。

在估计方法上，本书首先检验主要变量之间是否存在严重共线性，结果发现人均工资水平与出口增加值率、规模经济、人均资本存量的相关系数大于临界值 0.6[①]，人均资本存量的方差膨胀因子（VIF）远大于 10[②]，因而上述两个变量在模型中存在严重的多重共线性，予以剔除后对模型进行估计；应用逐步回归法又剔除了不显著的变量市场化水平。其次，利用混合回归（OLS）结果作为参照系，根据 Hausman 检验结果确定使用固定效应（FE）模型初步估计，并在模型中添加了个体虚拟变量控制个体效应，生成时间虚拟变量控制时间效应，利用 LSDV 法估计双向固定效应模型。最后，由于长面板数据还需要考虑组内自相关和组间异方差的问题，本书分别采用 Wooldridge 提出的 F 统计量和 Wald 检验的 LR 估计量来检测，结果表明两种问题在模型中都存在，因而采用能够同时修正上述问题的可行广义最小二乘法（FGLS）再次估计，同时考虑双向固定效应。

估计结果如表 7 - 6 所示，模型（1）至（3）表明，全球价值链嵌入对出口增加值率的负面影响非常显著，这是因为在样本期内，中国通过加入 WTO 等一系列活动快速推进了产品生产的全球化进程，由于国内的许多生产要素在质量、价格等方面不具

① 限于篇幅，相关系数矩阵在此不再列出。

② 如果最大方差膨胀因子小于 10，则可以认为不存在严重多重共线性。

有国际竞争力，因而商品生产过程中大量采用国外的原材料、零部件及相关大型设备，从而出口产品中的国外增加值迅速提升，而国内增加值率显著下降了。结论还表明，国际分工地位与出口增加值率显著正相关，这是因为国际分工地位决定着产业链条的利益分配，在过去几年里，中国主要凭借丰裕的劳动力要素和廉价的劳动力成本（王岚，2014）参与国际分工，分工地位并未明显改善，且有全球价值链“低端锁定”的危险，因而，中国出口产品的国际分工地位与国内增加值率同时呈现出下降趋势。在增加了其他控制变量之后，如模型（4）至（6）所示，全球价值链嵌入和分工地位的系数没有大的变化，且在 1% 的水平上仍然显著，这说明上述结论是稳健的。其包含的政策含义在于，努力提高中国生产要素的国际竞争力和出口产品在全球价值链的地位符合中国的外贸利益。

表 7－6　　出口增加值率的影响因素分析

变量＼模型	(1) ols	(2) fe	(3) fgls	(4) ols	(5) fe	(6) fgls
pats	－0.418***	－0.418***	－0.412***	－0.265*	－0.265***	－0.279***
	(－7.91)	(－22.57)	(－34.98)	(－2.97)	(－9.62)	(－64.74)
posi	0.323***	0.323***	0.267***	0.231**	0.231***	0.210***
	(－4.60)	(－11.53)	(－15.48)	(－3.19)	(－8.38)	(－31.97)
tech				0.012*	0.012**	0.011***
				(－2.42)	(－2.84)	(－9.46)
fdi				－0.053	－0.053	－0.043***
				(－0.97)	(－1.71)	(－16.99)
tax				0.544*	0.544***	0.649***
				－2.4	－4.36	－19.18
scal				0.00	－0.000***	－0.000***
				(2.17)	(4.62)	(－19.92)

续表

变量 \ 模型	(1) ols	(2) fe	(3) fgls	(4) ols	(5) fe	(6) fgls
wto				-0.008*	-0.008	-0.007***
				(-3.11)	(-1.60)	(-7.99)
cris				0.015	0.015*	0.011***
				(-1.72)	(-2.57)	(-12.42)
t				-0.002	-0.002	-0.002***
				(-1.22)	(-1.72)	(-4.83)
c	0.985***	0.970***	0.984***	4.997	4.989*	3.863***
	-98.42	-128.69	-256.76	-1.5	-2.11	-6.31
Hausman 检验		56.48***			72.66***	
Wald 检验			20807.95***			1457.15***
Wooldridge 检验			3.64*			45.41***
N	143	143	143	143	143	143
R - sq	0.95	0.8		0.97	0.87	

注：*、** 和 *** 分别表示各系数在 10%、5% 和 1% 的水平上显著；括号内数值为对应系数的 t 统计量（OLS 或 FE 模型）或者 z 统计量（FGLS 模型）；Hausman 检验统计量是用来判定是否应用固定效应模型、Wald 检验统计量判定面板是否存在组间异方差、Wooldridge 检验统计量判定面板是否存在组内自相关。

模型（4）至（6）中所有控制变量的系数符号、大小及其显著性都未发生大的变动，这足以说明回归结果的稳健性。回归结果显示，税负水平的增加、出口技术复杂度的提升有助于中国出口增加值率的提高。一般来讲，只有在企业的生产经营活动有了显著改观之后，税负水平才会有所提高，而税负作为企业让渡给政府的一部分利润，也是产业增加值的主要来源之一；但同时，税负水平的提高会增加企业的生产成本，而企业为了转移成本会提高出口商品的价格，从而增加了出口产品中国内的增加值率。出口商品技术复杂度的提升更多地依赖于智力投入、资本投入、技术研发等高增加值环节，总体而言，国内经济的不断发展也推动了人才培养、资本积累、研发环境等方面的大力改善，而技术复杂度的提高本身就是高增加值的表现，同时也增强了企业在国际上的议价能力。

但是，FDI 大量涌入显著地降低了中国的出口增加值率，主要原因在于相当份额在华 FDI 是为了开拓中国市场，本身就很少从事出口；而从事出口的外资企业多是采用加工贸易模式，国内的增加值主要依靠劳动力分工获取，而税收等方面的优惠政策也降低了企业商品的出口价格，因而国内增加值率相对于本土企业可能更低。而规模经济效应几乎对出口增加值率没有影响，这表明样本期内，中国的出口仍然以“粗放型”为主要特征，虽然出口规模不断扩大，企业的生产规模也大幅扩张，但并没有“质”的改善，对出口增加值率的影响微乎其微。中国加入 WTO 之后，出口增加值率有所下降，虽然幅度不大，但也反映了中国初级产品的国际竞争力比较弱，而在关税大幅降低之后，即被国外质优价廉的生产要素所替代。而美国金融危机之后，由于国际贸易保护主义势力抬头，各国政府为了稳定就业水平也纷纷出台政策鼓励企业应用本国生产要素，继而促使中国出口增加值率有小幅提高。就时间趋势而言，出口增加值率可能继续下降，但幅度不大。

7.2.5　主要结论

本节基于 WIOD 数据库和 MRIO 框架，分析了中国出口额的 GVC 来源，探讨了影响国内增加值率的相关因素。研究表明：中国参与 GVC 程度的加深并没有提高中国制造业出口增加值率，外资增加、加入 WTO 以及美国金融危机等控制变量的表现也能从正、反两面佐证这一观点。而国际分工地位的攀升有助于获取更多外贸利益，产业税负水平、出口技术复杂度也与出口国内增加值率正相关。所以，中国急需提高制造业在国际分工中的地位，一方面鼓励企业通过人才培养、技术研发、品牌创新、市场拓展等方式增强商品的技术复杂度和品质，掌握产业链的高增加值环节；另一方面，减少对企业的补贴，甚至通过提高税负水平的方式迫使企业快速调整落后的生产方式，增加对先进生产要素的投入；当然，还需要完善知识产权制度等相关法律、法规，建立健全有利于科技创新的环境和文化，保障市场机制有效运行。

第8章

主要结论、政策建议与研究展望

国际资本和生产要素的全球流动对传统贸易利益统计模式提出了严峻的挑战，显然，站在一国的视角来考察贸易利益，需要剔除进出口中的“国外成分”和进口中的“国内成分”。沿着这一思路出发，我们从“属权”和“增加值”两种统计口径出发，基于“属权贸易”“贸易增加值”“增加值贸易”三种不同的视角构建相应的统计模型，从总量、国别、产业三个不同的层次重新审视中国的单边和双边进出口贸易，并与海关统计数额或者“总值”口径统计额进行比较分析，揭示传统贸易统计方式可能存在的问题，为客观认识中国的对外贸易状况提供方法论基础和实证依据。并在此基础上，应用结构分析方法识别中国增加值进出口的驱动因素，重点关注影响中国制造业出口国内增加值率的影响因素。

8.1 主要结论

8.1.1 经济全球化需要新型国际贸易统计体系

现行以“总值”为口径，以“原产地”为准则的传统贸易统计体系，由于资本和生产要素的全球流动，产业分工的逐步细化，其弊端逐渐暴露出来，一方面无法反映贸易主体的权属问题，另一方面无法识别转移贸易、折返贸易的影响。不少机构和学者认识到问题的严重性，从不同的视角对现行贸易统计体系进行修正改进，这其中，以“属权”和“增加值”口径重塑贸易统计体系最具代表性。

但两种方式也存在诸多不同之处：首先，切入视角不同，属权贸易致力于解决外商投资企业的逆向贸易行为，应用“反事实”的方法来调整贸易规模和差额；增加值口径则期望反映各国在贸易产品生产链条上的价值增值过程或者最终消费品价值的不同地理分布。其次，调整对象不同，属权统计主要是调整一国的经常账户，因而很少涉及服务业；增加值统计则是针对贸易商品中一国的全部增值环节，因而既包括直接贸易也包括间接贸易。再次，数据来源不同，属权统计需要清楚 FDI 和 OFDI 的东道国经营状况和进出口贸易状况，通过会计报表可以得到，相对比较精确；而增加值统计则主要依托于投入产出表，由各国政府或者国际经济组织提供，由于数据为了适应投入产出结构经过高度处理，因而存在一定偏差，当然也可以基于微观数据，只是这样就排除了服务业的影响，很难得到整体贸易状况，也无法反映各产业在贸易循环中的间接增值。最后，测度方法不同，属权统计主要基于会计学知识对相应科目进行调整；而增加值统计则主要应用投入产出分析方法，技术上略显复杂，其效果主要取决于投入产出数据是否完善。

8.1.2　FDI 是造成中国贸易失衡的重要推手

属权统计方式下，在华外商投资企业深刻影响着中国的本土市场产品供给与要素需求、对外进出口贸易成为属地原则下中国巨额贸易顺差的重要推手，调整外商投资企业的逆向贸易行为之后，中国自 2009 年以来一直处于贸易逆差状态，且逆差额迅速扩大，也就是说中国仅是名义上的贸易顺差国，“被顺差”现象日趋严重。外商投资企业还对中国的双边贸易失衡产生重要影响，中美贸易顺差的近一半是由在华外商投资企业创造的，而这部分价值并不归属于中国所有。

8.1.3　海关（总值）统计扭曲了中国的贸易总量和结构

第一，贸易增加值统计方式下，我们重点考察了中国出口额的价值构成。结论表明，中国出口额中近 1/4 的价值是由国外要素创造的，这些价值主要来自美国、日本、德国等发达经济体，还有俄罗斯、巴西、印尼等新兴经济体。从产业类别来看，中国大部分产业的出口增加值率高于 80%，但在出口额中占比近 1/3 的电气与电子机械制造业却只有 71.1%，并且仍处于下降趋势；纺织及服装、皮革及其制品等劳动密集型产业的占比倒是有所增加。出口中的国内价值大部分以最终品和中间品的形式被交易国直接消费的，其中中间要素价值比重有所提高。转移贸易价值的占比增长迅速，反映了中国嵌入全球价值链的程度在加深，而折返贸易比例的增长速度也印证了这一点。

第二，增加值贸易统计方式下，基于进、出口价值分解以及最终消费品价值来源分解两个不同的视角，我们构建不同的模型来测度中国的单边进出口总额及其差额，结果得出了相同的结论。增加值贸易统计方式下的进、出口规模都小于“总值”统计额，差异来自一国进、出口中的折返贸易之和，而这种差异双倍增大了一国的外贸总额，但是并不改变一国在“总值”口径统计下的贸易差额。通过比较两种统计方法下中国与世界的贸易关系，结果发现：首先，相对于1995～2011年的总值统计均值，增加值进口、出口和贸易总额分别下降了29.8%、23.8%和26.5%，这表明“总值”统计额确实高估了实际贸易状况。其次，增加值贸易差额与总值统计额相等，这说明两种统计方法的差异对贸易差额不构成影响。再次，金融危机之前，出口降幅和进口降幅总体呈上升状态，表明总值统计高估进、出口贸易值的程度在加深，也说明中国参与国际分工的深化，对世界的影响力以及感应力都在增强；而金融危机之后，进、出口降幅缓慢下降，说明总值统计高估程度存在一个“瓶颈”，不会无限制地提高。最后，总值统计高估金额主要来源于出口国外增加值，即中国出口产品中含有更多国外投入要素。

但是，“生产法”用于测度一国单边贸易规模不存在问题，由于模型结构无法完全反映第三国对双边贸易的影响，因而无法用来测度双边增加值贸易水平，但“消费法”可以有效解决这一难题。基于“消费法”构建双边贸易模型发现，在增加值贸易统计方式下，双边贸易失衡状况会面临较大幅度调整。中国与美国、欧盟等发达经济体的外贸顺差大幅减少，对德国甚至变为了逆差，对于中国台湾、韩国、澳大利亚和世界其他国家和地区的贸易逆差大幅度减小；而美国依然是中国最大的贸易顺差来源国，自金融危机以来虽有小幅下降，但仍维持在高位。因而，在增加值贸易统计方式下，中国对外整体贸易失衡状况依然严峻，国别结构和幅度虽有所收敛，但对美国市场的依赖程度依然较高。

第三，就产业层面而言，中国增加值出口仍以制造业为主，但以“纺织业”为代表的劳动密集型制造业比重下降，以“电子和光学设备”为代表的知识密集型制造业占比上升；农业和矿产业的价值出口变化不大；以“租赁服务业”为代表的服务价值出口比重有所提高。增加值进口与出口的主要部门来源基本相同，只是“矿产采掘业”表现得更为突出，这反映了中国建设和发展需要大量的国外资源和能源支持。贸易顺差主要来源于“纺织业”“皮革及皮革制品业”，这也反映了中国参与国际分工的比较优势仍存在于劳动密集型产业的现实特征。上述结论表明，中国参与国际分工以产业内模式为主，整体仍处于产业链的下游，但产品结构发生了积极的变化，出口中知识密集型制造业和服务业所占比重逐年上升，初级产品和资源产品的份额稳步下降，而在进口中的变动方向恰好相反，这“一升一降”和“一降一升”反映了中国在全球价值链的地位有了显著上升。

中美各行业的增加值贸易也与整体状况大致相同。纵观 1995 ~ 2011 年八大行业，中美贸易顺差主要来自知识密集型制造业，其次为劳动密集型制造业，再次位的是教育健康公共服务业，其他服务业虽然绝对额增加，但贡献率一直较低，而贸易逆差主要来自初级产品和资源产品，2008 年之后劳动密集型服务业也贡献了逆差额。

8.1.4　外贸发展需要量的增长，更需要质的提升

中国增加值进口变动的 SDA 结果表明，中国增加值进口的增加主要源于国内需求规模的扩大，国内外技术和生产水平的提升也作出了积极的贡献，但国外初始投入强度的变动、产品消费

结构和国别来源结构的变动则不利于增加值进口额的增长。从这个角度讲，中国经济规模和需求规模的扩大，有效地带动了世界其他国家经济的发展，就是对世界经济的巨大贡献。

中国增加值出口的增长主要依赖于世界其他国家（区域）需求规模的扩大，而国外需求结构的调整以及中国中间产品国际竞争力的提升也做出了不小的贡献。世界经济的增长是“中国制造”被接受的有力保障，这表明中国与世界经济“同呼吸、共命运”，紧紧地联系在一起，中国产品严重依赖于国际经济环境的变化；世界其他经济国别需求结构调整的正效应表明在激烈的国际竞争中，更多的国家愿意选择来自中国的商品和服务；这一点在中间产品市场上表现得尤为突出，而全球生产网络背景下，中间产品嵌入是一国开展对外贸易的重要方式。从这个意义上讲，中国发展对外贸易，一方面要密切关注国际市场和需求结构的变动，另一方面要改进技术和全要素生产率以提高中间产品在国际产业链中的竞争力。

中国出口增加值率的实证结果表明，中国参与 GVC 程度的加深并没有提高中国制造业出口增加值率，外资增加、加入 WTO，以及美国金融危机等控制变量的表现也能从正、反两面佐证这一观点；而国际分工地位的攀升有助于获取更多外贸利益，产业税负水平、出口技术复杂度也与出口国内增加值率正相关。所以，中国急需提高制造业在国际分工中的地位，一方面鼓励企业通过人才培养、技术研发、品牌创新、市场拓展等增强商品的技术复杂度和品质，掌握产业链的高增加值环节；另一方面，减少对企业的补贴，甚至通过增加税负水平的方式迫使企业快速调整落后的生产方式，增加对先进生产要素的投入；当然，还需要完善知识产权制度等相关法律、法规，建立健全有利于科技创新的环境和文化，保障市场机制有效运行。

8.2　政策建议

8.2.1　构建新型国际贸易统计体系

（1）统计数据的完善

目前，中国提供的 FDI 和 OFDI 数据还比较宏观，许多会计科目尚没有统计，在测算时必须增加假设，而每个假设的增加都意味着估计结果的偏差有可能进一步加大。因而，统计数据的质量严重制约着测度结果的准确性。然而，属权统计所需要数据较多，也较为细致，数据来源涉及世界上所有国家，主要是跨国公司的国际进、出口以及在属地国家的购买和销售额，当然由于所有制股权份额影响着利益分配，还需要各个跨国公司的各个股权主体所持有的份额。所需数据量巨大，单靠某一个国家难以完成，因而有必要加强各国在贸易统计方面的国际合作，在统计口径、统计内容、统计方式等方面加强合作。

增加值统计数据目前主要来自单区域和多区域投入产出表，过于宏观和笼统，不利于进一步深入的研究，因而需要微观数据库的补充完善。如果能将国民经济统计与海关贸易统计结合起来，基于增加值视角统计，建设一个面向公众或者学者开放的公共数据库，则将大步推进“增加值”视角的贸易统计和研究工作。这将有助于各细分行业、产业、企业甚至产品的价值分解，详细了解产品层面的国际分工地位、企业层面的全球化参与程度、产业层面的国际竞争能力、行业层面的要素比较优势，通过对历史数据的挖掘探寻贸易发展的规律，为贸易结构转型升级提供切实可行的贸易政策和经济政策。

当然，也需要认识到，制定一套新的能够反映国际分工特征和全球价值链的统计数据，需要花费大量的成本，也存在较多的困难，比如各国企业数据公开是否涉及经济安全等。因而，增加值统计在较长时间内仍是基于现有统计数据的调整和核算。

（2）统计方式的改进

经济全球化背景下，现行以“总值”为口径的贸易统计体系难以客观真实地反映一国单边或者双边贸易规模已成为许多国际组织和学者的共识。因而需要借鉴美国的经验，构建属权贸易统计模式，加强对在华 FDI 和 OFDI 的会计监管，补充和完善跨国公司经营的相关数据，厘清跨国公司对贸易的影响力；另外，为了适应全球价值链分工的特征，区分不同国别地的生产要素对最终品价值的影响，需要构建以增加值为口径的统计方式，完成生产链条和价值链条的统一，从而识别一国真实的出口价值和价值出口。而属权和增加值两种统计口径虽然视角不同，但相互补充，如果能够统一起来，则能更为客观、清晰地识别一国在国际贸易中的利益。

中国作为贸易大国和贸易顺差大国，基于增加值统计和属权统计，一方面能够区分贸易利益的不同区位来源，另一方面可以厘清不同贸易主体对贸易利益的分配，从而还原一国生产要素的外贸价值创造能力和贸易利益分配份额。而贸易规模和贸易差额的修正有利于客观认识外贸对中国经济的影响，也有利于回应外国对中国巨额贸易失衡的指责，为应对贸易保护主义行为提供依据。

（3）衔接数据统计口径

由于全球生产网络的发展，在考察国内状况时不可避免地要应用国际组织的数据或者其他国家的数据，尤其是产业层面，各个国家或者组织提供的数据库采用不同的标准。比如中国国民经济行业统计采用 GB/4754－2011 分类代码，国际经济组织提供的数据普遍采用国际贸易标准分类（Standard International Trade Classification，SITC），同时还采用按大类经济类别分类（Classification by Broad Economic Categories，BEC），而海关所提供的贸易数据采用商品名称及编码协调制度（Harmonized Commodity Description and Coding System，HS），另外，还有基于以上标准略作调整的中国投入产出表产业部门分类、世界投入产出表行业分类等。五花八门的分类虽然有很多相似之处，但对严谨的科学统计和实证研究还是提出了较大的挑战。尤其在科学研究过程中，不同分类标准的数据匹配工作需要耗费大量的时间和精力，而且由于采用的匹配方法具有主观性，因而能在多大程度上反映真实情况是存在疑问的，同时也导致科学研究的结果存在不同程度的偏差。因而，构建国内外各行业统一口径的标准至关重要。但由于协调和制作成本高昂，目前可采用的替代办法是由各数据发布机构依据不同类别数据的匹配办法或者制作办法同时发布各个分类标准下的数据，如此可以降低整个社会的数据处理成本。

（4）统计数据的公开

目前而言，中国投入产出表的最新数据是 2010 年，OECD 增加值数据是 2009 年，WIOD 数据库是 2011 年，中国海关贸易数据库是 2007 年，其他数据库也比较类似。因而，在属权和增加值统计口径下，应用新颖的统计模型得到的结果能否反映当下的情况是存在疑问的。而且由于数据库的期间较短或者存在间隔，因而无法进行时间序列和面板的处理，也限制了数据库价值的进一步挖掘。

8.2.2　在吸引 FDI 的同时，促进对外直接投资发展

经济全球化背景下，发达国家富裕的资本要素，以跨国公司

为载体在全球范围内寻找最佳增值机会，随着投资规模的不断扩大，也为发达国家攫取了高额的经济利益。投资与贸易的相互融合，尤其是跨国公司内部贸易的发展模糊了投资利益和贸易利益的界限，而发展中国家为引进资本普遍提供了宽松的生产和贸易环境，因而，相对于直接进出口，这种方式获取经济利益更加隐蔽也更加高效。所以，中国巨额的贸易顺差应转化为资本，谋求更大幅度的增值空间。

中国经济的高速发展既得益于外国资本的引进，也成就了外商投资企业的发展。然而，我们引进的外商直接投资企业中，部分是国外落后产能淘汰出局的，部分是不符合国外环境标准被强令关停的，还有相当部分是因为中国低廉的工资水平和优惠的税收政策所吸引的，等等。其中不少企业已经不符合中国经济发展和人民生活水平提高的需求，应通过调整相关政策促使这些外资企业转型升级，制定新的外资引进政策，鼓励高科技、高增加值、有利于环保和节约资源的外资企业落户中国。

中国巨额的贸易顺差和外汇储备为调节国际收支、稳定人民币汇率、提高融资能力、抵抗金融风险发挥了巨大的作用，但是这些宝贵的货币性资产并未获取高水平的回报率，其中近30%用来购买美国国债，而近些年来，由于美元的持续贬值、人民币汇率的高企以及通货膨胀率的影响，中国外汇储备实际价值快速缩水，这意味着国家福利的大量流逝。余永定（2010）就认为中国资本账户和经常账户“双顺差”的背后存在着“美元陷阱”，不断贬值的美元吞噬着中国人民辛苦创造的财富。

因而，中国外汇储备需要找到保值增值的出口，作为吸引外资的大国，中国现在有能力鼓励国内企业积极参与对外投资。一方面通过兼并收购、合资参股、绿地投资的方式参与国外石油、天然气、铁矿石、稀有金属等战略资源的投资，合理有效地利用国外的自然资源，促进国内经济发展。另一方面，加强对高科技产品、信息管理、金融服务等高增加值产业的投资，吸收国外先进的技术、管理制度和经验，提高企业在全球价值链的分工地位和经营效率，间接带动整个国内产业的发展。对外直接投资企业，不仅可以有效规避关税和非关税壁垒，将国内富余要素和生产能力带出去，而且可以将国外先进的生产要素和及时的市场行情引进来，加强国内外资源与市场的协调互动，从而增强一国在世界市场的影响力。

8.2.3　深度参与全球价值链，努力提升国际分工地位

自加入WTO以来，中国对外贸易快速发展，尤其是加工贸易的发展，促进了就业的增加和经济的增长。然而，受制于人才、管理、研发等多种因素的影响，中国外贸企业一直处于价值链的低端，集中表现为中国“世界工厂”的地位。但是，随着中国经济三十多年的高速发展，人才数量已经比较丰富，人才结构也趋于合理，管理制度逐步与国际接轨，研发机构数量大幅扩容，研发能力有很大提高，因而，中国企业有条件也有实力向全球价值链的高端挺进。当然，这面临着世界其他国家的竞争，但同样，其他国家也需要中国的合作，因而，依据比较优势的原理，发挥中国在要素禀赋上新的优势，推动劳动密集型产业升级改造，资本和技术密集型产业向“微笑曲线”的两端拓展，在全球价值链中形成低、中、高全方位布局的梯度发展模式。总之，既要融入和深度参与全球价值链的构建，又要不失时机地挺进价值链的高端，提高在国际分工中的地位。

另一方面，近些年来中国国内经济环境发生了较大变化，劳动力成本上升、环境污染加剧、土地资源匮乏等也迫使部分产业从东部沿海转移至中西部省份或者东南亚等劳动力成本更低的国

家，这对中国产业发展既构成了挑战也带来了机遇，而促使产业战略升级是应对这种潮流的有效途径。在积极参与国际生产分工的同时，充分利用外包，将生产层次由产品转向高级生产要素，充分依靠本土的要素禀赋优势，逐步改变依赖加工贸易、FDI驱动的传统模式，通过科技研发、制度创新、服务提升、硬件升级等环节的改进提升整个国家在产业链上的分工地位。

8.2.4 促进贸易结构转型，妥善应对外贸争端

促进贸易结构转型，一方面是产业结构升级，中国目前的出口贸易仍以制造业为主，虽然知识密集型制造业出口快速增长，但资本和技术密集型制造业占比较低，还存在较大的改进空间，大力引导产业发展向资本和技术密集型产业发展，增加出口的国内增加值率，符合中国的贸易利益。而服务业出口的占比仍然过低，但生产性服务业却又具有科技含量高、增加值率大、资源消耗低、环境污染少、吸纳就业能力强等诸多优点，特别是金融、保险、技术咨询、广告宣传、电子影响、计算机信息服务、专利权利和特殊项目等方面，代表着一个国家的软实力，理应成为中国未来参与国际分工的着力点。另一方面是国别结构调整，中国对外贸易失衡的主要来源，即使在增加值统计口径下依然是美国等几个发达国家，主要是由于这几个国家的经济总量和需求总量比较大，但也反映了中国外贸出口过于集中，存在较大的风险。

中国外贸失衡成为国际商务争端的主要原因之一，但这方面存在较多的统计问题，而应用新型国际贸易统计得出的结果有助于中国在对外谈判时站稳立场，表达利益诉求，因而，中国应鼓励和支持全球价值链以及跨国投资企业的研究和应用工作。另外，中国积累了数目庞大的外汇储备，基本实现了出口导向战略第一步计划，而接下来应充分利用外汇资源进口国内稀缺的战略

资源和消费资料，比如技术设备、能源材料、数据信息和差异化产品等，并鼓励国内有实力的企业走出国门参与国际竞争与合作，实现外汇储备的保值增值，从而调整国际贸易失衡，以减少国外的指责和不必要的摩擦。

8.2.5　加快优质要素引进和培育，打造国家竞争优势

外商投资资本的引入要从数量转向质量，鼓励高科技、高增加值、高溢出效能、高产业链带动能力的外资资本进入，限制从事低端加工、消耗资源、污染环境的资本流入，因为在国民经济发展的不同阶段，外资的引进也存在一个最优规模问题，这个规模既有数量的要求，更有产业和区域结构的要求。国际先进技术和设备应成为当前国内引进的重点，中国虽然经济规模已大幅提高，但许多产业层面的技术水平还有很大差距，而在生产要素中，前沿知识和核心技术将成为未来经济发展的重要推手。此外，还有先进的管理制度和具有丰富经验的管理人才、技术人才，都应该成为引进的重点。

外部引进要素不足以从根本上改善中国的要素禀赋结构，而通过国内要素的培育才能打造属于本国的国家竞争优势。一方面，政府应创造有利于教育公平和人才发展的政策和制度环境，增加教育投入，鼓励科学研究与自主创业，创新培养模式，为创新型人才培养提供支持。另一方面，鼓励企业的技术创新行为，保护创新成果的使用权和收益权，健全知识产权制度，加大侵权行为惩罚力度。最后，鼓励“产学研”相互融合，促使科技更好更快转化为社会生产力。

8.3 研究展望

8.3.1 基于属权的视角研究贸易利益

随着经济全球化向纵深推进，以跨国公司为主体的经济活动将生产要素、资本要素、技术要素、人才要素、管理方式等融合起来，准确核算国际贸易利益面临重重挑战。我们认为建立基于属权原则的核算方法将是未来的发展方向，这其中就包括要在现有的贸易利益统计核算方法中增加以下几个因素的考量。

（1）人力资本与国际劳务合作

国际劳务合作作为跨国公司参与国际竞争的一种形式，不但带动资本、技术和管理的跨国流动，还会带动国内生产资料、技术人员和普通劳动力的跨国交流，在项目进展过程中促进与母国的贸易及人员往来。随着国际劳务合作的不断发展及其规模的扩大，跨国公司人力资本要素收入必然是贸易利益核算时所应考虑的一个方面。

（2）生产效率与国际贸易成本

国际贸易利益的核算一般都是以出口额、顺差额度、增加值额度等单纯收入的角度来表示，而没有考虑一国为了获取这些利益而花费的成本，比如劳动力成本、资源成本、环境代价、资本投入等，尤其是资源和环境问题日益严峻的今天，将成本问题考虑进国际贸易利益，构建国际贸易净利得以及绿色国家贸易利益指标更具现实意义。

（3）相对收益与国际贸易效益

一国获取贸易利益总额与这个国家的人口数量、国土面积、经济规模等因素密切相关，难以反映一个国家的技术水平、分工层次和生产率高低等，因而构建相对利益指标比如增加值率、绿色贸易利润率等就成为必要。

8.3.2 基于增加值的视角研究贸易利益

增加值视角能够有效测度一国出口中的国内增加值或者一国增加值的出口，但受制于目前可获得数据，依然有许多改进的空间。

(1) 基于新新贸易理论引入企业异质性

由于目前投入产出表的结构是以产品部门为基本单位的，因而内涵的假设就在于同一部门中各企业使用同样的投入产出技术、中间投入品消耗系数，而掩盖了各企业在生产技术上的差别。而企业异质性的引入有助于获取更多有价值结论，具有较大的研究价值和潜力。

(2) 区分不同贸易方式下中间品投入差异

加工贸易作为一种“大进大出”的贸易模式，其中间投入要素明显高于一般贸易，但目前的投入产出表，无论是中国统计公布的国家投入产出表，还是 OECD 和 WTO 联合公布的世界投入产出表，都假设每个行业各种贸易方式下的进口中间投入要素占比是一致的。因而，就无法识别两种贸易方式下，中国出口的国内增加值率有何不同。所以，也就无法得出更有价值的结论和启示。

(3) 区分贸易主体的权属性质

对于中国这样的发展中国家，既有大量的 FDI 投资于国内，又有大规模的资金涌向海外，而跨国公司的内部贸易又是国际分割上的重要一环。然而，不管是中国投入产出表或是世界投入产出表都不区分资本要素回报的不同权属，也不区分中间要素投入价值的不同权属，因而就无法识别不同权属的资本要素在生产链上获取的收益。而应用海关贸易数据库有可能解决这一难题，将成为未来研究方法创新的方向之一。

（4）区分不同微观主体在价值增值中的作用

受制于投入产出表宏观数据的结构，目前只能比较笼统的获得劳动报酬、资本回报、政府税收等方面的利益，尚无法具体细分至劳动者结构、资本权属、地域差别等。也就是说，这还是一张比较笼统的、理想化的数据来源，本身蕴含着无贸易成本等许多不合理的假设，因而测度出来的结果也比较宏观。

8.3.3 基于属权和增加值融合的视角研究贸易利益

基于属权和增加值两个不同的视角虽然有众多差异，但是其本质上都是站在一国的视角，将贸易中“国外要素的收益”剥离出去，因而，将两种视角融合起来才能进一步推动现有贸易统计体系向前发展。以中美为例，属权统计能够反映中美之间原本应有的贸易格局以及利益格局，而增加值统计则反映了两国在全球价值链上的分工地位。两种统计方式相融合，也即将资本和中间投入品同等看待为获取利益的要素，厘清生产链上各个要素的增值过程和数额，能够对一国单边或者双边的贸易利益有更清晰的刻画。

参考文献

[1] Bhagwati J N, Dehejia V. Freer trade and wages of the unskilled: is Marx striking again? [J]. 1993.

[2] Chen X, Cheng L K, Fung K C, et al. Domestic value added and employment generated by Chinese exports: A quantitative estimation [J]. China Economic Review, 2012, 23 (4): 850 - 864.

[3] Daudin G, Rifflart C, Schweisguth D. Who produces for whom in the world economy? [J]. The Canadian journal of economics, 2011, 44 (4): 1403 - 1437.

[4] Deardorff A V. Fragmentation in simple trade models [J]. The North American Journal of Economics and Finance, 2001a, 12 (2): 121 - 137.

[5] Deardorff A V. Fragmentation across cones [J]. Fragmentation: new production patterns in the world economy, 2001b: 35 - 51.

[6] Dietzenbacher E, Los B. Structural decomposition techniques: sense and sensitivity [J]. Economic Systems Research, 1998, 10 (4): 307 - 324.

[7] Ernst D. What permits small firms to compete in high - tech industries [J]. Interorganizational knowledge creation in the taiwanese computer industry, BRIE, 1998.

[8] Feenstra R C, Hai W, Woo W T, et al. The US - China bilateral trade balance: its size and determinants [R]. National

bureau of economic research, 1998.

[9] Feenstra R C, Hai W, Woo W T, et al. Discrepancies in international data: an application to China – Hong Kong entrepôt trade [J]. American Economic Review, 1999: 338 –343.

[10] Feenstra R C, Hanson G H. Foreign Investment, Outsourcing, and Relative Wages. V in RC Feenstra, GM Grossman, and DA Irwin, eds. Political Economy of Trade Policy: Essays in Honor of Jagdish Bhagwati [J]. MIT Press, 1996, 89: 127.

[11] Feenstra R C, Jensen J B. Evaluating estimates of materials offshoring from US manufacturing [J]. Economics Letters, 2012, 117 (1): 170 –173.

[12] Fung K C. Accounting for Chinese trade: some national and regional considerations [M] //Geography and ownership as bases for economic accounting. University of Chicago Press, 1998: 173 –204.

[13] Fung K C, Lau L J. The China – United States Bilateral Trade Balance: How Big Is It Really? [J]. Pacific Economic Review, 1998, 3 (1): 33 –47.

[14] Fung K C, Lau L J. Adjusted estimates of United States – China bilateral trade balances: 1995 – 2002 [J]. Journal of Asian Economics, 2003, 14 (3): 489 –496.

[15] Fung K C, Lau L J. Adjusted estimates of United States – China bilateral trade balances: 1995 – 2002 [J]. Journal of Asian Economics, 2003, 14 (3): 489 –496.

[16] Fung K C, Lau L J, Xiong Y. Adjusted estimates of United States – China bilateral trade balances: an update [J]. Pacific Economic Review, 2006, 11 (3): 299 –314.

[17] Goldberg P K, Khandelwal A, Pavcnik N, et al. Imported

intermediate inputs and domestic product growth: Evidence from India [R]. National Bureau of Economic Research, 2008, No. w14416.

[18] Grossman G M, Rossi - Hansberg E. The rise of offshoring: it's not wine for cloth anymore [J]. The new economic geography: effects and policy implications, 2006: 59 - 102.

[19] Grossman G M, Rossi - Hansberg E. Trading tasks: A simple theory of offshoring [R]. National Bureau of Economic Research, 2006.

[20] Hausmann R, Hwang J, Rodrik D. What you export matters [J]. Journal of economic growth, 2007, 12 (1): 1 - 25.

[21] HE J, GONG X, WANG S. Causality Relationship between the US—China Trade Balance and the US and Japan Direct Investment in China [J]. Systems Engineering - Theory & Practice Online, 2009, 29 (6): 6 - 18.

[22] Hummels D, Ishii J, Yi K M. The nature and growth of vertical specialization in world trade [J]. Journal of international Economics, 2001, 54 (1): 75 - 96.

[23] Johnson R C. Five Facts about Value - Added Exports and Implications for Macroeconomics and Trade Research [J]. Journal of Economic Perspectives, 2014, 28 (2): 119 - 142.

[24] Johnson R C, Noguera G. Proximity and Production Fragmentation [J]. American Economic Review, 2012, 102 (3): 407 - 411.

[25] Johnson R C, Noguera G. Accounting for intermediates: Production sharing and trade in value added [J]. Journal of International Economics, 2012, 86 (2): 224 - 236.

[26] Kee H L, Tang H. Domestic value added in Chinese

exports [J]. World Bank Development Research Group, Internal Paper, World Bank, Washington, 2012.

[27] Koopman R, Powers W, Wang Z, et al. Give credit where credit is due: Tracing value added in global production chains [R]. National Bureau of Economic Research, 2010.

[28] Koopman R, Wang Z, Wei S. How much of Chinese exports is really made in China? Assessing foreign and domestic value - added in gross exports [J]. NBER Working Paper, 2008, 14109.

[29] Koopman R, Wang Z, Wei S. Estimating domestic content in exports when processing trade is pervasive [J]. Journal of Development Economics, 2012, 99 (1): 178 - 189.

[30] Koopman R, Wang Z, Wei S J. Tracing value - added and double counting in gross exports [R]. National Bureau of Economic Research, 2012. No. w18579.

[31] Koopman R, Wang Z, Wei S J. The Value - added Structure of Gross Exports and Global Production Network [C] //2012c, Paper for Presentation at the Final WIOD Conference Causes and Consequences of Globalization. April. 2012: 24 - 26.

[32] Koopman, Robert, Zhi Wang, and Shang - Jin Wei. Tracing Value - Added and Double Counting in Gross Exports. [J]. American Economic Review, 2014, 104 (2): 459 - 94.

[33] Krugman P. A "technology gap" model of international trade [J]. Structural adjustment in advanced economies. MacMillan, 1986.

[34] Lejour A, Rojas - Romagosa H, Veenendaal P. The Origins of Value in Global Production Chains [J]. Paper financed by DG Trade of the European Commission under the contract 'EU trade in

value added' as part of implementing Framework Contract No. TRADE/07 A, 2012, 2.

[35] Leontief W W. Quantitative input and output relations in the economic systems of the United States [J]. The review of economic statistics, 1936: 105 - 125.

[36] Ma A C, Van Assche A, Hong C. Global production networks and China's processing trade [J]. Journal of Asian Economics, 2009, 20 (6): 640 - 654.

[37] Maurer A, Degain C. Globalization and trade flows: what you see is not what you get! [J]. Journal of International Commerce, Economics and Policy, 2012, 3 (03) .

[38] OECD W T O. Trade in Value - Added: Concepts, Methodologies And Challenges [J]. Joint OECD - WTO Note, 2012.

[39] Prebisch Raul. The Economic Development of Latin Amercia and Its Principal Problems, New York: United Nations, 1950.

[40] Puzzello L. A proportionality assumption and measurement biases in the factor content of trade [J]. Journal of International Economics, 2012, 87 (1): 105 - 111.

[41] Samuelson P A. Where Ricardo and Mill rebut and confirm arguments of mainstream economists supporting globalization [J]. The journal of economic perspectives, 2004, 18 (3): 135 - 146H.

[42] Singer H W. The distribution of gains between investing and borrowing countries [J]. The American Economic Review, 1950: 473 - 485.

[43] Stehrer R, Foster N, de Vries G. Value added and factors in trade: A comprehensive approach [J]. Dynamics, 2010 (67) .

[44] Stehrer R. Trade in value added and the value added in trade [J]. The Vienna Institute for International Economic Studies (wiiw) Working Paper, 2012, 81.

[45] Timmer M, Erumban A A, Gouma R, et al. The world input - output database (WIOD): contents, sources and methods [J]. WIOD Background document available at www. wiod. org, 2012, 40.

[46] Timmer M P, Erumban A, Los B, et al. New measures of European Competitiveness: A Global Value Chain Perspective [J]. Groningen Growth and Development Centre, University of Groningen, the Netherlands, 2012.

[47] Timmer M P, Erumban A A, Los B, et al. Slicing up global value chains [J]. The Journal of Economic Perspectives, 2014: 99 - 118.

[48] Upward R, Wang Z, Zheng J. Weighing China' s export basket: The domestic content and technology intensity of Chinese exports [J]. Journal of Comparative Economics, 2013, 41 (2): 527 - 543.

[49] Varian H R. An iPod has global value. Ask the (many) countries that make it [J]. New York Times, 2007, 28.

[50] Wang Z, Wei S, Zhu K. Quantifying International Production Sharing at the Bilateral and Sector Level [Z]. 2013: w19677.

[51] Wang Z, Powers W, Wei S J. Value chains in east asian production networks—an international input - output model based analysis [J]. United States International Trade Commission Working Paper, 2009 (2009 - 10).

[52] 曹明福．全球价值链分工的利益分配 [D]. 西安：西

北大学，2007.

［53］曹明福，李树民．全球价值链分工的利益来源：比较优势、规模优势和价格倾斜优势［J］．中国工业经济，2005（10）：22－28.

［54］曹晓蕾．全球生产网络体系下贸易利益理论研究述评［J］．世界经济与政治论坛，2010（04）：87－98.

［55］陈雯，李强．全球价值链分工下我国出口规模的透视分析——基于增加值贸易核算方法［J］．财贸经济，2014（07）：107－115.

［56］邓军．所见非所得：增加值贸易统计下的中国对外贸易特征［J］．世界经济研究，2014（01）：35－40.

［57］段世德，余浩然．中国对外贸易战略调整与绩效比较研究——基于贸易利益的视角［J］．经济与管理研究，2009（12）：107－111.

［58］高敬峰．中国出口价值链演化及其内在机理剖析［J］．财贸经济，2013（04）：98－110.

［59］高敏雪，许晓娟．将外国商业存在引入国际贸易统计——针对中国对外货物贸易统计的研究与数据重估［J］．统计研究，2010（07）：18－24.

［60］黄先海，韦畅．中国制造业出口垂直专业化程度的测度与分析［J］．管理世界，2007（04）：158－159.

［61］贾怀勤．在地贸易统计还是属权贸易统计？——FDI对传统贸易统计的颠覆及其对策［J］．统计研究，2006（2）：40－44.

［62］贾怀勤．属权贸易统计核算的几个基本问题［J］．国际贸易问题，2010（06）：30－36.

［63］贾怀勤．中国贸易统计如何应对全球化挑战——将增加值引入贸易统计：改革还是改进？［J］．统计研究，2012

(05)：10－15.

[64] 贾怀勤．美国属权贸易核算的缘起和框架 [J]．统计研究，2012，28 (11)：22－26.

[65] 贾怀勤．贸易数据的比较和比对 [J]．统计研究，2013，30 (10)：15－21.

[66] 江希，刘似臣．中国制造业出口增加值及影响因素的实证研究——以中美贸易为例 [J]．国际贸易问题，2014 (11)：89－98.

[67] 亢梅玲．中美贸易不平衡原因分析 [J]．世界经济研究，2006 (4)：4－10.

[68] 李昕．贸易总额与贸易差额的增加值统计研究 [J]．统计研究，2012 (10)：15－22.

[69] 李昕，徐滇庆．中国外贸依存度和失衡度的重新估算——全球生产链中的增加值贸易 [J]．中国社会科学，2013 (01)：29－55.

[70] 李月芬．中国亟待建立一个以所有权为基础的贸易差额统计体系 [J]．国际经济评论，2006 (01)：32－38.

[71] 林玲，段世德．论我国对外贸易战略的演进与对外贸易利益拓展 [J]．国际商务（对外经济贸易大学学报），2010 (02)：17－23.

[72] 林玲，段世德．西方贸易利益分配理论的流变及发展趋势 [J]．国外社会科学，2008 (06)：32－39.

[73] 林玲，段世德．论我国对外贸易战略的演进与对外贸易利益拓展 [J]．国际商务（对外经济贸易大学学报），2010 (02)：17－23.

[74] 林玲，段世德．西方贸易利益分配理论的流变及发展趋势 [J]．国外社会科学，2008 (06)：32－39.

[75] 林玲，葛明，赵素萍．基于演进视角的中国属权贸易利益统计研究［J］．国际贸易问题，2013（11）：45－53.

[76] 林玲，葛明，赵素萍．属权贸易统计与中美贸易差额重估［J］．国际贸易问题，2014（06）：61－70.

[77] 林玲，余娟娟．全球要素分工与中国出口贸易利益研究［J］．国际经贸探索，2012（06）：36－45.

[78] 林玲，余娟娟．中国对美出口贸易利益的转化与维护［J］．财经科学，2012（06）：112－118.

[79] 林玲，余娟娟．中国制造业出口贸易利益的测算及影响因素研究［J］．当代经济科学，2012（05）：81－89.

[80] 林玲，余娟娟．全球要素分工与中国出口贸易利益研究［J］．国际经贸探索，2012（06）：36－45.

[81] 林玲，余娟娟．中国对美出口贸易利益的转化与维护［J］．财经科学，2012（6）：112－118.

[82] 林玲，余娟娟．中国制造业出口贸易利益的测算及影响因素研究［J］．当代经济科学，2012（05）：81－89.

[83] 刘洪钟，齐震．中国参与全球生产链的技术溢出效应分析［J］．中国工业经济，2012（01）：68－78.

[84] 刘维林，李兰冰，刘玉海．全球价值链嵌入对中国出口技术复杂度的影响［J］．中国工业经济，2014（06）：83－95.

[85] 刘遵义，陈锡康，杨翠红，等．非竞争型投入占用产出模型及其应用——中美贸易顺差透视［J］．中国社会科学，2007（05）：91－103.

[86] 罗长远，张军．附加值贸易：基于中国的实证分析［J］．经济研究，2014（06）：4－17.

[87] 吕婕，向龙斌，杨先厚．全球生产网络下中美贸易利益分配影响因素分析［J］．中国地质大学学报（社会科学版），

2013，13（1）：103－107.

[88] 吕婕，张子杰．中美贸易差额的重新估算——基于所有权贸易核算体系的改进 [J]．国际贸易问题，2011（05）：52－59.

[89] 马涛，刘仕国．全球价值链下的增加值贸易核算及其影响 [J]．国际经济评论，2013（04）：97－109.

[90] 平新乔，郝朝艳．中国出口贸易中的垂直专门化与中美贸易 [J]．世界经济，2006（05）：3－11.

[91] 邱斌，叶龙凤，孙少勤．参与全球生产网络对我国制造业价值链提升影响的实证研究——基于出口复杂度的分析 [J]．中国工业经济，2012（01）：57－67.

[92] 沈国兵．美国出口管制与中美贸易平衡问题 [J]．世界经济与政治，2006（03）：71－77.

[93] 沈国兵．外商在华直接投资与中美贸易平衡问题 [J]．财经研究，2005（09）：80－91.

[94] 史本叶，李俊江．中美贸易失衡原因探析——兼论人民币升值能否解决中美贸易失衡 [J]．商业研究，2010（7）：39－43.

[95] 孙华妤，许亦平．贸易差额的衡量：基于所有权还是所在地 [J]．国际贸易问题，2006（05）：5－11.

[96] 万光彩，刘莉．“原产地”统计原则、“所有权”统计原则与中美贸易不平衡 [J]．财贸经济，2007（01）：116－122.

[97] 王岚．全球价值链背景下的新型国际贸易统计体系及其对中国的启示 [J]．国际经贸探索，2013（11）：53－64.

[98] 王岚．全球价值链分工背景下的附加值贸易：框架、测度和应用 [J]．经济评论，2013（03）：150－160.

[99] 王岚．融入全球价值链对中国制造业国际分工地位的影响 [J]．统计研究，2014，31（5）：17－23.

[100] 王岚，盛斌．全球价值链分工背景下的中美增加值贸易与双边贸易利益 [J]．财经研究，2014 (09)：97 – 108.

[101] 文东伟，冼国明．中国制造业的垂直专业化与出口增长 [J]．经济学 (季刊)，2010，9 (01)：467 – 494.

[102] 许亦平，孙华好．三元结构下的国别法两国贸易顺差——投入表法 [J]．国际贸易问题，2006 (10)：27 – 33.

[103] 杨汝岱．香港转口贸易及其对中美贸易平衡的影响 [J]．经济科学，2008 (02)：65 – 77.

[104] 叶作义，张鸿，下田充，等．全球价值链下国际分工结构的变化——基于世界投入产出表的研究 [J]．世界经济研究，2015 (01)：56 – 64.

[105] 尹翔硕，王领．中美贸易不平衡中的东亚因素 [J]．亚太经济，2004 (01)：33 – 37.

[106] 余娟娟．全球要素分工与中国出口贸易利益研究 [D]．武汉：武汉大学，2013.

[107] 余娟娟，余群芝．中国出口技术进步的内在机制及行业异质性考察——剔除进口中间产品技术贡献的基础之上 [J]．财贸研究，2014 (06)：68 – 79.

[108] 张桂梅，张平，崔凤茹．价值链分工背景下中美贸易利益分配与风险分担的研究综述 [J]．国际贸易问题，2013 (03)：73 – 77.

[109] 张海燕．基于附加值贸易测算法对中国出口地位的重新分析 [J]．国际贸易问题，2013 (10)：65 – 76.

[110] 张纪凤，黄萍．替代出口还是促进出口——我国对外直接投资对出口的影响研究 [J]．国际贸易问题，2013 (03)：95 – 103.

[111] 张杰，陈志远，刘元春．中国出口国内附加值的测

算与变化机制［J］．经济研究，2013（10）：124－137.

［112］张磊，徐琳．全球价值链分工下国际贸易统计研究［J］．世界经济研究，2013（02）：48－53.

［113］张咏华．中国制造业增加值出口与中美贸易失衡［J］．财经研究，2013（02）：15－25.

［114］赵蓓文．贸易投资一体化背景下FDI对美中贸易逆差的影响：理论分析与实证检验［J］．国际贸易问题，2009（10）：32－41.

［115］曾铮，张路路．全球生产网络体系下中美贸易利益分配的界定——基于中国制造业贸易附加值的研究［J］．世界经济研究，2008（01）：36－43.

［116］张桂梅．价值链分工下发展中国家贸易利益研究［D］．沈阳：辽宁大学，2011.

［117］郑丹青，于津平．中国出口贸易增加值的微观核算及影响因素研究［J］．国际贸易问题，2014（08）：3－13.

［118］郑昭阳，孟猛．基于投入产出法对中国出口中价值含量的分析［J］．南开经济研究，2011（02）：3－15.

［119］周升起，兰珍先，付华．中国制造业在全球价值链国际分工地位再考察——基于Koopman等的“GVC地位指数”［J］．国际贸易问题，2014（02）：3－12.